유네스코 세계유산 도시를 걷다

울산여지도
蔚山輿地圖

울산여지도
유네스코 세계유산 도시를 걷다

초판 1쇄 발행 2025년 12월 1일

지은이 김진영
펴낸이 장길수
펴낸곳 지식과감성⁺
출판등록 제2012-000081호

교정 주경민
디자인 강샛별
편집 윤혜성
검수 김지원, 이현
마케팅 김윤길

사진 제공 울산시청사진DB, 울산매일 포토뱅크

주소 서울시 금천구 벚꽃로298 대륭포스트타워6차 1212호
전화 070-4651-3730~4
팩스 070-4325-7006
이메일 ksbookup@naver.com
홈페이지 www.knsbookup.com

ISBN 979-11-392-2899-1(03910)
값 20,000원

• 이 책의 판권은 지은이에게 있습니다.
• 이 책 내용의 전부 또는 일부를 재사용하려면 반드시 지은이의 서면 동의를 받아야 합니다.
• 잘못된 책은 구입하신 곳에서 바꾸어 드립니다.

지식과감성⁺
홈페이지 바로가기

유네스코 세계유산 도시를 걷다

울산여지도
蔚山輿地圖

김진영 지음

> 해안을 따라 울산의 바닷길을 걸어보면 감탄과 회한, 절망이 어우러진다.
> 대한의 출구이자 대륙의 입구였던 울산이기에 선사 문화의 첫 발자국이
> 이 땅에서 시작됐다. 그래서 울산처럼 오래된 과거가 퇴적암처럼 켜켜이
> 쌓인 도시는 드물다.
>
> — 본문 中에서

_들어가는 글

울산이라는 땅을 싣고 떠나는 수레 이야기

　몇 해 전 시인을 꿈꾸던 괴짜 수포자가 수학계의 노벨상이라는 필즈상을 받았다는 뉴스를 접했다. 한국고등과학원 허준이 석좌교수 이야기다. 허 교수는 이른바 수포자(수학 포기자)였다. 시인을 꿈꾸며 하늘의 별을 헤던 그의 눈빛이 수학으로 향한 것은 대학 졸업반 때다. 수학의 매력을 늦게 발견한 그는 대학원부터 전공을 수학으로 바꿔 경우의 수를 찾는 조합론 문제를 대수기하학 방법으로 해결하며 스타로 떠올랐다.

　허 교수의 필즈상 수상 소식을 접하면서 곧바로 떠오른 영화가 있다. 맷 데이먼과 로빈 윌리엄스가 너무나 사실적으로 그려놓은 천재 이야기 「굿 윌 헌팅」이다. 이 영화에서 맷 데이먼은 MIT 공대 청소부로 일하면서 필즈상 수상자인 제럴드 랭보 교수의 퀴즈 같은 수학 문제를 한순간에 풀어버린다. 천재는 99%의 노력과 1%의 영감이라는 말은 거짓이라는 생각이 드는 대목이다. 영화를 볼 땐 99%의 영감과 1%의 노력이 천재의 조건이라 생각했는데, 허 교수의 이야기나 또 다른 천재들의 이야기를 엿볼 때마다 어쩌면 99%의 노력이 천재를 낳을지 모른다는 생각을 하게 된다.

완전히 다른 사례의 천재 이야기는 조선조 말 인문지리학자 고산자다. 고산자(古山子) 김정호(金正浩)는 발바닥이 닳도록 대한의 땅을 누빈 끈기의 사나이다. 30년 넘게 전국을 답사한 결과물이 「대동여지도(大東輿地圖)」다. 대동여지도의 여(輿)는 수레다. 수레에 땅을 싣고 다닌다는 여지(輿地)는 결국 만물의 토대다. 30년쯤 대한의 산하를 밟고 다녔으니 대한 땅의 근간을 꿰뚫고 손바닥에 올렸다고 외칠 법하다. 아이큐 테스트는 안 해 봤지만 고산자는 틀림없이 99% 노력형 천재다.

조선 중기에 간행된 『동국여지승람(東國輿地勝覽)』은 대한의 땅덩어리 위에 있는 모든 지역을 구역별로 정리해 놓은 지리서다. 예전에는 지리서(地理書)를 모두 여지서(輿地書)로, 지도(地圖)는 으레 여지도(輿地圖)라고 불렀다. 그만큼 여(輿)에는 깊고 넓은 뜻이 담겼다. 고서 곳곳에서 만나는 울산의 땅과 풍물 이야기나 사람과 생활의 이야기는 가슴을 뛰게 한다. 하지만 드물다. 아직 공부가 부족한 탓에 고서에 등장하는 울산 이야기는 한주먹 거리밖에 되지 않는다. 지금은 다를까. 천만에다. 꽤 풍부한 서적을 진열해 둔 책방에 가도 울산의 산하와 풍물에 대한 이야기는 빈약하다. 간간히 드문드문 만나는 책 속의 울산 관련 부분이 이산가족 만나듯 눈물겨울 정도니 괜히 속상하고 기분이 나빠지기도 한다. 그나마 2011년에 나온 한삼건의 『울산 택리지』 정도가 벌겋게 달아오른 표정으로 서점 한 귀퉁이에서 반기지만 일제강점기 이후의 안타까운 희생의 기록이 울산 사람들을 속상하게 만든다.

지난 2022년 초 첫 태양을 간절곶에서 만났다. 해맞이를 하기 한 해 전 봄날, 창간 초기부터 지령을 하나씩 쌓아온 신문사에 사표를 냈다. 비슷한 시기에 직장을 바꾼 큰애와 함께 간절곶에서 호랑이가 뱉어내는 아침 해를 봤다. 그 자리에서 결심했다. 고산자까지는 못 돼도 힘닿는 데까지 걸어보자는 무모한 다짐이었다. 나를 가장 잘 아는 식구들이 의외라는 반응이었다. 신불산 정상에서 119를 부른 낯 뜨거운 경험치에 '걸어서 고성까지'를 외친 사내에 대한 불신이 깔린 눈빛이었다.

그렇게 시작한 해파랑길 770㎞의 대장정을 그해 6월 잠시 접었다. 새로운 직장에서 맡은 일이 바뀌면서 주말마다 걷는 즐거움을 유보해야 했지만 상반기 목표는 기를 쓰고 마무리했다. 첫 목표는 오륙도에서 호미곶까지 해파랑길 14코스 완주였다. 이 코스는 대한의 동남쪽 둔부를 휘감아 오르는 200㎞의 넘실거리는 바닷길이다. 이 가운데 백미는 서생 신암바다 해안 길 4코스부터 주전 지나 정자까지 10코스로 울산의 속살을 비집고 헤치며 주무르는 길이다.

지구본을 위에서 바라보면 울산이라는 땅이 얼마나 절묘한 장소성을 가졌는지 무릎을 치게 된다. 지도 한 장 들고 울산의 가장 아랫도리부터 한 발짝씩 걸어보면 안 보이던 것들이 조금씩 드러난다. 해안을 따라 울산의 바닷길을 걸어보면 감탄과 회한, 절망이 어우러진다. 대한의 출구이자 대륙의 입구였던 울산이기에 선사 문화의 첫 발자국이 이 땅에서 시작됐다. 그래서 울산처럼 오래된 과거가 퇴적암처럼 켜켜이 쌓인 도시는 드물다.

뭐, 울산만 그렇냐 하고 외면하는 이들이 있을 수 있다. 바로 위의 포항은 1,000년 항구였고 바로 아래 부산은 태평양으로 나가는 국제항 아닌가. 그런 항구를 옆에 두고 울산만 절묘하다 이야기하는 것은 '울뽕'이라고 정색을 할 수 있다. 천만의 말씀이다. 포항은 오래된 항구지만 고대의 선박이 안전한 항해를 하기에는 거칠었고 삼한과 왜, 그리고 동북아 해안 길로 나아가는 거점으로는 인프라가 부족했다. 부산은 엄청난 국제항이지만 100년 안쪽의 역사다. 부산항이 고대와 근대, 조선조까지 활발한 상거래를 해온 것은 사실이지만 본격적인 틀은 한국전쟁 이후였다.

삼한의 변방에서 일통(一統)으로 나라를 묶은 신라가 왜 서울을 한 번도 옮기지 않았을까. 그 이유는 놀랍게도 울산이라는 국제무역항이 있었기 때문이다. 무려 1,200년 전 울산은 한반도 최초의 국제무역항이었다. 사포와 개운포라는 입체적인 내외 항만을 가진 울

들어가는 글

산을 통해 신라는 삼한일통과 국제무역 국가로 도약이 가능했다. 8세기, 세계 4대 도시 서라벌이 인적 물적 교류의 역사를 만들 수 있었던 뒷배 역시 울산이 있었기에 가능했다.

 울산은 서라벌이 세계 4대 도시로 우뚝하기 전부터 선사문화의 접경지로 자리했다. 그 출발은 지구의 기후변화였다. 대륙의 북쪽 바이칼 주변에 모여 살던 여러 부류의 북방인류가 빙하기를 피해 남으로 이동했고 그 일부가 찾아낸 최적의 장소가 울산이었다. 태평양 적도 부근에서 바다와 함께한 또 다른 무리의 인류는 이미 뜨거워진 지구의 중심을 벗어나 북으로 이동했고 그 한 무리가 대륙의 입구, 울산에서 새로운 터전을 만들어 갔다. 바로 그 북방인류와 해양인류의 교차점이 울산이었다. 풍요의 땅은 침략과 노략질의 대상이었고 문화의 발원지였다. 선사와 고대문화의 뿌리였기에 오늘날에도 팔도의 사람이 공존하고 다국적 시민이 함께하는 글로벌 도시가 됐다. 그 증거로 지난여름 파리 세계유산 위원회에서 인류의 소중한 문화유산으로 공인을 받았다. 대한민국 열일곱 번째 유네스코 세계문화유산에 이름을 올린 '반구천의 암각화'다.

 지금의 울산은 조국 근대화의 산업수도에서 AI 데이터 센터를 만드는 새로운 먹거리로 분주하지만 이미 그 뿌리는 인류 최초의 기록으로 증명되는 어마어마한 역사로 얽혀 있다. 울산은 이미 10,000년 전 사냥과 식생의 데이터 센터를 보유한 도시였다. 바로 그 이야기를 울산 땅을 한 발짝씩 밟으며 『울산여지도』에 풀어낼 작정을 했다. 울산이라는 땅을 수레에 싣고 10,000년의 역사를 바퀴로 굴리며 나아가 볼 생각이다. 그 지난한 작업이 울산을 사랑하는 모든 사람들과 함께하는 시간이 되길 희망하면서 그 첫발을 뗀다.

목차

들어가는 글: 울산이라는 땅을 싣고 떠나는 수레 이야기 _4

1장 간절부터 강동까지, 울산을 관통하는 혈맥

언양, 10,000년 전 바다였던 빛고을	16
간절(艮絶), 한반도 첫 햇살이 비추는 땅	21
진하, 강양 돌아 명선도 품은 모래해변	26
장생(長生), 귀신고래 울음이 환청으로 울리는 땅	31
방어진, 비경을 감춘 백두대간의 끝자락	37
주전, 마지막 풍장문화가 남아 있던 붉은 땅	43
강동, 귀신고래가 몸을 풀던 비릿한 바다	48

2장 선사인의 흔적, 10,000년의 비밀이 숨은 땅

선사인의 땅, 인류 이동의 증좌	54
신암, 선사 인류가 풍요를 기원한 해안	59
검단, 한반도 청동기 타임캡슐이 묻힌 곳	64
삼남, 선사인이 두물머리에 깃발을 꽂은 땅	69
옥현, 고고학계를 놀라게 한 벼농사 흔적	74
중산, 철기세력이 기반을 다진 사로국의 뿌리	79
달천, 아이언로드의 비밀 지도가 묻힌 땅	85

3장 신라가 꿈꾼 세상과 불국토의 이상향

반구, 신라와 세계를 연결한 해문(海門)	92
1,200년 전 다문화 코드를 읽은 관용의 정신	97
태화, 울산 풍수의 양기가 맺힌 땅	102
마골, 호국의 발원이 기암괴석으로 뭉친 땅	107
계변, 세계 4대 무역항을 지켜낸 물류 중심지	112
대곡, 서석이 우뚝한 신라 왕실의 휴양지	118
관문, 1,400년 전 동북아 전쟁사가 숨은 성	124
문수, 산자락 곳곳에 스며든 호국불교의 염원	129

4장 일곱 산과 다섯 강이 흐르는 천하길지

학성, 조일전쟁 마지막을 이끈 최대 격전지	136
이수삼산, 언젠가 왕이 나온다는 예언의 땅	142
병영, 호국의 결기가 철옹성으로 견고한 땅	147
백악기 공룡의 땅이었던 울주 일곱 봉우리	152
남산, 달빛조차 숨은 숨 막히는 풍광	158
범서(凡西), 아우라지 돌아가는 소읍국(小邑國)	163
남목, 말머리가 동해로 내달리는 땅	168

5장 세계유산의 도시, 고대사 기적의 땅

울산, 한반도 고대사 기적의 땅	174
신생대 절경과 백악기 화석까지 품은 땅	180
첫 번째 기적, 선사인이 암각화를 남긴 이유	185
두 번째 기적, 해안과 내륙의 석기문화	191
석기제작소와 벼농사, 세 번째와 네 번째 기적	197
광활한 청동기 타임캡슐이 다섯 번째 기적	202
고래, 울산을 먹여 살릴 10,000년의 콘텐츠	207
황성, 세죽에서 쏟아진 고래 사냥의 증좌	212
선사의 고래 사냥이 축제로 부활한 땅	218

6장 울주 10,000년에 깃든 옛 이야기

언양, 복숭아꽃이 숨어 있는 비밀의 땅	224
목도(目島), 인어와 왜장이 공존하는 섬	230
국수(菊秀), 은을과 비조가 충절로 굳은 땅	235
갈산, 남도부 깃발 꽂은 질곡의 등성이	241
남창, 수탈의 역사 딛고 향토 관광지로 탈바꿈	246
서생, 봄빛이 유난히 서글픔으로 피는 언덕	252
석천, 노방을 병풍으로 두른 회야의 심장	258

7장 울산 옛 지명에 숨은 비밀

울산과 울주, 1,000년 세월이 담긴 지명사	264
성남, 500년 울산을 다스린 치소 중심	270
복산, 천하길지가 상전벽해로 만나는 땅	275
달빛이 태화로 이어지는 재복의 산 함월	280
장춘오(藏春塢), 봄빛을 감춘 비밀의 정원	285
돋질, 아무도 모르지만 스스로 수호신이 된 산	291
호계, 철의 역사 실어 나른 100년의 기억	296
두왕(斗旺), 왕의 이야기가 전설로 맺힌 마을	302
화정 천내, 한 해 마지막 햇살 쉬어 가는 곳	307
태화강역, 1,200년 전 세계와 교류하던 땅	313
울산과 야마토(大和), 재일청년들이 외친 조상의 꿈자리	318

나가는 글: 울산여지도 원고 정리를 끝내며 _323

1장

간절부터 강동까지, 울산을 관통하는 혈맥

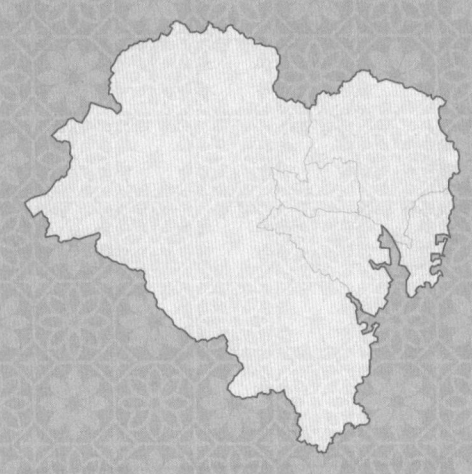

언양, 10,000년 전 바다였던 빛고을

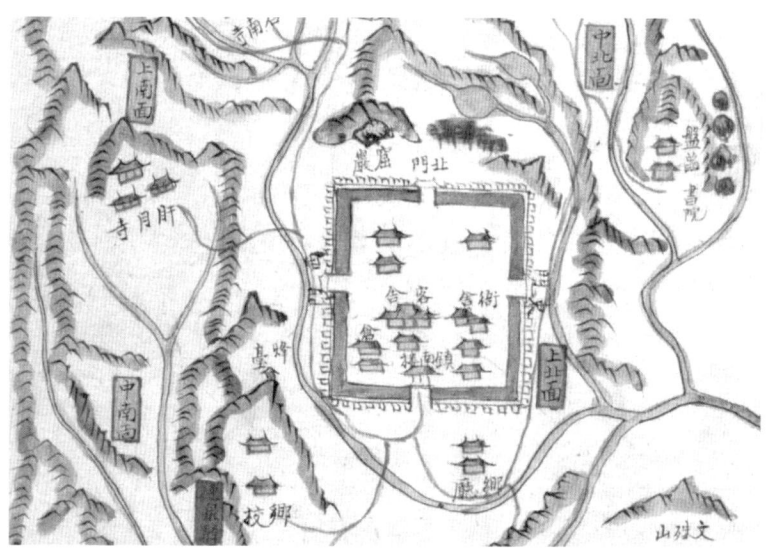

1872년 지방지에 그려진 언양

깨끗한 언양 물이 / 미나리강(꽝)을 지나서 / 물방아를 돌린다 // 팽이같이 도는 방아 / 몇 해나 돌았는고 / 세월도 흐르는데 / 부딪히는 그 물살은 / 뛰면서 희게 웃네.

가곡 「물방아」 가사의 일부다. 스스로 언양의 주산 화장산을 뒷배로 화장산인이라 부른 정인섭 시인의 가사에 작곡가 김원호가 선율을 띄웠다. 필자는 이 노래와 묘한 인연이 있다. 10여 년 전 언양의 한 식당에서 공무원 몇몇과 식사를 마치고 읍성 쪽으로 걷다 이 노래를 불렀다. 도랑가에 설핏 몽글거리며 올라오는 미나리가 눈에 들어온 탓이다. 노래 한 소절이 끝나자 일행 중 한 사람이 방금 부른 노랫말을 다시 읊어달라고 청했다. 울주가 고향이지만 처음 들어봤다며 무슨 노래인지 알려달라는 주문이었다. 가곡하면 18번으로 부르던 산들바람과 그 산들바람 때문에 알게 된 물방아는 필자가 부를 수 있는 몇 안 되는 가곡이지만 그 뿌리가 언양이라는 것은 울산 공부를 하면서 알게 된 사실이다.

바로 그 물방아가 민선 8기 울산광역시장 취임식 자리에서 울려 퍼졌다. 일제의 부역자라며 친일반역 행위자 명단에 이름을 올리고 행적과 작품을 지우기에 열중했던 일부 인사들은 귀를 막고 싶겠지만 그날 취임식 축하공연의 꽃은 단연 「물방아」였다. 노랫말에 나오듯 언양에는 맑은 물이 지천으로 흐르고 미나리꽝이 사방에 널려 있었다. 깨끗한 언양 물이 흐르는 남천을 거슬러 오르면 언양의 진산인 고헌산과 영남알프스 일곱 봉우리가 병풍처럼 버티고 섰다. 가히 웅장한 배경이다. 여기가 울산의 시작이자 한반도에 흘러든 인류가 최적의 터전으로 점지한 장소다.

고고학을 공부하다 보면 인류가 문명의 흔적을 남기고 이를 발전하는 과정을 다양하게 해석하는 이론과 만나게 된다. 그 주류가 전파설과 자체발생설이다. 전파설은 문화의 기원이나 전달을 연구하는 데 있어서 문화 집단 간 접촉에 의한 전파의 역할을 강조하는 학설로 지난 반세기 동안 고고학의 주류로 인정됐다. 반면에 자체발생설은 전파가 아니라 일정 장소에 머무는 집단이 스스로 필요에 의해 문화적 산물을 만들어 냈다는 주장이다. 최근 들어 자체발생설은 신진 고고학자들의 연구 결과로 주장에 힘이 실리고 있지만 어느 쪽도 절대적 우위에 있는 학설로 보기에는 무리가 있다. 문제는 인류 집단이 남긴 증거다.

언양은 고헌산을 진산으로 하는 울산의 오래된 터다. 언양의 옛 지명이 헌양인 이유도 고헌산의 헌 자와 사람 살기 좋은 양지라는 뜻의 양 자가 만나 이름이 된 결과다. 지금이야 불고기와 읍성으로 대표되는 관광지로 이름나 있지만 1,000년 전 언양은 노략질의 땅이었고 그보다 수천 년 전에는 동해 물길이 남천 줄기 따라 제법 깊이까지 들어온 해변이었다. 이 주장은 경북대 지질학과 황상일 교수의 논문에 나와 있다. 황 교수는 「후빙기 후기 울산만의 환경변화」를 통해 10,000년 전에는 울산만은 반구대암각화 일대까지 바다의 영역이었고 수심 15~30m의 얕은 해변에 취락이 분포했다고 주장한다. 후빙기 이후 한반도 동남 해안은 수온이 적당하고 기후가 평온해 해초나 육상식물의 생육이 활발했고 이는 육상생물과 해양생물의 천국이 되기에 필요충분한 조건이 됐다.

먹이가 풍부한 울산만 일대는 당연히 고래 천국이었고 선사인들은 자신들의 몇 배나 되는 고래를 먹이로 이용하려는 궁리를 하다 얕은 수심의 울산만 내륙으로 고래를 몰아가는 몰이식 고래잡이를 고안해 냈다는 추론이다. 이른바 '고래몰이 사냥법'이다. 바로 그 증좌가 언양의 대곡천 골짜기 모퉁이에 새겨져 있다. 반구대암각화다. 영남알프스 아홉 봉우리를 뒷배로 품은 언양의 불과 10,000년 전 모습이다. 이 정도의 추론이 사실이라면 울산에서 한반도 인류가 대륙문화와 해양문화를 제대로 버무려 독특한 문화유전인자를 만들어 냈다는 가설이 가능하다. 반구대 바위그림을 주목해 보자. 수렵과 사냥으로 웅비하던 북방인류의 흔적이 절반이다.

고래를 잡던 해양문화와 호랑이를 때려잡던 북방의 기개가 왜 하필 구곡계곡에서 절묘한 만남을 했을까. 의문은 의문을 낳아 오래된 미래와 만난다. 하늘에서 내려다보면 울산은 동쪽 무룡산부터 서쪽 문수산까지 한반도의 광활한 산자락이 동해로 뻗어가는 형상이다. 그 뒷배경에 영남알프스 일곱 봉우리가 버티고 있고 1,000m 이상의 일곱 봉우리에서 굽이친 다섯 자락의 강이 동해를 향해 내달리는 형세다.

조선조 이중환이 저술한 『택리지』에는 양택의 조건으로 4가지를 꼽고 있다. 지리(地理)와 생리(生利), 인심(人心)과 산수(山水)다. 이 네 가지 조건은 일부러 따지는 게 아니라 좋은 곳에 살다 보니 그 조건과 일치한다는 편이 정확하다. 지리는 좋은 기운을 느낄 수 있는 장소다. 생리는 누구나 탐을 낼 만한 터를 말하고 인심은 그 터에 자리 잡은 사람과 식생의 조화를, 산수는 주변 산자락의 모양과 물길을 이야기한다. 그중 첫째는 물이다. 물이 없는 곳에 사람은 없다.

언양은 바로 그 네 가지 조건을 모두 갖춘 땅이지만 물이 흘러 떠 있는 형상이기에 태화강으로 연결되는 남천 하구에 물막이 인공산을 만들었다. 바로 조산배기다. 그 인공산이 튼튼할 때는 변고가 적었지만 무너지고 떠내려가면 재앙이 찾아왔다. 백가천가(百家千家)가 모여 새로운 것을 잉태하려면 물길을 다스려야 한다는 지혜였다. 그 흔적은 지금도 언양 땅 곳곳에 남아 있다. 바로 그 사람들의 지혜와 풍수가 만나 인물을 낳았다. 고려장군 김취려와 나주 출신 김천일이라는 걸출한 장군부터 신격호와 조용기, 오영수와 송석하, 그리고 신고송과 정인섭까지 재벌과 장군, 학자들이 무수히 나온 길지다.

조일전쟁 때 라도(羅道)를 호령했던 김천일 장군은 나주 출신이지만 뿌리는 언양이다. 마지막 한 가지 덤. 언양 주변 10리는 울주 7봉의 길지로 20세기 이후 3명의 인물이 난다는 설이 떠돈다. 재계와 종교계의 두 인물이 나왔고 아직 나오지 않은 한 인물은 언제 어디서 나올지 아무도 모른다.

간절(艮絶), 한반도 첫 햇살이 비추는 땅

한반도에서 가장 먼저 해가 떠오르는 간절곶

매일 아침 떠오르는 태양이지만 새해 첫날 첫해, 해안의 모습을 웅장하다. 간절욱조조반도(艮絶旭肇早半島). 한반도에 첫 햇살이 여기서 올라야 새 아침이 시작된다. 고래바다 마지막 꼬리와 맞닿은 간절이다. 울산의 동남쪽 끝 간절의 지세는 놀랍다. 남쪽으로 미끄러진 서생 신암부터 진하까지 원시의 해안선이 밤마다 바닷속 태양을 들어 올리는 물살이 요란하다. 울산여지도가 첫해를 맞이하는 곳, 울산의 남동쪽 끝 간절이다.

간절곶 가는 길은 동해안 770㎞ 해파랑길 중에서도 비경의 첫째다. 신암리 아래에서 시작되는 해파랑길 4코스는 초반부 5㎞ 정도를 불편함을 감수해야 한다. 바로 원전 때문이다. 그 길을 지나면서 바다를 보면 원자로 모양이 해를 닮았다는 묘한 자위감이 느껴진다. 원전을 비껴가면 바로 만나는 곳이 신암리다.

울주군 서생면 신암리. 슬쩍 지나치는 사람들이 대부분이지만 사실 신암리는 엄청난 땅의 역사를 가졌다. 바로 한반도 해양 문화의 출발지다. 구석기시대나 신석기시대의 한반도 문화를 이야기할 때 쉽게 떠올리는 것이 동삼동 패총과 남해안 유적이다. 하지만 그 모든 것을 다 합쳐도 도저히 따라갈 수 없는 유물이 신암 바닷가에서 나왔다. 바로 신암리 비너스상이다. 한반도 석기시대 유물 가운데 단연 독보적인 것을 여럿 이야기하지만 신암에서 출토된 여인상은 탁월하다.

일명 '신암리 비너스상'로 불리는 이 여인상은 울산시 울주군 서생면 신암리 유적 제2지구에서 1974년 출토됐다. 바로 여기가 울산 신암리다. 세계 고고학계에서는 오스트리아에서 출토된 빌렌도르프(Willendorf)의 비너스를 여인상의 으뜸으로 친다. 가슴과 엉덩이를 과장해서 표현하고 있는 이 여인상을 두고 생식과 출산 등을 상징하는 것으로 추정한다. 그런 의미에서 빌렌도르프와 신암의 여인상은 구석기와 신석기를 대표하는 종교적 상징물이었을 것이라는 점이 고고학계의 정론이다.

울산의 석기 유적은 구석기부터 신석기까지 다양하게 출토되고 있다. 하지만 울산의 석기시대 유물이 세상에 알려진 것은 비교적 최근의 일이다. 물론 한반도 지역의 석기 유적이나 유물이 고고학계에 보고되기 시작한 것도 따지고 보면 얼마 되지 않은 일천한 역사를 가졌다. 왜 그랬을까. 일제강점기 때 시작된 일본 학자들에 의한 한반도의 역사 왜곡은 역사시대 이전, 고고학적 사실들도 비틀었다.

일본 사학계의 고고학적 발굴은 거의 대부분 임나일본부설을 짜 맞추기 위한 고분 발굴에 치우쳐 있었고 가끔씩 드러나는 선사의 뿌리들은 왜곡의 근거로 사용하려고 그냥 파묻기에 급급했다. 문제는 현장이다. 이 엄청난 땅의 역사가 지금은 어설픈 팻말 하나로 풍파를 견디고 있다. 초라하고 안쓰럽지만, 우리나라 문화유산 관련기관의 인문학적 안목이 딱 이 정도다.

신암을 지나면 본격적인 해안 길이 시작된다. 나사부터 간절곶을 거쳐 진하까지 이 해안은 바닷길 자체가 예술작품이다. 울산의 바닷길을 걷는 일은 감탄과 회한, 절망이 어우러지는 묘한 시간이다. 한반도의 동남쪽 척추의 아랫도리를 받치고 있는 울산은 천혜의 지리적 요충지다. 지리적 거점이자 대륙의 통로였던 울산이기에 선사문화의 원류가 이 땅에서 시작됐다. 그래서 울산처럼 오래된 과거가 퇴적암처럼 켜켜이 쌓인 도시는 드물다.

울산의 해안과 내륙에서 쏟아진 구석기부터 신석기, 그리고 청동기에 이르는 선사시대의 유물은 압도적이었지만 남아 있는 것이 별로 없다. 대부분의 발굴이 대형 사업을 위한 개발 전 단계로 이뤄지면서 유물이나 유적이 나오면 덮어버렸다. 울산은 한반도에서 유독 선사문화의 다양한 모습들이 드러나는 몇 안 되는 지역이다. 선사문화 1번지라 불리는 대곡천은 암각화부터 석기문화, 토기 제작의 흔적이 고스란히 남아 있는 땅이 수두룩하다. 해안가는 말 그대로 선사박물관이다. 무엇보다 오늘 조망하는 간절곶 일원의 바닷길은 왜 선사인들이 해가 가장 빨리 뜨는 땅을 찾아왔는지를 웅변한다.

10여 년 전만 해도 간절곶보다 포항 호미곶이 대한민국 일출의 중심으로 알려졌다. 가장 먼저 해가 뜨는 땅이 울산 간절곶이라고 고래고래 고함지른 지 10여 년, 이제야 간절한 마음이 닿아 고개를 끄덕인다. 그래서 지금은 당당하게 소리친다. 간절곶에 해가 떠야 한반도에 새벽이 온다. 숨 막히는 동해의 물살이 겹겹이 휘몰아치는 꼭짓점, 그 선을 따라 햇살이 뭉클 솟는다. 간절곶이다.

간절곶은 울주군 서생면 대송리에 있다. 지도상으로 동경 129도 21분 50초, 북위 35도 21분 20초. 새해 첫날, 해 뜨는 시각은 거의 대부분 07시 31분 26초다. 참고로 가까이 있는 포항 호미곶은 07시 31분 31초로 간절곶보다 5초 늦고 해맞이로 전국적으로 유명세를 타고 있는 강원도 강릉시 정동진은 07시 40분으로 무려 9분여나 차이가 난다.

간절곶은 난류와 한류가 만나는 교차지역으로 유속이 매우 빨라 배가 지나다니기에 아주 위험하다. 이 때문에 동해남부 연안을 지나는 배를 위해 1920년에 등대가 섰다. 쭉 뻗어 나온 지형이 마치 긴 간짓대처럼 보여 간절곶(艮絶串)이라 부른다는 게 대체적인 지명의 유래다. 간절곶 돌면 온산공단과 석유화학공단이 아른하게 스치고 고래바다의 유유한 자태가 미끄러진다.

진하, 강양 돌아 명선도 품은 모래해변

진하해변과 명선도

 폭우에 땡볕까지 날씨가 천방지축이다. 이상기후에 지구온난화라는 습하고 지리한 뉴스가 이어지는 7월, 바다로 나갔다. 울산 시내에서 남으로 발길을 돌려 진하 포구로 이어지는 길이다. 그 길의 언저리에서 회야강(回夜江)을 만난다. 양산 천성산(千聖山)에서 발원, 덕계천(德溪川)을 지나 회야댐에서 잠시 숨을 고르고 다시 진하로 빠지는 총길이 37.7㎞의 강이다.

　신라의 시조 박혁거세가 태어난 박이 밤에 이 강물 위를 떠돌아 왔다는 설이 있고, 임진왜란 때 왜놈이 강을 휘감은 기운에 힘을 쓰지 못한 채 연전연패했다는 전설 같은 이야기가 전해지는 물길이다. 토박이 땅 이름으로는 '돌배미강'이며, 다른 이름으로는 '일승강(一勝江)'이라고도 한다. 조선조에는 곰내, 곰수로 불렸는데 '곰내'는 '굽다'와 '내(川)'의 두 말이 합친 이름이다. '굽내'는 자음동화돼 '굼내'로, '굼내'는 모음조화돼 '곰내'로 변했다. 강물이 굽이치는 이름은 대체로 '곰내'가 많은 이유다. 이 강의 하구를 살짝 비껴 선선한 바람을 만나면 진하(鎭下)다. 울산여지도가 더위를 피해 거닐어 보는 울산의 피서 일번지다.

　진하는 불과 반세기 동안 울산에서 부산으로 부산에서 양산으로, 그러다가 다시 울산으로 돌고 돈 부침의 역사가 있다. 바로 진하 남쪽 깨목거랑을 가로지르는 다리 하나가 운명의 주인공이다. 이름하여 진하교다. 이 다리는 진하에서 간절곶(艮絶串)으로 가려면 반드시 건너야 하는 길목이다. 울주군이던 서생은 1962년 11월 동래군에 편입됐다가, 1973년 1월에 동래군이 양산군에 통합됨에 따라 양산군이 됐다 1983년 2월 울주군으로 복귀한 시련의 역사가 있는 지역이다. 작은 다리지만 서생의 역사가 숨어 있는 스토리텔링이 풍부한 다리다. 깨목거랑은 약용식물인 개암나무가 지천으로 피어나는 하천으로 추정된다.

　진하는 진성의 아랫마을이라는 의미다. 진성은 군사시설이다. 울산에는 진성이 세 곳이었다. 염포와 개운포, 그리고 서생포다. 지금 남아 있는 서생포 왜성은 임란 무렵 우뚝했던 우리의 진성과는 다르다. 임진왜란 초인 1592년 7월부터 1593년에 걸쳐 왜의 장수 가토 기요마사(加藤淸正)가 진성을 허물고 인근에 왜성을 쌓았다. 그래서 지금 왜성을 둘러보면 16세기 말의 전형적인 왜의 성채로 추정된다.

　1594년(선조 27년) 사명대사가 4차례에 걸쳐 가토와 평화교섭을 했지만 결렬됐다. 그 흔적이 전설처럼 해안의 언덕배기 인성암에 남아 있지만 몇백 년을 타고 돌던 자취는 사라지고 이야기만 떠돈다. 교섭이 실패로 끝난 뒤 명의 장수 마귀(麻貴)가 성을 빼앗아 명의 깃발을 걸었다. 가토에게 울산은 회한의 땅이다. 7년 전쟁 상당 기간을 영지처럼 점령하며 주인 행세를 하던 땅이자 조명연합군의 위세에 도망치듯 배에 오른 구사일생의 땅이다.

　서생을 빼앗긴 가토는 본국으로 퇴각했다가 다시 울산을 장악, 도산성(학성)에 은신, 최후의 격전을 치르다 결국 뜻을 꺾었다. 첫 번째 퇴각에서 서생포 왜성을 쌓은 울산 건각들을 무더기로 끌고 가 나중에 자신의 영지였던 구마모토에 축성작업을 주도하는 데 노예로 부렸다고 한다. 고향을 잊을 수 없던 울산인들과 그 후손들은 자

신의 성씨를 '서생'으로 지어 지금도 핏줄의 흔적이 이어지고 있다

서생의 지세는 회야를 돌아 동해로 빠지는 해안이다. 서생 포구에서 시작해 울산의 끝 지점인 비학마을까지 13㎞에 이르는 비경이다. 서생의 관문인 서생 포구는 한때 멸치잡이가 성했던 곳이다. 하지만 인근에 공단이 들어서면서 사람들이 빠져나가고, 눈치를 챈 어류들도 새로운 서식지를 찾아 떠나버려 어획량도 급감했다. 그래도 남은 이들은 아쉬운 마음에 해마다 가을이면 옛사람들의 고기잡이인 멸치후리 그물당기기를 재연한다. 옛 시절을 기억하는 울산 공단의 근로자들은 진하에 놀러 와 어민들의 그물당기기에 발품을 팔아 어기야디야를 외치며 그물 한가득 멸치를 끌어 올린 기억을 품고 있다.

진하 해안에는 수묵화의 묵직한 쉼표처럼 묵직하게 떠 있는 섬이 있다. 바로 명선도와 이덕도다. 아름다운 일출과 야경 때문에 출사의 명소로 전국 사진작가들의 '성지'가 된 지 오래다. 명선도는 여름에 매미들이 많이 운다고 해 명선도(鳴蟬島)라 불렸으나 지금은 옛날에 신선들이 내려와 놀았다고 해 명선도(名仙島)라고 하고 아리따운 선녀 명선이 있던 섬이라 명선이라는 이야기도 떠돈다.

흔히 진하 8경이라 부르는 '선도귀범(仙島歸帆)'과 '대암초가(臺岩樵歌)'에 해당하는 진경을 품은 섬이기도 하다. 선도귀범은 명선도 부근으로 고기잡이배가 들어오는 것을 말하고, 대암초가는 대바위

에서 나무하는 초동들이 불렀던 노랫소리다. 과거에는 음력 3월에 기적처럼 바닷길이 열려 자연의 희귀현상을 연출했지만 어느 순간부터 사람들이 방파제와 해안공사로 물길을 바꿔 이름만 섬으로 남은 곳이다. 그 섬의 끝자리에 소리 없이 숨죽인 섬이 이덕도다. 신라 마지막 왕 김부(金傅, 경순왕)가 동해의 용으로 쏟아 쓰러진 신라를 다시 일으키려다 뜻을 이루지 못하고 바다에 추락해 바위가 됐다는 전설이 맺힌 해중 암초다.

마지막 팁 하나, 가토가 서생포에 왜성을 짓고 소왕국의 주인 노릇을 할 때 명선도는 동백섬으로도 불렸다. 동해 비경에 이 섬을 자주 찾은 가토는 동백을 특별히 사랑했다고 전한다. 가토는 전쟁 당시 수시로 울산의 장정들과 아녀자들을 본국으로 보냈다. 그 수가 정확하진 않지만 대략 수천 명은 넘을 것으로 추정되고 있다. 가토는 잡아간 울산 사람을 울산마찌라는 이름으로 가둬놓고 성을 쌓았다. 울산마찌는 가토에겐 전리품이었고 끌려간 이들에겐 노예 불도장이었다. 그런 치욕의 역사, 능욕의 역사를 살피지 않은 울산의 리더들은 구마모토 사람들과 어깨동무를 하고 부어라 마셔라를 반복했다. 후손들이 무슨 죄가 있겠냐마는, 곡절은 살피고 짚어야 한다는 이야기다. 그래서 이 여름 다시 찾은 진하의 물빛에는 씁쓸함이 녹아 흐르는지도 모를 일이다.

장생(長生), 귀신고래 울음이 환청으로 울리는 땅

장생포 고래바다의 참돌고래

내 고향 바닷가 외딴 섬 하나 / 뽀오얀 물안개 투명한 바닷속 / 바위에 앉아서 기타를 퉁기면 / 인어 같은 소녀가 내 곁에 다가왔지 / 환상의 섬 환상의 섬 환상의 섬.

화려했던 과거는 네온처럼 사라진다. 환상의 섬은 소년의 펄떡거리는 심장에서 들었다 놨다를 반복하지만 기타 줄을 튕기는 각도가 달라지자 어디론가 사라졌다. 그 비릿한 절망감을 윤수일만 느꼈을까. 지난 2009년 장생포는 이름을 뺏길 뻔했다. 쇠락한 고래잡이 항구는 하나둘 주민들이 떠나자 2,700여 명으로 쪼그라들었다.

상황이 이렇게 되자 관할 행정당국인 울산 남구청이 시내 쪽의 야음1동(인구 1만 9,000여 명)에 장생포를 흡수하고 이름을 지우려 했다. 소식을 들은 장생포 토박이들이 들고 일어났다. 장생포를 탯줄로 삼고 고래로 살점을 키운 사람들에게 장생은 남다르다. 윤수일도 그중 한 사람이다. 고래고래 목청을 뿌리던 윤수일의 고향은 환상의 섬 죽도와 마주한 장생포 본동이다.

돈 벌러 간 어머니의 빈자리는 장생의 앞포구와 고랫배의 쩌렁한 쇳소리, 항구의 질펀하고 왁자한 소란이 차지했다. 환상의 섬으로 불리던 죽도에는 대나무와 해송, 동백이 머리를 풀어 헤치고 봄볕에 빨간 동백을, 여름 볕엔 찬란한 햇살을, 가을녘엔 우르르 휘몰아치는 귀신고래 울음이 빈자리를 채웠다. 그 죽도가 매립되고 굴뚝이 삐죽 자리한 하늘에 윤수일은 환상의 섬이 어디로 갔냐고 쉰 소리로 목 놓아 곡을 했다.

누구는 장생포를 장승개에서 왔다고 이야기하지만 근거는 불확실하다. 장생은 한자로 장생(長生)이다. 길게 생긴 동물이기도 하고 장승의 한자 표기이기도 하다. 그만큼 해석이 분분하니 이야기가 굽이친다. 사실은 장생이라는 단어도 기록으로 남아 있는 지명은 아니다. 고지도나 지리지에는 대현이라는 이름이 전하고 그 하부 마을의 이름 어디쯤 장생포가 익숙한 지명으로 불려왔던 것으로 추정된다. 지금은 행정구역상 야음장생포동이지만 본래 이곳은 경상남도 울산군 현남면 지역으로 오랫동안 장승개 또는 장생포라 불렀다.

 좀 더 오랜 과거를 더듬어 보면 장생포는 지도에 없다. 10,000년 전 바다가 언양 쪽 사연(泗淵)을 지나 반구대 앞까지 찰랑거리던 시절, 장생포는 그저 바닷속에 있던 땅이었다. 물이 빠지고 울산만 일대가 오밀조밀해지면서 장생포는 지금의 모습이 됐다.

 근대사에서 장생포는 방어진과 함께 울산만의 좌우 외항으로 군사적 요충지는 물론 어항이자 물류의 중심지였다. 조선 태종 7년에는 이 일대에 수군만호진을 설치했다는 기록이 남아 있는 것을 미루어 짐작하면 서생과 장생을 지나 방어진으로 이어지는 수군진영의 교두보였음을 알 수 있다. 그 이름은 1914년에 시행된 전국 행정구역 통폐합에 따라 울산군 대현면(大峴面) 장생포리로 굳어졌다. 장생이 공식화된 건 비교적 최근이다. 1962년 울산시에 편입되면서 장생포동으로 행정의 옷을 입었다. 갯가에 포경이 사라지고 사람들이 떠나면서 동네도 헐렁해졌다. 그런 연고로 1998년 야음1·장생포동에 들어갔다가 이후 야음장생포동으로 관할이 바뀌었다.

 장생포는 풍수적으로 사람과 물산이 모여드는 형상을 하고 있다. 반구대암각화에서 이어진 물길이 태화강을 굽이치다 여천강과 외황강과 뒤섞여 흘러드는 땅이 장생포다. 그 하구는 질펀하고 풍요로운 충적평야와 갯벌이 첩첩이다. 매암동과 용잠, 고사동에 둘러싸인 천혜의 땅에는 일찍부터 인간의 욕망이 넘실댔다. 러시아의 포경선단이 동해남단의 전진기지로 낙점한 땅에 일제가 군침을 흘렸고, 근대화의 물결과 공업입국의 군사정권이 바다를 덮고 굴뚝을 세웠다. 이 때문에 장생포는 동해남부선과 울산항선의 종착지로, 장생포역과 울산항역이 흔적으로 남아 있고 동해안으로 뻗은 장생포로(長生浦路)가 31번 국도와 부두로와 이어진다.

 울산의 고지도와 지금의 지도를 가만히 들여다보면 특별한 발견을 하게 된다. 바로 고래다. 10,000년 전, 고래가 울산만에서 연안으로 유영하던 시절, 지금의 사연댐 일대부터 주전과 강동 바다까지 미역이며 다시마며 뭉실한 해초가 가득했다. 그 연안은 오호츠크를 돌아 새끼를 품고 미끄러져 내려온 귀신고래의 보금자리였다. 새끼를 성체로 키우기 위한 어미의 안목은 울산 바다였다. 신선한 식감이 윤기로 흐르는 미역과 해초더미는 풍부한 젖을 만들기에 충분했다. 소문을 들은 참고래와 향유고래까지 찾아와 그야말로 울산만은 고래 천지였다. 그 증좌가 바로 반구대암각화에 문신처럼 새겨져 있다.

그 고래의 남쪽 임계점이 장생포로 변한 건 동해의 해수면이 낮아지면서부터다. 육지가 드러나고 장생포가 대륙의 끝자리가 되자 선단이 몰려왔다. 대한제국 시절 1891년 러시아 황태자 니콜라이 2세가 일본으로 가다 장생포에 말뚝을 박았다. 근대의 기록과 뉴스는 니콜라이 2세의 장생포 정착이 포경의 시작이라고 기록하지만 천만에, 이는 가짜뉴스다. 장생포와 고래의 인연은 러시아 황족의 바다 사냥이 아니라 한반도 울산에 발붙인 사람들이 훨씬 앞섰다.

천천히 숨을 죽이고 장생포 일대를 걷다 보면 낯선 이름과 마주한다. 매립된 죽도에 남아 있던 신주당은 고래풍어제를 지내던 사당이고 천지먼당과 한개먼당 같은 가물거리는 의미로 다가오는 이름은 발원의 상징이었다. 어쩌면 이 땅에 남은 사람들은 반구대암각화 어디쯤에서부터 시작된 울산의 고래문화를 질긴 유전인자로 이어온 사람들인지도 모를 일이다.

그 상징이 전설처럼 떠돌다 국제적인 인증으로 남아 있는 증좌가 귀신고래다. 귀신고래(Korea Gray Whale). 이름에 대한민국을 뜻하는 '코리아'가 들어 있는 가슴 벅찬 고래다. 길이가 무려 20m, 몸무게는 14~35t에 달한다. 대형 잠수함 같은 거구가 동해바다를 뚫고 치솟는 장관은 압권이다.

바로 그 바다, 귀신고래가 하늘로 웅비하던 그곳이 고래바다. 안타까운 일이지만 지금 귀신고래는 울산의 고래바다에 더 이상 오지 않는다. 기록에 전하는 바로는 1912년 한 해 동안 무려 188마리의 귀신고래가 작살에 끌려 육지에서 해체됐다. 남획의 결과는 참담했다. 영민한 귀신고래는 남쪽 바닷길의 임계점을 북쪽으로 끌어 올렸고 더 이상 울산 앞바다에서는 만날 수 없게 됐다.

방어진, 비경을 감춘 백두대간의 끝자락

대왕암공원 일대 항공사진

오래전, 울산은 세 가지 지명의 각각 다른 동네로 불렸다. 언양과 울산, 그리고 방어진이다. 한 지역이지만 지금의 시청격인 도호부가 있던 시내 사람들은 언양과 방어진을 다른 동네로 불렀다. 그래서 언양장에 가거나 방어진으로 나설 때는 꽤나 먼 길을 떠나는 채비를 했다. 실제로 1990년대 초반까지 울산교 앞 코리아나 호텔과 우정동과 신정동 터미널 일대는 방어진까지 1인당 요금을 받고 달리던 '총알택시'가 있었다.

 지금 방어진은 장생포와 염포산을 잇는 울산대교부터 현대그룹 정주영 회장이 기부체납한 아산로까지 연결도로가 다양하다. 세월이 흘러 울산대교를 건설할 무렵 염포산 끝자락에 전망대를 세웠다. 여기에 서서 울산을 보면 참 오묘하다. 동쪽 무룡산부터 서쪽 문수산까지, 한반도의 광활한 산자락이 동해로 뻗어가는 종착지다. 그 산세에 굽이친 다섯 자락의 강이 동해를 향해 내달리는 모습은 가히 비경이다. 그 모습이 아홉 마리 용이다.

 풍수로 보면 울산은 태백산맥이 남진하는 중에 험한 기를 벗어 버리고 천연의 요새를 만들고 있다. 청도 운문산으로 내려온 태백산맥이 한 줄기는 경주의 금오산을 만들고 남쪽으로 내려와 울산의 주산인 함월산을 빚었다. 무룡은 울산의 좌청룡으로 천연의 항구인 울산만을 베어 물었고 운문에서 정족산을 거쳐 문수산으로 이어진 맥은 울산의 백호가 되어 태화강 남쪽에서 울산을 대대손손 감싸고 있다. 그 형상이 아홉 마리 용이 동해로 뻗어가는 기세로 구룡반취라는 이름을 얻었다.

 울산대교를 지나면 화정천내봉수대를 만난다. 고려조부터 울산만의 관문을 지키던 봉수대 가운데 핵심이다. 조선조 정조 때 별장 1

인이 봉졸 100명을 배치하여 바다로부터의 침략을 경계한 곳으로 봉수대로는 드물게 유구도 나왔지만 문화재청은 가치가 없다고 문화재 지정을 외면했다. 대부분 이런 식이다. 개발논리가 모든 것을 집어삼킨 울산에서 유적과 유물은 귀찮은 존재다. 드러나면 슬쩍 쳐다보다 뭉개라고 눈을 질끈 감는다. 그런 흔적이 사방에 널려 있다.

봉수(烽燧)는 근대적 통신수단이 발달되기 전까지는 중요한 국가적 통신수단이었다. 해발 120m 봉화산 정상에 위치한 천내봉수대는 울산만의 관문을 지키는 봉수대 가운데 가장 중요한 것으로, 가리산(加里山)에서 봉수를 받아 남목(南木, 현재 주전봉수)으로 전해주는 연변봉수다.

봉수대 기웃거리다 등성이를 휘청 내려가면 방어진과 만난다. 울산에서 방어진은 외딴섬 같은 존재다. 행정구역 개편으로 방어진 출장소가 동구로 승격한 이후에도 울산 동구는 늘 방어진으로 통했다. 지금도 여전히 동구는 방어진이고 방어진은 동구와 같은 의미로 쓰인다. 명칭에서 유추할 수 있지만 방어진은 전형적인 어촌이다. 질펀한 바다 냄새와 고기잡이배, 와자한 어민들의 육감적인 말투가 어촌 풍경을 그려내는 곳이 방어진이다.

외딴섬 같은 방어진의 본모습은 속살을 들여다보면 완전히 달라진다. 하늘에서 바라본 방어진은 백두대간의 끝자락, 옹골찬 산세가 동해로 달려가는 활짝 펼쳐진 형상이다. 마치 영험한 대륙의 기운이 바다를 향해 위세를 떨치는 장엄한 모습이다. 그래서 방어진 일대는 천하절경이 즐비하다. 대륙의 옹골찬 기운이 동해로 뻗어나가는 끝자락에 대왕암 공원이 있고 살짝 돌아선 곳이 슬도다.

거문고 소리가 파도에 실려 은근한 음률을 타면 염포만 돌아 동해와 만난 물길이 열자 넘는 해면으로 미끄러져 묵직한 듯 은은한 숨길을 토해낸다. 곰보섬이거나 시루섬으로 불린 슬도다. 이 바다 위에서 거문고 소리를 채집하려는 관광객들은 한참 귀를 쫑긋하다 금방 스르르 미소로 돌아선다. 풍광과 음률을 빗댄 선조의 이름 짓기를 실체로 확인하려는 어리석음을 깨닫는 순간이다. 그냥 가만히 파도소리에 몰입하면 갯바위 스치는 현의 소리가 거문고 한 자락으로 되살아나기 마련이다.

지금 방어진에는 세계 최대의 조선소가 들어서 있지만 이 일대는 신라 천 년의 경승지로 역대 왕들의 여름별장이었다. 삼복 열기를 식히기 위해 배를 띄워 무희와 꽃놀이를 했다는 회진부터 인공의 그늘이 산을 이뤘다는 일산까지 지명 곳곳에 왕실의 흔적이 남아 있는 땅이다. 그 여흥의 그 끝자락에 거문고 소리가 파도를 잠재운다는 슬도가 있다.

방어진의 옛 지명은 '방어진(防禦津)'이었다. 왜구가 많이 출몰했던 동해안이기에 충분히 설득력 있는 지명이다. 실제로 방어진순환도 로를 남북 종으로 가르는 길이 바로 봉수로다. 현재도 봉수대가 터를 포함해 두 개나 남아 있는 것만 보더라도 방어진이 국방의 요새였다는 것을 짐작할 수 있다. 『세종실록 지리지』에도 방어진이 관방 요해처라고 기록되어 있다. 세월이 흘러 방어가 먹음직스러운 방어가 되고 그 방어가 어디서 온 방어인지를 모른 채 출처 없는 이름표가 소문처럼 떠다닌다.

울산동구향토사연구회에서는 1990년대 말부터 대왕암 일대에서 문무대제라는 제례의식을 하고 있다. 문무대제는 대왕암이 바로 문무대왕의 수중왕릉이라는 믿음에서 출발한다. 동구 향토사연구회는 문무대왕 수중왕릉의 근거로 경주국립박물관에 보관된 문무왕의 비석 문헌을 든다. 비석 뒷면 비문에는 "경진에 수장하라."라고 했는데 경진이 바로 '고래 경(鯨)' 자와 '나루 진(津)' 자를 쓴 방어진이라는 주장이다. 실제로 울산 앞바다는 예로부터 고래바다 경해(鯨海)로 불렀다. 그래서인지 몰라도 대왕암 공원에서 동해바다를 바라보면 예사롭지 않은 기운을 느낄 수 있다. 오래전부터 방어진 사람들은 대왕암과 그 주변을 그렇게 영험한 땅으로 여겼다.

대왕암공원을 옆으로 끼고 돌면 은빛을 드러내는 일산진이 나온다. 여기서 일산이라는 이름 역시 신라 때 이곳으로 유람 온 왕이 일산(日傘)을 펼쳐놓고 즐겼다는 데서 비롯된 것인데, 뒤에 일산(日山)

으로 변했다고 한다. 일산진 마을 앞바다에는 작은 바위섬이 있다. 민섬, 혹은 미인섬으로 불리는 이 섬은 신라 때 왕실에서 궁녀들을 거느리고 이곳에서 뱃놀이를 즐겼다는 데서 유래됐다. 그 모습이 마치 꽃놀이하는 것 같다고 부르게 된 이름이 '화진'이다. 이 꽃놀이하는 바닷가의 뜻을 가진 '꽃놀이 갯가'가 '고늘개'가 됐고 이것을 한자식으로 표기한 것이 '화진(花津)'이다. 원래 고늘개에는 마을이 있었으나 150여 년 현재 위치로 이주해 왔다. 그리고 이 고늘개 동쪽 바닷가에서 신라왕 일행이 춤추며 놀았던 곳을 '놀이창'이라고 한다.

땅 곳곳에 신라 왕실의 흔적이 남아 여전히 1,000년의 이야기를 실어 나르는 곳, 방어진은 그래서 울산의 오래된 미래다.

주전, 마지막 풍장문화가 남아 있던 붉은 땅

붉은 마을을 상징하는 주전항 등대

　7호 태풍 란이 일본의 허리를 관통하던 날 동해는 시퍼런 속을 토해냈다. 열대 폭풍과 만조가 엮어낸 대자연의 조화는 웅장했다. 시리도록 푸른빛이 포말로 무수한 물보라를 만들어 마치 고래 떼가 유영하는 그림을 연출하는 장관이 펼쳐졌다. 그 바다 아랫도리부터 적신 채 뭍으로 이끌어 동해를 밀어 올린 땅, 바로 주전이다. 울산여지도가 염천 막바지 더위를 훌훌 풀어헤치며 민낯으로 만나는 땅이다.

주전을 두고 황토의 진한 속살이 드러나는 색감 때문에 붉은 주(朱)를 차용해 지명으로 썼다는 설이 있지만 주전의 '주(朱)'는 '밝다'란 뜻이고 '전(田)'은 '바다'의 의미로 주밭은 '밝은 바닷가'로 보는 설도 있다. 실제로 주전 바다에 서면 온 세상의 빛이 한 아름으로 안겨 광활한 빛의 향연에 빠지게 된다. 어디 그뿐인가. 주전 해안은 10여 년 전 한국인이 죽기 전에 꼭 걸어봐야 할 해안 절경으로 선정될 정도로 아름다운 해안선을 자랑한다. 저 아래 울산의 경계, 신암마을부터 서생과 온산, 주전으로 이어지는 동해 바닷길의 절경은 직접 마주하면 가슴이 벅차오른다. 울산공단과 시가지를 병풍처럼 가린 무룡의 산세가 동해로 미끄러진 해안에는 편안하고 뭉툭하게 자리한 산과 들고나길 반복하는 해안선 따라 이어진 포구가 앙증맞다.

그 눈 호강도 잠시, 포구와 해안마다 오래고 깊은 사연이 몽돌로 맺힌 곳이 주전이다. 그 증좌의 상징이 봉수대다. 사람이 살기 시작한 이래 바다 건너 도적 떼가 새벽마다 노략질을 일삼던 땅이기에 울산의 해안 길 곳곳에는 봉수대가 남아 있다. 서생 나사의 이길봉수대, 온양 강양의 하산봉수대와 바로 위쪽 가리산 봉수대, 동쪽으로 화정의 천내봉수대가 불을 댕기면 주전 봉대산 봉수대가 당사 우가산 유포 봉수대로 불길을 이었다.

이 가운데 주전봉수대는 복원공사로 등산객의 발길이 여전한 곳이다. 자연석으로 쌓은 둥근 모양의 아궁이와 주위의 방호벽, 지금은 사찰로 변한 봉수군 막사터까지 남아 우리나라 연변봉수대 연구의 중요한 자료로 평가되고 있다. 고려 때부터 그 기능을 발휘하던 우리나라의 봉수제도는 조선 세종 때에 군사정보 시스템으로 체계화돼 관련 법이 만들어졌고 성종 때에 체제가 완비됐다. 북방 오랑캐와 남쪽 왜구를 막기 위한 그 당시의 첨단 통신시설이었다.

주전봉수대를 미끄러져 내려오면 여러 곳에 자리한 마을을 만난다. 주전은 크게 바닷가 마을과 산 아래 마을로 나눠진다. 조선 정조 때 주전리와 주전해리로 나눠져 있었던 마을 이름이 그것을 잘 나타낸다. 지형을 살펴보면 확연히 드러난다. 마을 가운데를 지나는 도로 아래쪽의 해안을 따라 늘어선 마을과 도로 위쪽의 산 아래 언덕에 형성된 마을이 주전의 본모습이다. 하지만 지금은 드문드문 들어서던 펜션과 카페가 군락을 이뤄 옛 모습이 점점 사라지고 관광명소로 거듭나는 중이다.

울산의 동쪽 주산인 무룡의 뒤를 타고 내려오면 오밀조밀한 산들이 소담스럽게 자리한다. 그중 하나인 봉대산은 야트막한 산이지만 정상에 봉수대를 만들 정도로 시야가 탁 트였다. 그 자리에서 바라보는 주전 앞바다는 오래전 고래가 넘실거렸다. 그래서 이런 이야기도 전한다.

옛날 울산의 방어진 북쪽 해안가 주전에 한 어부가 살고 있었다. 어느 날 고기잡이를 하러 자그마한 배를 타고 바다에 나갔다. 한창 고기를 잡느라 그물질에 열중일 때 갑자기 사나운 물결이 일었다. 난데없이 엄청나게 큰 고래 한 마리가 물기둥을 내뿜으며 달려들었다. 어부는 급하게 그물을 거둬 올려 힘을 다해 노를 저어 도망치려 했지만 고래는 어부와 배를 삼켰다. 어부는 정신이 아찔해 한동안 실신한 뒤 깨어났으나 답답해 견딜 수가 없었다. 고래 뱃속에 갇힌 것을 알았다. 고래 뱃속에서 벗어나면 살 수 있을 것이라는 생각이 번쩍 들었다. 어부는 더듬거리며 뱃전의 칼을 잡았다. 고래의 배를 긋기 시작했다. 죽을힘을 다해 긋고 또 그었다. 그러자 고래의 뱃가죽이 찢어졌다. 구사일생으로 탈출한 어부는 물 위에 올라와 숨을 내쉬었다. 어부는 정신을 가다듬어 고래와 싸운 이야기를 사람들에게 전했다. 이웃 사람들은 큰 배를 가지고 고깃배와 고래를 찾으러 나섰다. 고래는 죽어서 물 위에 떠 있었고, 주위는 핏빛으로 붉게 물들어 있었다. 어부와 마을 사람들은 환호성을 올리며 한나절이나 걸려서 고래와 배를 끌고 육지에 닿았다. 고래의 크기는 초가삼간 다섯 채만큼이나 컸다. 어부는 그 고래를 팔아 논을 샀다. 바로 그 논이 '고래논'이다.

그 고래 떼가 최근에는 소식이 없다. 일설에는 북쪽의 한류와 남쪽의 난류가 방향을 틀었다는 이야기도 있고 연안의 양식장과 그물을 피해 먼 바다를 돌아간다는 이야기도 있다. 분명한 것은 고래논이 전설로 남을 만큼 귀신고래급 대형 고래들이 이 바다를 놀이터로 삼았다는 사실이다. 그 풍광 때문인지 조선조 때 울산을 자신의 두 번째 고향으로 여긴 목장감독관 홍세태는 유독 주전바다에 대한 시를 많이 남겼다. 새까맣고 반질반질한 몽돌밭을 따라 눈이 시릴 만큼 파란 바다가 펼쳐진 몽돌해변에 서면 누구나 시인이 된다. 바로 그 몽돌은 주전의 황금알이다. 새까만 몽돌이 1.5㎞나 펼쳐져 있다. 여기에 귀신고래가 봄이면 찾아와 뜯어 먹었다는 주전 돌미역이 그 해안 따라 지천이다.

마지막 팁 하나, 사람들은 잘 모르지만 주전은 동해안에서 드물게 풍장의 장례문화가 남아 있던 곳이다. 풍장(風葬)은 사람이 죽으면 곧바로 장례를 치르지 않고 시신을 야외에 버려두고 비바람에 자연스럽게 사라지게 하는 장례법이다. 근대에도 주전에서는 어린아이가 죽으면 거적에 말아 바닷가 해송 숲 나뭇가지에 며칠 걸어 두었다가 땅에 묻곤 했다고 전한다. 아이의 영혼이 마을 곳곳을 돌게 해 미련 없이 이승을 떠나라는 배려였다는 이야기다.

강동, 귀신고래가 몸을 풀던 비릿한 바다

정자항 일대 항공사진

 갯가의 봄빛은 물빛으로 티가 난다. 오호츠크에서 내려온 한류와 남쪽의 난류가 심해에서 뒤엉킨 미끌한 해류를 겨우내 휘감은 미역 줄기가 불치의 향내를 뿜어내는 봄이다. 판지 해변부터 신명과 지경 바다 해녀들이 건져 올린 미역이 무룡의 등짝을 한 바퀴 치고 나온 해풍에 지천으로 말라간다. 미역귀 하나 물컹 씹으면 지난겨울 귀신고래가 몰래 다녀간 정자 앞바다가 온몸으로 몸서리친다. 울산여지도가 찾아간 땅, 강동이다.

강동은 무룡산의 동쪽에 위치한 해안이다. 개발의 삽질을 할 때마다 신생대 연체동물 화석들이 잇달아 발견되는 오래고 깊은 사연을 가진 땅이다. 지질학계에서는 강동 일대를 두고 신생대 제3기 마이오세(2,600만 년 전~250만 년 전) 무렵의 연체동물 화석이 출토된다며 까마득한 날에 열대와 아열대가 공존했던 땅이라고 이야기한다. 어디 그뿐인가. 엄청난 괴리감을 가진 2,600만 년 전의 이야기가 아니라 비교적 가까운 청동기시대의 집자리나 유적은 강동 산등성이 곳곳에서 출토될 만큼 사람의 정착이 오래된 땅이다.

기록에도 강동지역은 삼국시대부터 등장할 정도로 역사가 오래됐다. 1915년 경주군 양남면 신대리의 일부가 편입되었을 뿐 일제강점기 때에도 지금의 형상과 편제가 그대로 유지되는 몇 안 되는 유서 깊은 땅이 강동이다. 그런 오랜 역사를 가진 강동은 산하동에 블루마시티 택지 지구 사업으로 대규모의 아파트 단지가 조성됐고 울산시가 해안관광의 일번지로 만들어 보려는 시도를 계속하면서 개발의 박동이 진동했다 멈췄다를 반복하는 중이다.

관에서 주도하는 사업이 지지부진하던 사이 최근에는 젊은 층을 중심으로 강동 바닷길은 울산의 새로운 명물 거리로 탈바꿈했다. 판지항부터 신명해안으로 이어지는 카페 거리다. 최근 이 일대는 1인 창업붐을 업고 카페 창업이 이어져 46개의 크고 작은 카페가 영업 중이다. 우가산을 타고 내려와 바다로 이어지는 강동사랑길을 따라 젊은 연인들이 주말마다 모여드는 풍경은 오래전 강동 해안을 떠돌던 사랑의 이야기가 새롭게 부활한 듯하다.

강동을 이야기할 때 빼놓을 수 없는 곳이 미역바위다. 바다 위에 살짝 고개를 내민 바위가 고려조정으로부터 하사받은 바위라면 믿거나 말거나지만 1,000년의 세월을 강동 사람들이 구전으로 증거하는 바위다 보니 지금도 곽암은 벼슬바위로 숱한 갯가 바위와는 다른 품격이 느껴진다. 미역바위 즉 곽암(藿巖)은 일렁거리는 파도에 거무스름한 갯바위 봉우리가 살짝 드러나기도 하지만 대부분이 수면 아래에 있어 잘 보이지 않는다.

마을 주민들은 이 바위를 아직도 곽암, 양반돌, 박윤웅돌이라 부르는데 지난 2001년 울산시가 기념물 제38호로 지정한 어엿한 이름표도 달았다. 『흥려승람(興麗勝覽)』에 따르면 울산 박씨 시조 박윤웅이 고려 태조로부터 곽암 12구를 하사받아 대대로 소유권을 행사했다. 어사 박문수가 잠시, 박씨 문중의 독점을 막으려고 소유권을 조정에 넘겼지만 어찌된 일인지 미역이 영글지 않아 다시 돌려줬다는 이야기가 전해진다. 그만큼 박씨 문중의 오래된 권리를 강조한 듯한 서사로 읽힌다.

이 일대는 곽암 말고도 딱방개안, 가마돌, 배돌, 소고동, 옥수방 등 수많은 미역바위 이름이 지금도 남아 구전되고 있다. 대대로 물려받은 마을 공유 자산으로 이맘때면 강동 바닷가는 돌미역이 해안을 새까맣게 뒤덮는다. 바로 이 미역이 울산의 상징 귀신고래와 밀접한 친연성을 갖고 있다. 질기고 깊은 맛에다 물컹거리는 감칠맛 때문에 시베리아 오호츠크를 돌아 동해로 미끄러진 귀신고래는 강동 앞바다를 유영하며 새끼를 낳고 젖을 물렸다. 출산을 전후해 귀신고래들이 자맥질을 반복하며 뜯었던 해초가 바로 돌미역이었고 그 모습을 지켜본 옛사람이 아이 낳은 산모에게 미역국을 끓여주었다는 이야기는 전설이 아닌 체험형 학습 자료였다.

 강동의 또 다른 명물은 주상절리다. 무려 2,000만 년 전, 한반도 남쪽은 어떤 모습이었을까. 그 흔적의 일부가 울산과 경주, 동남해안에 부채처럼 펼쳐져 있다. 까마득한 날 하늘이 처음 열리고 온 천지가 뻘건 불기둥이 휘몰아칠 때 동해는 고스란히 그 열기를 받아 천지간을 뿌연 운무로 채웠다. 마그마가 흘러 잠시 멎고 큰 숨 쉰 자리에 육각형의 기둥이거나 팔각형 넓적 단층이 흔적으로 남았다. 바로 우리가 아는 주상절리(柱狀節理)다. 바다에 드러누운 수평의 주상절리는 그 기묘함이 지구상 드문 형상으로 유네스코 지질보호 대상에 이름을 올릴 준비 중이다.

 강동 바다는 역사시대 울산을 여는 인물을 만나는 길목이다. 울산 달천에 철의 왕국이 들어선 이유가 여기서 드러난다. 2,000년쯤 전 어느 날 동해바다 아진포에서 이상한 일이 벌어졌다. 양남 바닷가에 살던 노파 아진의선(阿珍義先)이 까치 떼에 휩싸인 배 안에 궤짝을 건졌다. 노파는 궤짝 안의 사내아이를 7일 돌봤는데 놀랍게도 이 아이는 스스로 입을 열어 "나는 본디 용성국(龍城國)의 왕자"라고 외친다. 훗날 남해왕의 사위가 되는 석탈해 이야기다.

흔히 가야를 철의 왕국이라 이야기하지만 사실 철의 지배자는 신라다. 석탈해가 이끌고 내려온 단야족이 서라벌 인근의 부족 세력과 결합해 초기 사로국을 신라로 업그레이드했다. 바로 그 철기문화의 이동 경로나 뿌리가 강동 해안에 있지만 역사학계는 여전히 외면하고 있다. 그냥 전설이거나 신화적 성격이 강하다는 이유 때문이다.

마지막 팁 하나, 바다에 사는 여신이 어느 날 '후~' 하고 입김을 세게 불었는데 많은 바위들이 조금씩 해안가로 몰렸고 그곳을 '해지'라고 이름 지었다. 지금 카페가 성업 중인 판지항이다. 여신이 잠든 날 짝사랑에 빠진 총각이 여신의 신발을 훔쳐 여신을 아내로 맞았다. 그래서 판지항에는 신발을 건져주는 총각이 신발의 주인과 결혼한다는 전설이 떠돈다. 기가 막힌 스토리텔링이지만 트레비 분수나 인어공주 같은 관광 상품이 아직 없다. 당장 구혼의 장소를 만들면 어떨까 싶은 생각이 봄바람처럼 설렌다.

2장

선사인의 흔적,
10,000년의 비밀이 숨은 땅

선사인의 땅, 인류 이동의 증좌

유네스코 세계문화유산 '반구천의 암각화' 일대 항공사진

 문화유산이 세상에 드러나는 일은 참 아이러니하다. 프랑스의 한 사냥꾼이 자신의 사냥개를 찾다가 발견한 알타미라 동굴벽화나 새벽 시간 신문 배달에 나선 한 소년이 우연히 발견한 가야왕릉 이야기까지 우리는 우연한 발견이 고대사의 비밀을 세상에 알린 사례를 너무나 많이 들었다. 이번에 울산여지도가 탐험할 대곡리 일대는 바로 우연과 기적이 범벅된 신비의 땅이다.

지난 1991년 많은 이들이 기억하는 낙동강 페놀 오염 사건은 울산에 또 하나의 댐을 만들게 했다. 바로 대곡댐이다. 식수원의 오염이 사회적 공분을 살 때 울산에서도 시민들의 맑은물 문제가 공론화됐다. 지역마다 맑은 물 확보가 지상과제가 됐고 급기야 대곡댐이 만들어졌다. 대곡천 상류 일대 삼정리와 하삼정 등지가 댐으로 수몰되면서 이 일대는 대대적인 발굴조사가 시작됐다. 댐 건설이 2005년이었고 발굴은 그보다 훨씬 전에 이뤄졌다. 전국의 고고학계가 대곡에 집중된 시간 놀랍게도 대곡리 일대는 수천 년 전의 오래고 긴 선사의 유물을 쏟아내기 시작했다. 파도 파도 쏟아지는 유물이 13,000여 점이나 됐다. 우연의 역사다.

대곡은 오묘한 땅이다. 북으로 경주와 인접하고, 동으로 구미천, 서북으로 삼정천, 서로 고헌산에서 발원한 천전천이 모여 태화강 상류의 한 줄기를 이루는 큰 골짜기다. 이 골짜기에는 오래전 방리·상삼정·하삼정·양서정·구석골 등 크고 작은 마을이 있었다고 한다. 그 증좌가 대곡댐 건설 과정에서 세상 밖으로 나왔다. 하삼정 유적이다. 신라의 모태가 된 사로국의 옛자리가 하삼정이라는 이야기가 풍문으로 나돌다가 땅을 파자 증좌로 드러났다.

단순한 우연은 아니었다. 대곡을 따라 여러 세력이 터전을 잡았던 흔적은 수천 년 세월에도 뚜렷하다. 그 흔적인 동해 바닷물을 달여 자염을 영근 소금 장수의 길로 이어졌고 대륙의 문물을 받아들인 경주의 인프라가 태화강 하류의 울산과 연결되는 길목으로 자리했다. 구곡문화라 이를 만큼 산세와 풍광이 빼어나 선사인들이 삶의 한자리를 10,000년 전부터 펼쳐놓았고 그 흔적이 천전리각석과 반구대 암각화로 남아 후대의 시인 묵객들이 연모하는 땅이 됐다.

 지금 대곡 일대는 '반구천의 암각화'가 유네스코 세계유산에 등재되면서 주말마다 전국의 관광객이 몰려들고 있다. 우리의 국보에서 세계인의 국보가 된 '반구천의 암각화'는 발견 자체가 알타미라 같은 우연의 산물이지만 자세히 들여다보면 이 땅에 살았던 사람들과 연구자들의 연결이 만들어 낸 '크리스마스의 기적'이다. 세계인들을 놀라게 하는 유물과 유적의 발견이 우연의 연속이라는 점은 아무리 생각해도 기묘한 이야기다.

 대곡에 서면 우리가 사는 땅의 역사가 시작되는 첫 지점을 밟는 듯한 신비로움에 빠져든다. 수천 년 전, 선사의 시대, 원형의 전설처럼 마주하는 풍경이 파노라마다. 그 원시의 땅을 걸으면 그 첫 발자국이 만든 길과 그 길이 다른 길과 만나 소통이 있었고 그 소통의 결과가 역사라는 연결성이 그림책처럼 펼쳐진다. 길의 근원은 물줄기다. 흔히 천이라 부르는 강의 원류다. 산자락에서 이어진 무수한 갈래의 천이 혈맥을 움직이고 그 움직임의 진동이 숱한 이야기를 만들었다.

동아시아 인류사를 유추해 보면 이 땅의 역사는 북방이 시원이다. 그래서 선사인이 만든 이 땅의 첫길은 북으로 향한다. 그 출발에 그들의 발원이 새겨 있고, 그 발원의 간절함이 물길에 닿아 바다로 향한다. 바로 태화강 100리의 시작, 대곡천 아홉 구비, 구곡이다. 울주군 두동면 천전리와 언양읍 대곡리 일대를 지나는 대곡천 계곡은 선사로부터 역사시대와 근대, 그리고 현대를 관통하는 살아 있는 자연사 박물관이다. 선사인이 남긴 세상에서 가장 독보적인 바위그림이 있고, 신라와 고려, 조선 세 왕조에 걸쳐 선조들이 남긴 발자취도 뚜렷하다. 그래서 한국문화의 뿌리라는 데 어깨가 으쓱하다.

대곡천 계곡은 대자연의 굴곡지점이 인문학적 지도로 그려진 몇 안 되는 곳이다. 사계절과 밤과 낮, 맑음과 흐림의 경계에서도 단연 독보적이다. 당연히 시인 묵객들의 발길이 이어졌다. 전국 곳곳에서 만들어진 구곡가(九曲歌)를 좇아 대곡천 계곡의 아름다움을 노래한 구곡가가 이곳에도 있다. 조선 정조 때의 도와(陶窩) 최남복(崔南復, 1759~1814)은 수옥정(漱玉亭)을 지어 백련서사(白蓮書社)를 열고 후학을 양성하면서 「백련구곡가(白蓮九曲歌)」를 지었다.

조선말의 언양 출신 선비 천사(泉史) 송찬규(宋璨奎, 1838~1910)는 「반계구곡음(磻溪九曲吟)」을 지었다. 반계는 대곡천의 다른 이름이다. 일곡부터 구곡까지 아홉 굽이의 빼어난 풍광을 노래했다. 그들 구곡가에 따라 일곡에서부터 구곡까지를 글자로 새긴 큰 바위 가운데 4~7곡까지는 찾아볼 수가 있다. 나머지 5개는 안타깝게도 사연댐과 대곡댐에 잠겨버렸다.

　대곡천의 절정은 반구대암각화다. 여기에 서면 고래의 울음소리가 들린다. 디지털 망원경의 초점을 고래에 맞추면 햇살과 그림자가 무연히 감춰버린 귀신고래가 저 바위 깊은 곳에서 진공관처럼 퍼지는 울음으로 드러난다. 실체가 없는 흔적을 좇아 고래와 숨바꼭질을 하다 보면 어느새 오후 4시, 바위 표면에서 고래가 춤을 춘다. 반구대 암각화는 세상의 빛이 열리는 시간이 아니라 어둠으로 향하는 발원의 시간, 침묵과 묵상의 시간에 하늘과 만나는 자리다. 그 자리가 이제 세계인의 문화유산 상징으로 거듭났다. 대한민국 최고의 문화유산, 인류 최초의 고래잡이 원형이자 인류 이동의 증좌가 울산에 있다. 그 하나만으로도 아라비아 유전과 견줄 수 없는 가치다. 제대로 살려 K-문화 유전자로 알려야 한다. 우리의 과제다.

신암, 선사 인류가 풍요를 기원한 해안

왼쪽은 신암리에서 출토된 여인상,
오른쪽은 신석기시대 유물이 대량 출토된 울산광역시 울주군 서생면 신암리 일대

 학창 시절 한 번쯤 들어본 적이 있는 선사 문화의 상징이 빗살무늬토기다. 전문용어로 즐문토기라 부르는 이 토기는 기하문토기(幾何文土器)라는 이름도 있다. 기하학적 평행선 문양을 음각한 토기로 아래가 뾰족한 화분형부터 평평하거나 깊이감이 있는 화분 형태로 발전했다. 동아시아에서는 시베리아에서 내몽골, 요동반도와 한반도 일부에서 출토됐고 일본의 큐슈와 오키나와에서 나타나는 광범위한 신석기 문화 징표다. 이번에 울산여지도가 찾아가는 땅 신암이 대한민국 즐문토기의 출토지다.

한반도에서 가장 오래된 선사시대 유물이 울산에서 출토된 사실을 아는 사람은 많지 않다. 즐문토기가 발견됐다는 이야기는 수만 년 전부터 이 땅이 따뜻하고 온화한 곳으로 해안가 일대에 다양한 수산물이 많았다는 것을 유추할 수 있다. 그 증좌의 대부분은 문화 징표로서의 가치가 중하기에 상당 부분 서울 국립중앙박물관에 전시돼 있다.

신암은 북쪽에 용리라는 이름의 신성한 장소가 있고 신암봉산 아래 덕곡재에 법골과 동대사고개, 미실골, 용시물골 등 이름이 예사롭지 않은 땅이 옹기종기 남아 있다. 바로 그 마을의 끝자락에 서면 동남 방향으로 광활한 동해가 펼쳐진다. 지금은 인근에 새울 원전이 들어서면서 사통팔달로 도로망이 뚫려 상전벽해가 된 곳이다. 하지만 신암 해안과 해안 마을은 여전히 해송이 병풍처럼 둘러싸고 앞으로는 바다가 가슴을 열어젖힌 풍요와 길상의 땅으로 우리를 맞이한다.

한반도에서 인류가 살기 시작한 흔적을 이야기하면 충청권의 공주 석장리나 경기도 연천 등이 손을 번쩍 들지만 유일무이한 울산 신암의 여인상 앞에서는 기를 펴지 못한다. 40여 년 전 처음으로 세상에 나온 뒤 '신암리 비너스상'으로 이름을 얻은 신석기 사람들의 성물은 울산 서생읍 신암리 유적 제2지구에서 1974년 출토됐다. 한반도에서 출토된 선사시대 여인상은 울산 신암리와 함께 함경북도 청진 농포 패총에서 확인된 것이 전부이고 그중 신암 여인상이 단연 특출하다. 사람의 모습을 표현한 것으로 보이는 토우는 전남 완도에서도 유적 등에서 출토된 바 있지만 이들 출토품은 대부분 성별이 확실치 않고 보존 상태가 좋지 못해 문화적 징표로 내세우기엔 부족한 면이 없지 않다. 하지만 울산의 신암리 비너스상은 오묘한 형태나 구조적인 안정감 등에서 신석기 유물로서의 가치가 절대적인 수준이다.

신석기시대의 조각품으로 추정되는 여인상은 일종의 신앙적 성격을 가진 성물이거나 또 다른 목적의 상징물로 사용된 것으로 추정된다. 세계적으로도 희귀 유물에 속하는 신석기 여인상은 사실 거의 없다고 해도 과언이 아니다. 신암리 비너스상도 흙을 빚어 만든 것이어서 몸체의 일부만 남아 기적에 가까운 보존 상태라 할 수 있다. 참고로 세계 고고학계에서는 오스트리아에서 출토된 빌렌도르프(Willendorf)의 비너스를 여인상의 으뜸으로 친다. 가슴과 엉덩이를 과장해서 표현하고 있는 이 여인상은 생식과 출산 등을 상징하는 것으로 추정한다.

남쪽의 신암 바닷가부터 내륙의 신화리 일대까지 울산의 석기 유적은 구석기부터 신석기까지 다양하게 출토되고 있다. 하지만 울산의 석기시대 유물이 세상에 알려진 것은 비교적 최근의 일이다. 물론 한반도 지역의 석기유적이나 유물이 고고학계에 보고되기 시작한 것도 따지고 보면 얼마 되지 않은 일천한 역사를 가졌다. 울산의 경우 고고학계에서는 초기 발굴 단계에서 대상지에도 넣지 않는 완전히 소외된 땅이었다. 그런 상황에서 1970년과 1971년 대곡천에서 암각화가 쏟아졌고 인근 삼동 조일 신화 등에서 신석기시대의 유물이 고개를 들면서 고고학자들과 인류학자들이 울산을 주목하기 시작했다. 신암리와 함께 주목받는 곳은 옥현지역과 신화리 일대다. 한반도 지역에서 가장 오래된 벼농사 유적과 구석기들이 발굴된 옥현주공아파트와 KTX 울산역 공사 중 발굴한 신화리 유적은 석기시대의 한반도를 잘 보여주는 유적이다.

또 하나의 충격은 후기 구석기시대부터 한반도에 등장하는 흑요석이 바로 신암에서 나왔다는 사실이다. 흑요석의 출토는 충격 그 자체였다. 흑요석은 용암이 급속하게 굳어지면서 만들어지는 암석이다. 흑요석 돌날의 경우 현대 과학기술로도 따라갈 수 없을 정도로 얇고도 날카롭다. 바로 그 흑요석의 출처는 화산지대로 원산지가 일본 남쪽과 백두산뿐이다. 분석 결과 울산의 흑요석은 일본이 원산지였다. 어떤 경로든 대한해협을 건너온 물건이 울산의 한적한 바닷가에서 여인상과 함께 발견됐다. 설명이 필요하지만 탐구하는 울산 사람이 없었다.

마을 이름에도 역사가 있다. 신암은 한동안 빈 땅으로 남았다. 조선조에 와서야 갯가에 사람이 모여들었고 이들이 마을 이름을 짓기 위해 한자리에 모였는데 앞에 구름같이 희고 큰 바위가 보여 그 바위 모양을 따서 신암이라는 이름을 지었다고 전한다. 운암(雲岩)이 신암(新巖)으로 변한 이유는 알 수 없지만 처음에 운암이 세월이 흐르면서 신암이 된 것은 확실하다. 이 마을 자연부락에는 비학머리 마을이 있는데 이 이름을 미뤄 보면 일제강점기까지는 겨울마다 신암에 학이 떼를 지어 겨울나기를 한 것으로 추정된다.

 마지막 팁 하나, 신암에는 오래전부터 이런 이야기가 떠돈다. 마을에 몹쓸 병에 걸린 환자가 나오면 독경쟁이를 불러다가 경을 읽어 환자를 치료했다. 몹쓸 병의 원인이 귀신의 탓이라 여겨 독경쟁이가 귀신 쫓는 경문을 읽다가 그 악귀를 병 안에 가둔 뒤 땅에 깊이 묻었다. 역병의 치료술은 오래된 풍습으로 신암 땅 깊은 곳에 역병의 혼을 묶어 재발을 막았다. 그래서 신암에서는 봄마다 땅을 일굴 때 너무 깊이 땅을 파지 않는다는 전설 같은 이야기가 전해진다. 신석기 여인상이 출토될 만큼 토속신앙의 뿌리가 깊다는 이야기다. 믿거나 말거나다.

검단, 한반도 청동기 타임캡슐이 묻힌 곳

검단 지역의 청동기 문화를 알려주는 적석총

 문수산을 북으로 둔 웅촌(熊村)은 회야(回夜)라는 도량 넓은 물길이 휘감은 땅이다. 정족산과 운암산, 화장산의 자락이 야트막하게 밀친 땅에 까마득한 날, 북쪽의 한 무리 예맥의 후예들이 남으로 달려 터를 잡았다. 남으로 풍수의 결정판인 우불산이 낮게 자리해 천하명당으로 이미 기원전에 명성을 얻은 땅이다. 그 땅을 탐낸 이들이 무시로 기웃거렸지만, 함부로 범접할 수 없는 정족과 운암의 기운이 우불의 바람길을 담아 햇살을 품고 사람들을 모았다.

이 땅은 오래전 북쪽 방향의 진산인 운암산이 곰의 형상이라고 주장한 북방의 이주민들이 스스로 곰의 자손이라며 고마족의 명패를 꽂았다. 그 뿌리의 혼이 오늘에 이어져 이곳 사람들은 아직도 전설처럼 내려오는 우시산국 이야기로 축제를 연다. 울산여지도가 풀어갈 열 번째 이야기, 검단과 웅촌의 땅과 사람들의 이야기다.

 울산광역시 웅촌면과 양산시 웅상읍은 행정의 경계와 상관없이 수천 년 전부터 한 뿌리의 문화가 흐르는 땅이다. 조일전쟁 때만 해도 서면으로 불리던 이 땅은 우불산을 중심으로 장정들이 농기구로 왜적과 맞서 수천의 목을 벤 기적의 전승지다. 3,000명의 서면 주민 가운데 노인과 부녀자를 뺀 거의 대부분의 장정이 왜구의 총칼에 맞서 사흘 밤을 결전으로 견뎌 우불산 아래 왜구의 시체가 큰 등성이를 이룰 정도였다는 기록이 전설처럼 흐른다. 지금도 이 땅에는 왜구의 시체가 등성이를 이뤘다고 '왜시등'이라는 이름이 남아 있다.

 북방의 기세가 무궁한 땅, 백두대간의 정기가 옹골차게 맺힌 기운의 정점이 검단이다. 한반도 청동기시대의 타임캡슐이라 부를 만한 엄청난 땅의 역사를 간직한 곳이지만 막상 현장은 초라하기 짝이 없다. 어제의 흔적이 이 땅의 개척자와 문명의 시작을 웅변하지만 후세는 그저 개발의 걸림돌로 인식한 채 표지판 하나 덩그러니 꽂아두고 비바람에 방치한 땅일 뿐이다.

그래도 뜻있는 지역의 향토사학자들이 질기게 파고든 지역사의 뿌리 캐기 덕분에 검단리는 지금 고고학계의 열렬한 지지로 재평가 되는 중이다. 향토사학자들의 열정이 체계화될수록 검단리 일대는 초기국가의 모습으로 재구성됐고, 지금은 한반도 청동기 국가의 흔적 찾기에 첫 번째 장으로 자리매김했다.

바로 그 이름이 우시산국이다. 학계 연구에 의하면 웅촌 일대의 우시산국은 회야강은 물론 태화강을 포함해 서라벌의 턱밑인 울산 북구 중산동 일대까지 확장됐다는 이야기가 정설로 떠도는 중이다. 어쩌면 그 주장이 사실일 수도 있다는 생각은 울산의 지도를 펼쳐 들면 희미하게 보이기 시작한다. 검단리 일대 대단위 주거시설은 고대 원시적 형태의 국가의 틀을 보여준다. 그 주변으로 외곽에 눈을 돌리면 신화리와 교동-언양-다운-외동-중산 일대는 사로국이나 우시산국과는 또 다른 형태의 집단 취락이 띠를 이룬다. 선사인의 무리 집단이 부족단위로 성장해 그 규모가 국가형태로 발전하기 직전의 중간 형태의 체계를 이룬 문화의 흔적이다. 바로 이 주장의 결정적 근거가 웅촌 하대유적을 통해 세상에 드러났다.

울산의 뿌리로 알려진 우시산국(于尸山國)은 신라의 탈해 이사금 때 복속된 것으로 알려졌다. 이 일대에 대한 본격적인 발굴은 비교적 최근의 일이다. 지난 1991년 부산대박물관이 웅촌면 대대리 하대유적을 뒤졌다. 당시 하대유적 발굴에서는 북방계 유물의 표본인

삼족 청동솥이 출토돼 학계의 이목이 집중됐다. 이 청동솥은 국립중앙박물관에서도 청동기시대의 한반도 역사를 대표하는 유적으로 묵직하게 전시돼 있다.

2000년대 이전까지 울산에서 벌어진 수많은 문화재 발굴과 출토된 유물의 유출 경로는 아직 제대로 규명되지 못한 부분이 많다. 특히 고대사의 비밀이 보물 상자처럼 쏟아진 웅촌 일대 하대유적이나 검단리 유적, 연암동 유적 등은 다른 도시나 대학 박물관 수장고에 처박혀 있다는 소식도 들린다. 울산의 유물을 떠나 한반도 고대사를 규명하는 중요한 흔적들이 쓰레기처럼 방치되고 있는 현실이 안타깝지만 지금부터라도 낱낱이 찾아내 반환운동을 해나가는 길을 찾아야 할 시점이다.

이번에 울산여지도가 살피는 검단리 일대는 고대사의 비밀이 여전히 땅속에 묻힌 몇 안 되는 지역이다. 이곳에는 우리나라 최초로 확인된 청동기시대 환호취락이 널브러져 있다. 지금은 황량하기 짝이 없는 설명문구와 발굴 당시 유적 전경이 담긴 몇 개의 사진이 안내판으로 마주하지만 웬만하면 현장을 요란하게 꾸미고 박물관으로 자랑하는 일본의 과거사 포장술이 여기서만큼은 부럽다.

검단리 일대의 발굴 과정은 일본 사학계와 깊은 연관성이 있다. 100여 기에 달하는 집자리와 함께 고인돌을 비롯해 당시의 생활상을 그대로 보여주는 다양한 유물들이 검단리 일대에서 쏟아졌다. 무엇보다 한반도에서 처음으로 마을을 감싸는 도랑이 발견됐다. 고고학적 용어로는 환호(環濠)다. 검단리에서 환호가 발견되자 역사학계는 흥분했다. 검단리 이전까지 환호 형태의 마을 유적은 일본에서만 발견된 취락구조였다. 이른바 임나일본부를 주장하는 일본의 왜곡된 역사주술가들이 한반도보다 자신들의 문명이 앞섰다며 떠벌리는 증거였다.

바로 그 증거가 검단리 발굴로 한방에 평정됐다. 1990년대 이전까지 일본 사학계는 일본의 고대문화, 즉 구석기나 신석기 청동기 문화는 중국에서 직접 들어온 것이라며 한반도 유래설을 부정했다. 그런 상황에서 울산 검단리 유적이 발굴되자 애써 부인하던 일본의 연구자들도 결국엔 검단리 환호 취락지역을 자신들의 취락구조의 뿌리로 인정하게 됐다. 바로 그 특별한 땅이 바로 웅촌 검단리다.

마지막 팁 하나, 웅촌과 웅상이 하나일 때 강제로 땅을 쪼개 갈라놓은 이들이 일제다. 일제는 조일전쟁의 참혹한 기억이 우불산의 정기에 있다고 믿었다. 한발 더 나아가 웅촌과 웅상에 전하는 전설은 우불산 정기를 받은 이가 왜를 멸할 것이라는 우뢰로 떠돌았다. 이런 연유로 둘을 갈라 우불산 신사가 있는 곳을 울산에서 떼어내고 백두의 정기를 끊겠다며 땅을 뒤져 광산을 개발했다는 이야기가 지금도 회야 논배미들에 가을바람처럼 흐른다.

삼남, 선사인이 두물머리에 깃발을 꽂은 땅

KTX 울산역 건설 당시 드러난 신화리 구석기 유적 발굴 현장

꽃샘추위가 몇 번을 오갔지만 벚꽃은 피어났다. 지금은 궁거랑에서 봄날 향연이 이어지지만 울산에서 벚꽃의 첫째는 역시 작천정이다. 불편한 이웃 때문에 화들짝 피어났다 우수수 떨어지는 꽃잎조차 시류에 흩날리지만 사쿠라든 벚꽃이든 봄빛 물들이는 데는 이만한 전령이 없다. 우리 땅의 벚꽃은 왜의 벚나무와 유전적 동질성이 없는 별개의 품종으로 제주가 원산지다.

프랑스인 신부 타케가 제주도에서 왕벚나무를 발견한 것은 일제강점기 직전인 1908년이다. 그로부터 반세기가 지난 1962년 국립과학관에서 "벚꽃은 우리 꽃이고 한라산이 원산지"라는 주장을 확실히 했다. 실제로 오랜 연구 결과 일본에서 건너온 개량종 벚나무가 아닌 우리 땅에서 자란 본래의 왕벚나무는 제주가 원산지로 확인됐다.

나무에 국적을 따지는 일로 글이 시작된 것은 작천정 벚나무 때문이다. 1㎞에 달하는 작천정 벚꽃 터널은 역사가 벌써 한 세기 가까이 된다. 울산여지도가 걸어보는 명품 울주의 뿌리 길이다. 봄의 전령 벚꽃이 만개할 때쯤 이 길을 걷게 된다면 꼭 기억해야 할 사람이 있다. 지금부터 한 세기 가까이 전 1937년 독립운동을 주도했던 삼남 사람 곽해진(郭海鎭, 1888~1939)이다. 곽해진은 도로를 개통하고 벚나무를 심어 일경의 환심을 샀다. 신화리 마산마을이 고향인 곽해진은 천도교도들과 언양 만세를 주도했고 항일정신 고취에 앞장섰다. 만세운동 당시 아들 대신 앞장선 모친 길천댁이 왜경 총에 허벅지 관통상을 입어 얼마 후 사망했다. 중남사립보통학교를 설립하고 조선일보 언양지국장도 지냈다. 일경이 호시탐탐 감시의 눈길을 이어가자 작괘천으로 통하는 길을 열고 벚나무를 심어 관심을 돌린 것이 지금의 명품 벚꽃 길의 유래다.

바로 그 명품 벚나무가 굳건하게 버티고 있는 땅이 삼남이다. 울주 12개읍면 가운데 비교적 최근에 읍으로 승격한 삼남은 예로부터 교통의 요지였다. 조선조 때 대부분의 큰길은 한양과 통했다. 지방에서 한양과 통하는 9개의 큰 도로 가운데 울산과 가장 가까운 길은 제4로였다. 한양-용인-충주-새재-대구-동래-부산까지의 좌로(左路)다. 이 당시 울산의 도로는 모두 소로이며 9개의 대로에는 비켜 있었다. 대로에 직접 놓여있는 것이 아니라, 대로에서 갈라져 뻗은 지선도로였다.

제4로의 중간 지점인 유곡역(문경) 다음의 덕통참에서 갈라져 광대천-심천참-안계-비안-군위-신녕-영천-건천-경주-좌병영(중구 병영동)-울산으로 이어지는 지선도로에 놓여있었다. 언양은 영천에서 다시 갈라지는 또 다른 지선도로상에 있었다. 그 길의 핵심에 삼남이 있었다. 울산읍성에서 굴화를 지나 언양으로 이어지는 도로와 언양읍성에서 동서로 뻗어 밀양으로 이어지는 도로망, 그리고 언양읍성에서 남쪽의 양산과 북쪽의 경주에 닿는 도로가 울산 서부권 도로망의 핵심이었다.

조선조의 도로망을 살피면 오늘의 국도 24호나 국도 35호선과 별반 다름이 없다. 삼남에 10여 년 전 KTX 울산역이 들어서고 철도교통의 심장으로 변모한 연유도 따지고 보면 조선조 이전의 지리적 중요성이 이어진 탓이다. 말이 난 김에 KTX 울산역 이야기를 안 할 수 없다. 경부고속철도의 동쪽 지선이 그어지면서 울산 쪽 철도 위에 문화재 지표조사가 시작됐다. 사건은 울산역사가 들어설 삼남읍 신화리 일대에서 벌어졌다. 5개 기관에서 발굴조사를 시작한 지 얼마 되지 않아 엄청난 유적이 드러났다. 그동안 한반도 남부지역에서 드물게 나타난 구석기 유적이었다. 구석기부터 시작한 유적은 청동기시대, 삼한시대, 삼국~통일신라시대, 고려~조선시대 유적과 유물이 꼬리에 꼬리를 물었다. 한 지역에서 구석기시대부터 조선시대에 이르는 다양한 유적이 확인된 사례는 한반도 유적 조사에서 드문 경우였다.

문제는 내용이었다. 발견된 유적과 유물은 울산 역사를 새로 쓰게 했다. 울산에 사람이 살기 시작한 시기는 30,000년, 혹은 훨씬 이전으로 올라가게 됐다. 이 유적 발굴 이전까지는 울산의 시작을 신석기시대로 보았으나, 신화리 유적 조사로 몇만 년 더 올라가게 된 셈이다. 울산에서 일어난 우리 고대사의 기적 가운데 하나였다. 반구천의 암각화 발견은 시작이었고 신암과 황성의 석기 유적 등 고대사의 기적은 울산에서 여전히 진행형이다. 문제는 이런 발굴이 고대사 기적임을 알지 못하는 이들과 무관심한 이들은 발견의 요란함을 애써 무시하며 해가 지면 드러난 유적을 흙으로 덮기에 바쁘다는 사실이다.

바로 그 신화리는 오래전부터 쌍수정리(雙水亭里)로 알려졌다. 선사인의 땅이 대부분 그렇듯 이곳도 신불산에서 흘러온 작괘천과 가천의 두 물줄기가 만나는 두물머리다. 여러 고지도에 신화리 일대가 쌍수정리로 표기되어 있는 것을 미루어 볼 때 쌍수는 오래된 이름으로 짐작된다. 지금은 고속철도 역사 옆에 초라하게 남아 있는 유적이지만 기차를 타기 전 잠시 둘러보면 울산의 옛 땅, 선사인과 만나는 시간여행을 할 수 있다. 시기를 달리하는 3개의 구석기 문화층이 확인된 이 땅에는 놀랍게도 석기제작소가 있었다.

 한반도에서 최초로 발견된 석기제작 공장이 울산에 있다는 것만으로도 이 땅이 예사롭지 않다는 것을 잘 말해준다. 어디 그뿐인가. 울산에서 유일하게 발견된 세형동검부터 온돌주거지와 대형 건물지는 신비로움을 더한다. 건물 끝이 둥근 모양으로 연결되어 열쇠구멍처럼 생겼는데, 도대체 무엇을 하던 건물인지 여전히 미스터리다. 세형동검과 함께 발견된 인골 중 치아를 분석해 보니 20대 건장한 사내로 밝혀졌다. 아마도 이 사내는 오래전, 이 땅에서 막강한 힘을 가진 부족의 수장으로 영남알프스 일곱 봉우리를 호령했으리라 추측된다.

옥현, 고고학계를 놀라게 한 벼농사 흔적

지난 2012년 아파트 건설 현장에서 드러난 울산 옥현 벼농사 유적

　지난 2012년의 일이다. 현대판 김선달 격인 LH가 울산에서 또 하나의 파렴치한 흔적을 남겼다. 울산 곳곳을 파헤치던 LH가 남구 무거동 옥현 일원에서 불도저로 고고학계의 기적을 밀어버렸다. 불도저 아래에는 동북아에서 드문 고대 수경 논농사 유적이 묻혀 있었다. 엄청난 유적을 밀어버린 사건은 의외로 조용히 마무리됐다. 수

도권 어디쯤에서 이런 일이 벌어졌으면 고고학계가 머리띠를 둘러 맬 일이었지만 여기는 울산 아닌가. 고고학 따위는 개발의 삽자루에 뭉개버린 사례가 너무 흔한 울산이기에 가능한 장면이었다. 검단리가 그랬고 반구동 항만유적이 그랬고 중산 청동기 유적이 그랬다. 대충 수습하고 보고서 정도 남기면 그뿐이라는 생각이 유효한 시대였다.

바로 이 땅이 울산여지도가 살피는 옥현이다. 그 무렵 LH가 개발의 떡고물로 던져준 '울산 옥현유적전시관'은 몇 년 뒤 폐쇄됐다. 눈을 질끈 감아준 쪽은 다름 아닌 문화재청이었다. 문화재청은 전시관의 볼거리가 부족하고 관련 유물이 별로 없다며 옥현유적전시관을 '매장문화재 보존존치 유적'에서 해제해 버렸다. 한 해 4,000여 만 원의 유지관리 비용을 감당할 자신이 없었다는 게 솔직한 이유였다. 당시 폐쇄된 옥현유적전시관은 옥현에 삽질을 한 LH가 개발의 입막음으로 대충 지어 기부채납한 시설이었다. 동북아시아 수경 논농사의 흔적을 뭉개고 그도 모자라 전시관도 폐쇄한 부끄러운 우리 현대사의 현장이었다.

이곳에 논농사 흔적이 발견된 것은 지난 1998년이다. LH의 개발 야욕으로 드러난 유적이지만 지금은 아예 흔적도 없다. 옥현에서 청동기시대 집자리와 논농사 흔적이 처음으로 확인됐다. 유적은 언덕 위의 집자리와 골짜기를 따라 내려간 아래쪽에 논이 위치하고 있었다. 언덕 위에는 청동기시대의 집자리가 여러 채 드러났고 대부분 긴네모꼴 형태였다. 가장자리에는 벽을 세운 기둥의 흔적과 물을 빼기 위한 배수구 등도 뚜렷했다. 벽은 홈을 파고 판자를 세우는데, 배수구 내에 작은 기둥을 촘촘히 박아 보강한 흔적은 선사인의 솜씨라고 하기엔 놀라울 뿐이었다. 이런 집자리가 있는 언덕 사이에서부터 골짜기를 따라 도랑이 있는데, 처음은 둥글고 얕지만 아래로 내려오면서 점차 깊어지고 폭도 넓어졌다. 논과 논 사이의 수로였다. 기계식 수리기술이 없던 시절에는 빗물을 이용하는 천수답 농법이 필요했고 인공의 힘으로 물을 모아 상시급수를 가능하게 만들었다. 이런 희귀한 흔적이 옥현에서 쏟아졌다.

옥현 뜰의 모든 평지를 조사한 것은 아니기 때문에 전모를 알 수는 없지만, 논을 이루고 있는 논면의 논둑, 수로, 도랑, 벼의 규산체-플랜트오팔 분석, 산화철·망간 집적층의 유무 등을 통해 논농사의 존재는 충분히 드러났다. 확인된 논은 지금처럼 광활한 대지의 황금벌판이 아니라 1~3평 정도로 작게 만들어진 작은 규모의 논이었다. 아마도 빗물에 의존하는 천수답으로 안정적으로 물을 공급하는 것이 어렵기 때문에 크게 농사를 지을 수는 없었을 것으로 추정된다.

이런 놀라운 흔적이 발견된 울산이지만 지금은 발굴의 역사가 모두 사라지고 파묻혔다. 그 흔적이나 보고서 등도 울산이 아니라 부산이나 김해, 창원 등지로 흩어져 제대로 정리된 상태가 아니다.

선사문화의 보고인 울산이 왜 이런 대접을 받았을까. 경주와 김해로 대표되는 신라와 가야문화의 틈새에 낀 울산은 근대화 이후 공업도시라는 프레임 속에서 존재가치를 인정받았다. 굴뚝도시로 산업의 역군이면 그뿐, 선사문화 따위는 개발의 삽질에 걸림돌이 될 뿐이었다. 당연히 박물관은 엄두도 못 냈고 필요성을 주장하는 목소리도 없었다.

일제강점기부터 왜곡의 심장으로 활약한 조선의 역사학계는 해방과 한국전쟁을 거치면서 민족의 뿌리를 강조한 정통사학계를 이단화하고 일본인 스승에게 배운 대로 우리 역사를 주물렀다. 이른바 강단 사학계다. 이들은 사부격인 일본의 역사학자들에게 머리를 조아리며 친일을 가문의 영광으로 생각한 자들이었다. 이들이 대학에서 제자들을 가르치고 국사 교과서를 만들면서 우리 역사는 일제의 식민사관을 그대로 계승하는 처참한 일이 벌어졌다. 단군조선을 부정한 식민사관은 한사군 낙랑군 위치부터 임나일본부에 대한 모호한 태도까지 여전히 우리 고대사를 흙탕물로 휘저었다.

이런 사학계의 영향으로 독창적인 문화를 꾸린 울산의 선사문화권은 경주나 김해의 부속이거나 하류로 치부됐다. 울산은 자체적인 지역사 통찰이나 발굴 등의 성과를 내기 어려운 환경이었기에 언제나 주류 사학계의 변방으로 밀렸다. 유물과 유적의 규모로 보면 당연히 문화재청이 주도하는 국립박물관 건립이 이뤄져야 하지만 정부는 콧방귀도 뀌지 않았다. 지역 여론이 들끓고 옥현과 검단리, 중산동 등에서 선사유적이 대거 쏟아지자 못 본 체 눈만 질끈 감았다.

옥현은 우리보다 일본 사학계가 주목했다. 스스로 논농사의 원조라 주장한 일본은 울산에서 수경 논농사의 흔적이 쏟아지자 입을 다물었다. 당시만 해도 일본은 자신들이 벼농사의 선진지인 것처럼 떠들던 시대였다. 큐슈의 나바다케·이타즈케 유적, 오사카의 이케시마 유적 등을 대대적으로 선전하며 일본이 논농사에서 선진문화를 가진 것처럼 포장했다. 일본의 논농사 유적은 가장 이른 시기의 것들도 기원전 5세기를 넘지 못하는 것으로 옥현유적의 발견으로 수전경작이 한반도에서 유래되었고 일본의 그것도 한반도 남부에서 기원했음이 입증됐다. 그런 옥현유적이 지금은 온데간데없다. BC 7세기경에 시작된 한반도 논농사의 흔적을 제대로 보여줄 수 있는 기회였지만 불도저의 요란한 굉음이 뭉개버렸다. 우리의 문화수준이 딱 그 지점이다.

중산, 철기세력이 기반을 다진 사로국의 뿌리

울산 중산동 일대에서 발굴된 청동기~철기시대 취락유적

 국립중앙박물관이 자랑하는 선사시대 유물 가운데 오리모양의 토기가 있다. 북방문화를 상징하는 오리모양은 고대사의 비밀을 여는 타임머신으로 상징된다. 바로 그 한반도 선사유물 가운데 몇 안 되는 오리모양 토기는 외국의 귀빈이 올 때마다 자랑스럽게 소개하는 대표적인 물목이다. 그 토기가 출토된 곳이 울산의 북쪽 끝이다.

  울산의 산하를 하늘에서 조망하면 북쪽 지점의 땅은 천하의 요새다. 산허리가 지세를 감싸 안은 삼태봉 자락부터 동천강 물줄기가 유유히 물상을 실어 나르는 형상이 육상의 새로운 뱃길을 열듯 평온하고 풍요로운 땅이다. 울산여지도가 돌아보는 땅, 중산이다. 이 땅은 울산과 경주의 경계 지점으로 우리 선사문화 연구에 결정적인 단서를 숨기고 있다. 동쪽으로 삼태봉과 동대산이 동해를 감쪽같이 숨긴 채 마주했고 서쪽으로 동천강이 태화강을 향해 유유히 물줄기는 뻗는 명당이다. 바로 이곳에서 한반도 일대에서 가장 많은 수의 청동기~철기 유적이 쏟아졌다.

  왜 이 땅에서는 수천 년 전부터 사람들이 삶의 흔적을 남겨놓았을까. 이유는 확실하다. 초기 철기시대부터 사로의 세력이 신라를 만들어 국가의 형태로 거듭날 시기까지 그 힘의 원천인 철기의 광맥이 인근에 있었기 때문이다. 바로 달천이다. 중산의 바로 아래 위치한 달천광산은 기원전 2세기부터 철광석이 채굴됐다. 바로 그 달천광산을 지배한 세력의 주류가 중산동 일대에서 발견되는 고분군 집단의 철기세력이었다. 어쩌면 이 시기에는 중산동 일대를 장악한 철기세력은 아래로 우시산국과 위로 사로세력까지 연결된 상상 이상의 집단이었을지도 모른다.

중산동 발굴 현장에서 나온 오리모양 토기

지난 1990년대 초 중산동 일대에 아파트 개발이 시작되면서 수천 년 동안 베일에 싸였던 울산의 선사문화가 세상에 드러났다. 당시 발굴을 담당했던 창원대박물관 조사팀은 발굴 첫날부터 놀라운 경험을 했다. 아파트 부지로 예정된 땅을 파자 훼손되지 않은 선사시대 무덤들이 꼬리에 꼬리를 물고 이어졌다. 쇠로 만든 갑옷과 투구부터 길쭉한 쇠창의 철제유물이 보석처럼 박혀 있었다. 신라 왕족의 묘제였던 적석목곽묘(積石木槨墓)뿐만 아니라 목곽묘, 석곽묘, 석실묘 등 다양한 종류의 무덤이 수도 없이 드러나자, 현장의 학예사와 교수진은 입을 다물지 못했다. 여기에다 장송 의례용으로 추정되는 북방의 유산 오리모양 토기가 3점이나 출토됐다.

무엇보다 중산동 일대에서는 한반도 동남쪽 자락에서 잘 보이지

않던 고인돌까지 발견됐다. 수풀 더미에 쌓여 존재 자체가 감춰졌던 고인돌은 수천 년 전 이 땅에 무슨 일이 있었는지를 웅변했다. 신석기시대부터 청동기와 철기에 이르는 광대한 세월 동안 이 땅은 선사인부터 현대인들에게까지 살기 좋은 최적의 주거지였다는 증거였다. 특히 이 일대에서 발견된 고인돌과 고분군은 족장(族長) 또는 지배 계급의 무덤으로 추정되기 때문에 신라의 탄생에 얽힌 비밀의 역사를 밝히는 데 귀중한 단서로 여겨졌다.

발굴 당시에는 고인돌 주변으로 화강암 덮개돌이 광범위하게 분포돼 있었지만, 개발의 삽질이 뭉개고 덮어버려 제대로 된 평가를 받지 못했다. 당시 중산동 일대는 도심 외곽지역으로 개발의 삽질이 무차별적으로 진행된 데다 문화유적의 보존이나 관리에 문외한인 당국의 뒷짐으로 원형 훼손이 아무렇지도 않게 진행됐다. 그 오랜 문화유산의 유물이 무려 1만여 점이다.

중산동 일대에는 사람들의 오래된 생활 흔적이 많이 남아 있다. 최북단의 갓안마을도 그중 하나다. 갓안마을은 경주시 외동읍과 맞닿은 곳으로 울산과 경주의 경계를 이루고 있다. 울산의 최북단 마을로 북쪽에서 들어오는 울산의 관문이다. 여기서 '갓안'은 이름이 독특하다. '갓'은 산지를 의미한다. 이름대로 산속에 있는 마을이란 뜻이다. 이름 때문인지 이 마을은 울산에서 개발이 가장 늦게 이뤄진 동네 중 하나다. 마을 인근의 공동묘지 언덕 주변에 있는 수령

100여 년의 소나무 군락은 또 다른 정취를 갖게 하기도 한다.

이 일대는 원래 경주에 살았던 수봉(秀峰) 이규인 선생 집안의 소유여서 수봉 선생이 직접 이 소나무를 심었다. 수봉선생은 1983년 경주중학교를 설립했다. 당시 그는 학교 설립을 위해 100만 평의 땅을 내놓아 부의 사회 환원과 균등 분배를 일찍 실행하기도 했다.

또 다른 오래된 마을은 약수마을이다. 이 마을 위쪽 약수천 상류에 이름난 약수터가 전해진다. 지금은 울산외국어고등학교가 들어서고, 또 이화산업단지를 잇는 오토밸리로가 생겨나면서 약수터의 물길이 끊겼다. 사라져 버려 증명할 길이 없지만 이 약수터의 물은 피부병에 효험이 뛰어나 울산은 물론 경주와 멀리 부산에서도 물을 담아가려고 줄을 섰다는 풍문이다.

여기에 보태 약수마을 명물 하나가 바로 탱자나무를 품은 정자 활산정이다. 지난 1962년 사연댐을 건설할 때 범서 사연에 있었던 한옥을 뜯어 와 복원한 정자로 풍채 내면에 울산 산업화의 스토리를 고스란히 품었다. 바로 이곳의 노거수인 '농소 탱자나무'는 무려 수령이 400년이다. 전국에서도 강화도에 천연기념물로 정해진 탱자나무를 제외하고는 가장 오래된 나무다.

마지막 팁 하나, 교과서에도 빠져 있는 울산의 비밀이 여기에 있다. 울산은 우리나라에서 청동기시대 마을 유적과 논 유적, 환호(環濠)가 가장 많이 드러난 땅이다. 청동기시대의 울산은 한반도 중부 지역의 영향을 많이 받았으며 북방계의 최종 정착지였다. 청동기시대가 되면서 살기 좋은 땅은 사방으로 소문이 퍼졌고 대규모 마을로 융성했다. 청동기 전기에는 대형 장방형 주거, 세장방형 주거에서 사람들이 생활했다. 불을 피우는 화덕 자리가 한 개이고, 4개 혹은 6개의 기둥을 세운 형태의 주거지는 '울산형 집자리'라는 이름을 인정받았다. 역사 교과서에 당당하게 올라가야 하지만 무슨 까닭인지 교과서에는 빠져 있는 울산의 비밀이다.

달천, 아이언로드의 비밀 지도가 묻힌 땅

한반도 철기문화의 원형이 남아 있는 달천철장

울산의 축제는 뿌리와 관련이 깊다. 바로 그 첫 시작이 쇠부리다. 울산여지도가 열네 번째로 휘돌아 보는 땅 달천이 쇠부리 축제의 모태다. 지명에 '달(達)' 자가 붙은 곳은 쇠와 관련이 있다는 설이 있다. 우리말에서 달은 거의 대부분 산을 의미하는 지명으로 나타나는데 대표적인 지명이 아사달이다.

아사달은 단군왕검이 나라를 열고 도읍을 정한 땅이다. 울산에는 달천과 달리(남구 달동)가 여전히 달이라는 이름을 갖고 있는 지명이다. 달천은 단순한 산지를 의미하기보다 쇠가 나는 산으로 통한다. 과거 달천은 달내라는 이름으로도 불렸는데 이는 쇠를 달구는 터전을 뜻하는 것으로 추정된다. 무려 2,000년 이상 철광석을 캐던 땅으로 이어진 달천은 조선조 세종 때부터 달천리로 불린 기록이 남아 있다.

지난 1962년 울산군이 울주군으로 바뀌어 농소면 달천리가 되었다가 1995년 울산시와 울산군이 통합되면서 농소읍으로 승격됐다. 이후 달천은 농소3동 관할에 속한 행정구역이 됐다. 그 범위는 동으로 천곡동, 서로는 울주군 범서읍과 접하고 북쪽의 천마산, 서쪽의 상아산이 솟아 만석골에 모인 물길이 상안천에 멈췄다가 동천강으로 이어진다.

달천은 울산의 정체성과 연관된 땅이다. 바로 2,000년 전 동북아시아 아이언로드의 출발점이다. 울산 북쪽, 경주와 맞닿은 이 일대는 고대 한반도의 야철장이자 철기문화의 심장이었다. 1962년 박정희 군사정권이 울산을 특정공업지구로 지정하면서 울산은 공업입국과 조국근대화의 선봉장으로 이름을 날렸다. 하지만 이 모든 역사는 우연은 아니다. 울산은 한반도 철기문화의 심장이다. 그 증좌가 달천철장이고 불매질로 노동요의 유전인자가 울산의 땅과 사람들에게 이어지고 있다.

언제부터 달천은 철의 땅으로 자리했을까. 2,000년의 역사를 가진 철의 도시이지만 중요성은 비교적 최근에 드러났다. 아파트 업자들이 달천 일대를 파헤치면서 오래된 인류사는 조금씩 모습을 드러냈다. 지난 2006년부터 2008년까지 실시된 달천유적 발굴조사는 대규모 채광 유적으로는 국내 첫 발굴이었다. 조사를 통해 초기 철기~삼국시대와 조선시대 채광 유구, 근대 선로 등 시대를 이어가는 철광석 관련 유물이 쏟아졌다. 발굴을 맡은 쪽은 당황했다.

기원전 1세기 중엽 이전~기원후 3세기까지 채광을 했고, 울산 중산과 경주 황성 제철공장에서 대규모로 철장을 제작했다는 사실이 팩트로 확인됐다. 여기에다 울산의 철장임을 각인하는 특별한 물질, 비소가 유전인자처럼 검출됐고 그 비소의 이동루트가 바다 건너 왜로 이어져 아이언로드의 비밀 지도를 그려냈다는 사실도 드러났다. 왜의 야요이시대의 토기와 비소를 포함한 철장의 발견은 일본 역사학계를 흥분시켰고 대륙전파설을 부인하던 일본 학계에서는 자신들의 철기문화의 뿌리가 울산 달천이라며 그때부터 울산과 야요이시대를 연결하는 작업에 열중했다.

철장은 철의 원료인 토철이나 철광석을 캐던 곳을 말한다. 울산의 달천철장은 그 기원이 무려 기원전 200년 이상으로 거슬러 올라간다. 중국 문헌 삼국지 위지 동이전과 후한서의 기록이다. 지금까지 한반도의 철기문화는 중국 한나라 이후 중국대륙에서 유입된 것으로 알려졌지만 울산 달천철장의 야철장 등 유적 발굴 이후 역사 교과서를 다시 써야 했다. 한반도 동남쪽 작은 어촌마을인 울산은 철을 발견한 부족과 그 문화를 전수받은 부족들이 들어와 새로운 철의 왕국을 만들었다. 6개의 작은 족장들로 구성된 사로국이 신라라는 이름의 고대국가로 발전하고 이들이 결국 삼국통일을 통해 한반도 세력의 중심에 선 것도 따지고 보면 달천철장이 중심이다. 궁금한 것은 달천철장을 발견한 세력과 그들의 뿌리는 어디인가에 있지만 여전히 이와 관련된 명확한 기록은 없다.

여기서 주목해야 할 부분이 바로 석탈해다. 탈해왕으로 불리는 석탈해는 반구대암각화에서 시작되는 인류의 이동 경로와 해양문화와 대륙문화의 연결고리를 확인해 주는 놀라운 증좌다. 기록을 보자. 석탈해는 제철 기술을 바탕으로 울산을 거쳐 서라벌에 입성해 왕이 됐다. 그 바탕이 바로 달천철장이다. 이는 달천철장 일원에 광범위하게 발견되는 단야족의 유구로도 확인되고 있다. 흥미로운 것은 석탈해가 신라 귀족세력의 중심에 들어와 자신이 신라 땅의 주인임을 주장하는 대목이다. 『삼국유사』에는 석탈해가 남산에 숯을 몰래 묻어놓고 자신의 연고권을 주장했다고 적고 있다.

석탈해는 도대체 어디서 나타나 한반도에 철기문화를 전달했을까. 이 문제는 아직 명확한 규명이 되지 않고 있다. 고대사의 대부분이 명확한 사실의 기록보다는 모호한 신화나 설화를 통해 그들의 이야기를 전달하고 있다. 상징을 코드로 풀면 북방유입설이 나온다. 흉노의 후예인 석탈해가 왕실의 아들로 태어났지만 알에서 출생했다는 이유로 왕으로부터 버림을 받아 상자에 실린 채 한반도 동남부에 표착했다는 설화가 그 근거다. 놀라운 것은 석탈해식 난생설화는 시베리아 동단, 캄차카반도부터 유라시아 중심, 알타이를 거쳐 훈족의 말발굽이 닿던 동유럽까지 이어지고 있다는 사실이다. 이는 결국 초기 신라 왕국의 지배계층이 광활한 대륙의 후예들로 그들의 철 제련술과 철제 무기가 왕국의 튼튼한 뒷배가 됐다.

 뒷이야기 하나. 달천철장에서 검출되는 비소는 철의 왕국이라는 가야의 철장과는 확연히 다른 종류다. 일본의 초기 철제 유구나 유물에서 확인되는 비소를 품은 철장은 그 뿌리가 울산이다. 철기류부터 청동기시대 환호유적까지 일본의 고대사는 팔수록 울산이 뿌리로 나온다. 이 때문에 일본의 고고학계는 울산의 고대사 공부에 열중이라는 소식이다.

── ◆ 3장 ◆ ──

신라가 꿈꾼 세상과 불국토의 이상향

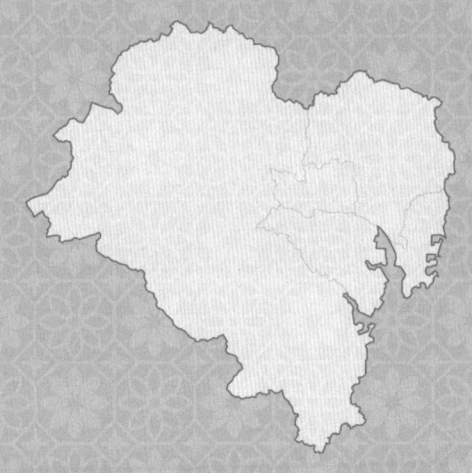

반구, 신라와 세계를 연결한 해문(海門)

아파트 공사로 사라진 반구동 항만유적을 모형으로 남겨두고 있다

 한반도 과거사의 모든 것을 정리해 둔 국립중앙박물관에서는 해마다 고대사 교양강좌를 연다. 이 강좌에서 울산은 단연 인기다. 지난해에는 소재구 전 국립고궁박물관장이 강사로 나서 '신라의 관문

울산'이라는 강좌를 열었다. 호응이 대단했다. 강좌에서 다뤄진 내용은 거의 대부분이 고대도시 울산의 위상에 대한 내용이었다. 세부 내용을 보면 〈경주 최단거리 해안 대고을〉, 〈울산 반구동 항만 목책 유적, 완도 청해진유적과 유사〉, 〈신라 대외교류의 관문 – 일본, 중국 및 아시아를 상대로 한 교역항〉, 〈울산을 통한 아라비아 교역 사례〉 등이다. 여기에 〈반구동 항만 목책유적〉이 등장한다. 울산여지도가 열다섯 번째로 밟아보는 땅, 반구동이다.

 울산 사람들은 울산이 고대사의 보물 같은 땅이라는 사실을 잘 모른다. 그저 대한민국 공업화의 산실이자 산업수도라는 타이틀을 붙잡고 있을 뿐, 1,000년 전의 울산에 관심이 없다. 경주나 서울의 박물관에서 신라 천 년을 이야기하고 그 찬란한 영화의 증좌로 로만글라스나 옥구슬이 주렁주렁한 금관을 출렁거리면 황홀하게 바라볼 뿐이다. 바로 그 보물들이 신라의 해문(海門) 반구동 항만을 통해 경주로 옮겨진 사실을 까맣게 모르기 때문이다.

 바로 그 로만그라스는 신라 천 년의 해상무역을 규명하는 증거물이다. 1만 ㎞ 이상 떨어진 서라벌과 베네치아가 어떻게 같은 유물을 공유했나를 의문부호로 던진 해답이 울산에 있다. 천 년 왕국 신라는 그 많은 황금과 철을 어떻게 조달했는가에 대한 의문은 울산 사람들이 아니라 다른 지역의 학자들이 더 많은 관심을 가졌다. 한국사를 연구하는 소장파 학자들은 도대체 어떤 경로로 신라가 황금의 나라가 됐고 아랍의 왕자와 거상들이 서라벌을 오갔는지 실체가 궁금했다.

경주와 울산, 그리고 포항 일대를 뒤지며 금광을 찾고 사금의 분포나 철광석 광산을 살펴 황금과 철의 왕국, 신라의 과거를 연결해 나갔다. 일제의 사주를 받아 임나일본부만 뒤지던 친일학계는 슬쩍 외면했지만 현장을 누빈 소장파 학자들은 울산의 해안을 주목했다. 개운포라는 외항과 함께 물산을 중계한 반구동 일대가 옛 신라의 사포나루였고 그 해안에서 엄청난 항만시설이 나오자 입을 다물지 못했다. 1,000년 전 바다와 접한 바로 반구동 항만 유적이다.

6세기 이후 8세기 무렵까지 신라는 고도성장을 이뤘다. 8세기 무렵에는 서라벌이 세계 4대 도시로 우뚝했고 아랍 상인들은 동방의 끝 신라 땅은 황금이 걸개로 걸려 넘실댄다고 입소문을 냈다. 그 소문의 뿌리에 위치한 땅이 반구동 항만이다. 그 엄청난 땅의 역사는 왕조가 망하자 몰락의 상징으로 버려졌다. 고려조 이후 유배의 땅으로 버림받던 이 땅은 박정희 장군의 검은 장갑에 굴뚝도시로 변모해 가난을 지운 영광의 도시로 재탄생했다. 20여 년 전, 반구동 일대에서 천년을 땅속에 묻혀 있던 국제무역항의 면모가 드러나기 전까지의 역사다.

지난 2006년 물산 좋기로 이름난 반구정 아래 동네에 개발 바람이 불었다. 울산발전연구원 문화재센터가 지표 조사를 거쳐 본격적인 시굴 조사에 들어갔다. 연화문 수막새가 나오더니 삼국시대에서 조선시대에 이르는 목책시설(木柵施設, 경계나 방어 등을 위해 설치한 시설)을 비롯한 토성, 건물지 등 다양한 유구가 확인됐다. 삼국시대 축조된 건물지는 지금의 울산항이 보이는 구릉의 바위 위에 축조된 건물의 흔적이었다. 경주를 제외한 지역에서 7세기 전반에 해당되는 연화문 수막새가 대량 출토된 일은 반구동이 처음이었다.

단연 독보적인 흔적은 목책시설이었다. 강을 따라 이어진 경계 부분에서 발견된 목책은 동천 쪽에서 시작해서 울산왜성 쪽으로 이어졌다. 2열로 조성한 이열목책(二列木柵)이며, 목책열 사이의 간격은 4~5m이다. 일반적으로 목책은 토성(土城)이나 석성(石城)에 비해 임시적인 성격을 가지는 것으로 알려져 있다. 그런 통설과 달리 반구동 목책 시설은 구조의 견고함이나 구릉을 감싸고 있는 형태로 볼 때 장기간 유지를 염두에 둔 듯하다. 견고한 목책은 해안의 항만시설과 연결된 성곽일 가능성이 높다는 전문가들의 의견이 이를 뒷받침 한다. 항만과 성곽이 동시에 존재한 고대 유적은 대한민국 발굴의 역사에 처음 있는 일이었다. 이전까지 사료를 바탕으로 개운포의 국제무역항 기능을 인지했던 학자들은 개운포에서 반구동 항만으로 이어진 외항과 내항의 체계화된 항만도시가 1,200년 전에 존재했다는 데 놀라움을 드러냈다.

딱하지만 그런 땅을 개발의 불도저가 밀어버렸다. 불도저 기사의 자의적인 훼손이 아니라 개발업자와 문화재 당국의 결탁이 빚어낸 참사였다. 뜻있는 일부 학자들과 지역의 향토사학자들이 일본의 요시노가리처럼 제대로 발굴해 유적지로 재구성해야 한다고 목소리를 높였지만 불도저 소리에 묻혀버렸다. 업자는 물론 당시 개발을 묵인한 행정과 문화재 당국은 석고대죄를 해야 할 판이다. 그 결과는 참담했다. 1,000년 전 세계를 호령한 국제항이 아파트 단지 한쪽에 웅크린 채 몰락한 양반가의 족보처럼 구겨져 있다.

엄청난 역사를 가진 반구동은 동천과 태화가 합수하는 큰 물줄기의 아우라지다. 합수지점은 으레 찰진 땅을 만들어 반구동 일대는 선사시대부터 물산이 풍부했다. 품질도 넉넉해 반구동에서 자란 배추는 서울 도매시장에서 곱빼기로 값을 받는 귀한 대접을 받았다. 반구동 배추는 잎이 얇고 속이 겹겹이 싸여 당도도 높아 동해안 일대에서는 가장 맛있는 작물로 소문이 자자했다. 배추만 아니라 구교 마을 특산품인 산수박과 참외는 없어서 못 팔았다.

아직도 이런 이야기가 떠돈다. 1980년대까지만 해도 처용암에 놀러 온 전국의 나들이객들이 반구동 산수박과 참외 하나는 먹고 가야 한다고 줄을 섰다고 한다. 이런 연유에선지 물 좋고 물산까지 풍부한 반구동 일대가 인심 좋고 어여쁜 '울산큰애기'의 뿌리라는 말이 동천강 하류에 전설처럼 둥둥 떠다니고 있다.

1,200년 전 다문화 코드를 읽은 관용의 정신

처용암

지난 2022년을 기점으로 처용문화제는 공업축제로 변경됐다. 56년을 이어온 축제는 처음엔 공업축제로 간판을 달았다가 처용문화제로 굳히는 듯했지만 결국 공업축제에 다시 자리를 내줬다. 말도 많고 탈도 많은 축제였다. 울산이 동해안의 작은 어촌에서 공업입국의 상징이 된 날을 기념해 시작한 축제의 이름은 공업축제였다. 도시마다 그러하듯 승격기념일이나 시민의 날 따위에 고적대를 앞세우고 가두행렬을 뒤따라오게 하는 요란한 치장의 시끌벅적한 행렬을 기억하는 이가 많다. 지신밟기나 달집태우기, 강강술래나 줄다리기의 오랜 세월의 놀이문화는 구식이 되고 신식 악기의 요란한 고음과 치렁치렁 휘감은 화려한 의상에 국적불명의 음률이 요란한 행진곡으로 둔갑해 오랜 우리네 이야기를 덮었다.

 공업축제는 과거 울산의 대표 이미지였던 공장 굴뚝의 부정적 이미지를 바꿔 대한의 자랑이자 산업수도인 울산을 새로운 미래도시로 부각하려는 시도다. AI 수도로 거듭나고 있는 울산의 역동성을 제대로 보여주려는 축제의 의도는 박수 받을 일이지만 처용이 사라진 부분은 여전히 아쉬움으로 남는다. 그렇다면 처용은 왜 울산의 대표축제 이름이 됐을까. 공업축제로 30년 가까이 이어온 울산의 대표축제는 작고한 이어령 선생이 문화부 장관시절 제안한 축제 이름이었다. 처용의 관용정신에 꽂힌 그는 울산의 정체성을 처용정신에 두고 산업과 문화의 역동적 이름으로 '처용'이라는 새로운 이름표를 달자고 했다. 이번에 울산여지도가 이야기할 황성동과 처용암, 그리고 개운포의 역사가 여기에 숨어 있다.

 울산에 사는 사람들은 대부분 울산의 현대만 기억하지만 사실은 울산이라는 지역은 한반도에서 인류가 가장 먼저 정착 생활을 시작한 땅이다. 그렇다면 과연 울산은 어떻게 사람들이 모여들기 시작했고 어떤 문화를 만들어왔을까. 바다 쪽으로는 서생면 신암리와 황성동 세죽마을이 첫 정착지였고, 내륙으로는 삼동과 대곡, 옥현과 검단 일대가 선사문화의 첫 시작점이었다. 물론 이들 외에도 선사문화의 시작점으로 추정되는 지역은 여럿이다.

북구 중산동과 언양읍 동부리, 삼동면 둔기리, 온양면 삼광리, 상북면 덕현리, 중구 다운동, 삼남면 방기리 등지에서 각종 선사유적이 세상 밖으로 나왔다. 이 가운데 유독 황성동 일대를 주목하는 것은 세죽마을 인근에서 쏟아진 흑요석(黑曜石) 화살촉과 고래 뼈 때문이다. 황성동 일대, 즉 개운포는 한반도 해양문화의 근거지였다는 사실을 수천 년 세월 뒤에 쏟아진 흔적으로 웅변하고 있다.

무엇보다 '골촉 박힌 고래 뼈'는 울산의 신석기인들이 동물의 뼈를 날카롭게 가공한 도구를 가지고 고래 사냥을 했다는 것을 증명한다. 흑요석이나 옥귀걸이 등은 대륙의 문화와 해양문화가 어떻게 울산에서 융합의 마술을 부렸는지 수수께끼 같은 신호음을 보내고 있지만 공업입국, 산업수도에 갇힌 사람들은 그런 따위에 관심을 보이지 않는다.

바다와 육지의 문화가 융합의 공간으로 뒤엉킨 황성동은 지금 황량하다. 그나마 사람의 흔적이 남아 있던 세죽마을은 1970년대까지 50여 가구 주민이 통발어업으로 제법 짭짤한 수익을 올렸다. 무엇보다 세죽마을은 처용암과 근처 목도(동백섬)까지 나룻배가 오가는 봄이면 상춘객이 몰려 봄나들이 최적지로 전국에 소문이 났다. 하지만 공단 개발이 본격화되면서 황성동 일대는 이황산가스가 갯바람을 타고 무시로 흩어졌고 호흡이 힘들어지자 1990년 초 모든 주민이 이주했다. 사라진 마을은 세죽만이 아니다. 황암·용연·남화·용잠마을이 공단과 신항만 건설로 사라지고 망향의 돌기둥 하나만 덩그러니 남았다.

바로 이 처용암이 울산의 문화 상징 코드가 됐다. 중고등학교 시절 양주동 박사의 한글번역판 처용가를 공부하면서도 정작 처용이 울산의 문화적 상징인 줄을 몰랐던 울산 사람들은 처용과 헌강왕, 망해사와 외동의 괘릉까지 이어진 문화유산의 유전적 연결고리가 줄줄이 엮어지자 눈이 휘둥그레졌다. 울산이라는 땅이 이만큼의 인문학적 무게가 켜켜이 쌓여있는 줄 몰랐기에 머쓱했지만 한편으론 자부심이 뭉클 솟아올랐다.

그때부터 울산은 처용암을 다시 바라보기 시작했다. 문제는 양주동 박사의 우리말 해석 가운데 "밤드리 노니다가 들어와 자리보곤 가라리 네히어라"라는 부분이다. 일부 과도한 종교인들이 이 부분을 부각하며 음란과 퇴폐의 문화코드라 지적하고 삿대질을 시작했다. 천박한 편견이다. 여기에다 『삼국유사』에 나오는 춤을 추며 역신을 물리친 부분을 무당의 제의로 풀어 미신과 퇴폐의 융합이 처용이라는 어처구니없는 해석본을 흔들기 시작했다.

처용이 울산의 문화적 상징코드라 외친 이어령 선생은 작고하기 전 언론과의 인터뷰에서 "역신을 마마라고 불렀던 시대에도 그것을 달빛과 춤과 노래로 물리친 처용이 있었다."라며 처용을 치유의 코드로 다시 한번 각인시켰다. 바로 그 처용의 출발지가 황성동이다. 개운포 바다를 품은 황성동은 선사시대부터 신라를 거쳐 조선조까지 해양문화의 창구와 수군들의 기지 역할을 해왔다.

이 같은 역사성의 바탕은 바로 개운포의 입지에서 찾을 수 있다. 외황강 상류의 구조는 바다를 낀 내만(內灣) 성격이 강해 국제무역항으로서의 틀을 갖췄다. 서라벌의 내항인 사포(반구동)와 외항인 개운포가 외항강 하구와 태화강 하구에 버티고 있는 구조는 서라벌이 가진 글로벌 항만의 기본 틀이었다. 그 틀이 오늘의 신항만이 됐고 서역과의 교류의 현장이 아랍의 기름을 하역하는 액체물류항으로 자리했다. 이 모든 스토리는 결코 우연은 아니다.

지금은 황량하기 짝이 없는 모습이지만 처용의 관용정신이 치유의 코드로 웅변하는 황성동은 오래전 8세기 화창한 가을날의 모습을 상상해 보라고 우리에게 이야기한다. 신라가 국제사회와 소통하는 교류의 현장이자 아랍의 무역상들이 당나라 양주(揚州)와 함께 교역의 창구로 삼았던 전진기지였던 국제항이 바로 이 쓸쓸하고 찬란한 포구다. 그 까마득한 풍광은 떠나간 이주민들의 가슴에 새겨졌고 지금 처용암에는 가끔 해안에서 내륙으로 밀려드는 해무가 몸서리를 칠 뿐이다.

태화, 울산 풍수의 양기가 맺힌 땅

태화강을 조망하는 태화루 전경

　도시의 민낯은 해가 떨어질 무렵 드러난다. 퇴근길 넥타이 끈이 느슨해질 무렵 울산의 도심을 가장 잘 볼 수 있는 장소는 태화루다. 대한의 산업을 짊어진 도시의 강심(江心)에 주심포 양식에 배흘림 형태의 누각을 가진 자체가 기적이다. 은월을 마주하는 태화에 올라 서쪽 하늘을 바라보면 탄성이 절로 터진다. 지척의 은월 위로 12폭 자락에 펼쳐진 하늘길에 노을이 띠를 두르면 12폭 등성이에 천연의

미디어파시드가 펼쳐진다. 울산여지도가 열일곱 번째로 밟아 보는 태화들의 풍광이다.

태곳적부터 풍수는 바람 못지않게 수세(水勢)가 대들보 역할을 했다. 수세 중에서도 물이 빠져나가는 지점은 풍수의 으뜸이다. 울산의 수세는 가지산 자락, 여러 겹의 골짜기에서 물길이 합쳐져 들판을 에둘러 흐른다. 물은 혈장을 감싸고 천천히 감싸 돌아야 생기가 곳곳에서 잉태하기 마련이다. 완만한 지세에 굽이친 자락이 급하지 않은 땅으로 물길을 돌리니 짧은 수맥이지만 무시로 양기를 뿜어내는 땅이 울산이다. 그 물길이 바다로 흐르는 꼭짓점에 전망대처럼 솟은 언덕이 태화루다.

가지산에서 발원한 태화강이 하구로 흐르다가 바로 여기 먼발치로 나그네를 쉬게 하는 지점에 이르러 소용돌이를 친다. 용금소다. 예로부터 용금소와 태화루는 울산의 첫 번째 경관이다. 여기에 서서 동쪽을 바라보면 이마 위로 동쪽을 향해 내달리는 태화의 굽이친 물살이 선명하고 눈썹 아래는 이수삼산(二水三山)이 파노라마로 펼쳐진다. 오른쪽으로 남산 12봉이 병풍을 치면 왼쪽은 왕생이 들판이 늘개 더미에 묻혀 아른거린다.

울산의 혈맥인 태화강은 태화사 앞을 흐르는 강이라 태화강이라는 이름을 얻었다. 그래서 '태화'는 '울산'의 다른 이름이다. 당나라

종남산 운제사에서 스승을 배알한 뒤 10여 년을 수행한 자장이 귀국한 항구가 태화 아랫도리의 사포다. 지금의 반구 일대인 사포에서 들안을 바라보면 용금소는 첫 번째 길지다. 부처의 진신사리를 품고 사포로 돌아온 자장의 뇌리는 '호국불교' 네 글자가 박혀 있었고 그 발원을 이룰 불국성지가 태화와 통도로 펼쳐졌다.

바로 그 태화사는 지금 동강병원 서편의 반탕골 일대에 창건했고, 태화루 자리는 웅장한 사찰의 입구였다. 태화루는 엄청난 역사와 스토리를 가진 누각이다. 기록이나 증거가 많지 않아 천 년을 훌쩍 넘긴 세월을 이야기하기엔 근거가 부족하지만 분명한 것은 누각의 위치와 뿌리다. 기록을 들춰보면 태화루의 원형격인 태화사는 신라 때인 647년 건립된 것으로 나와 있다. 태화루의 기록은 따로 없지만 고려 성종이 997년 울산을 찾아 태화루에 올라 신하들과 연회를 열었다는 기록은 그 뿌리를 웅변한다.

명소에는 스토리가 있기 마련이다. 특정 장소에 이야기가 입혀지면 명소가 된다. 그 이야기는 시간과 공간을 따라 내용과 모양이 달라진다. 중요한 것은 원형이다. 바로 태화루에는 그 원형이 존재한다. 자장의 이야기부터 고려 성종의 이야기와 고려와 조선 유학자들의 이야기가 편액으로 전설로 흘러넘치는 곳이다.

이런 이야기도 있다. 고려 초기 임금 성종이 재위 마지막 해인

997년 가을에 울산으로 행차했다. 임금이 울산을 찾아 신하들과 연회를 펼친 곳이 바로 태화루였다. 놀라운 기록은 그다음이다. 성종이 태화강을 그윽하게 바라볼 무렵, 강심에서 갑자기 큰 바닷고기(고래로 추정) 한 마리가 난데없이 솟구쳤다. 백발의 노인이 얼른 붙잡아 동해 용왕의 선물이라며 임금께 바쳤다. 아뿔싸, 기쁨도 잠시, 고래를 받았던 임금은 개경으로 돌아가는 길에 병환이 나서 다음 달에 승하했다. 영물을 잡은 노인의 이야기는 빠져 있지만, 자책감에 밤을 도운 노인의 뒷이야기는 풀어놓지 않아도 사필귀정이다. 이 이야기로 미루어보면 고려조까지 태화강은 바닷길이 절반이었고 강심도 제법 깊이가 있어 돌고래급 바다 영물이 지금의 사연리 주변까지 오갔으리라는 짐작이 가능하다. 울산이 고래의 안식처였다는 증좌다.

태화루가 사라진 것을 두고 조일전쟁 때 불에 탔다는 설과 고려 때 왜구의 손에 훼손됐다는 설, 인위적으로 옮겼다는 설 등이 분분하지만 공식적으로는 "조일전쟁 때 불타 사라졌다가 울산시의 노력으로 복원됐다."라고 이야기한다. 근거가 부족한 이야기를 사실인 양 읊고 있는 현실이지만 자료가 부족하고 학습이 모자라니 지역사는 왜곡이 일상이다. 인문학적 뿌리는 깊은데 그 뿌리를 제대로 들여다볼 노력이 없으니 천박한 '카더라'가 판을 친다.

태화루 복원을 이야기하지만 사실 태화루는 복원이라 말하면 곤란하다. 예식장으로 사용되던 건물을 헐고 새로 지은 누각이 오늘의 태화루다. 조선조 현종 8년 울산객사 학성관이 복원되면서 그 문루에 태화루의 옛 현판을 달아 다시 태화루라 이름했다는 사실이 「울산부읍지」 등의 기록에 나온다.

일제강점기 때는 태화소학교 정문과 울산도서관 등으로 명맥을 유지하다가 1940년 완전히 철거됐다. 정확하게 말하면 태화강 용금소 위 벼랑에 있었던 태화사의 서문루에 출발한 태화루가 '원(原)태화루'다. 지금 시립미술관 옆에 있었던 학성관 문루인 태화루는 원태화루를 모방한 것이니 원태화루와 무관하다. 원태화루나 조선조에 복원한 태화루의 모습을 알 길이 없으니 지금의 태화루는 복원이 아니라 재건축이 정확한 표현이다. 억지스럽게 복원 운운하는 것은 역사성을 강조하려는 것처럼 보이지만 사실은 누추한 집착에 불과하다. 오늘의 시점에서 사라진 과거를 되살려 당당하게 재건축했다는 게 뭐가 어떻다는 건지 돌아볼 일이다.

마지막 팁 하나, 태화들은 오랜 기다림의 시간을 지나 국가정원으로 거듭났다. 이 들판 언저리에 자장이 터를 잡고 창건한 태화사의 불력이 호국으로 이어져 충숙공을 낳았다. 양기가 영근 땅에 인물이 난다는 말이 있듯 태화들 언저리는 나랏일을 하는 인물이 많이 나왔다. 이제 들판과 누각이 새롭게 터를 잡았으니 새로운 인물 출현도 머지않아 보인다.

마골, 호국의 발원이 기암괴석으로 뭉친 땅

마골산 옥류천을 품은 동축사

봄날이 무르익는 초파일이 다가오면 유독 눈길이 가는 땅이 있다. 울산의 불국토를 처음 연 땅, 마골이다. 붓다가 세상에 나온 것은 어리석은 사바세계의 정수리를 치고 죽비로 찰나를 휘둘러 무지와 몽매의 인간을 계도하기 위함이었다. 그 뿌리는 인도 북쪽 지금의 네팔 어디쯤이었지만 그 연결성은 동방의 등불, 한반도로 이어져 서축국(인도)에서 동축국(신라)의 땅까지 불국토를 이뤘다.

우리가 부처님으로 아는 석가모니는 성(姓)이 고타마(Gautama)이고 이름은 싯다르타다. 석가모니란 석가족(釋迦族)에서 나온 성자(聖者)라는 의미로 보면 된다. 싯다르타는 북인도 왕가의 피를 받아 태자(太子) 반열에 올랐고 혼인의 인연으로 아들까지 두었지만 고뇌의 바다를 벗어나지 못했다. 싯다르타가 붓다로 변해 보리수 아래 결가부좌로 다르마를 외칠 때 세상은 혼돈과 아수라의 난장이었다. 그렇게 허우적인 세월이 스물아홉 해, 마지막엔 궁궐의 담을 넘어 출가를 결행했다.

이번에 울산여지도가 밟아보는 땅의 이야기 서두에 석가를 들고 나온 이유는 바로 동축사 때문이다. 울산은 신라가 불교를 받아들인 직후부터 불국토의 땅으로 통했다. 그중에서도 마골이 품은 동축사는 꽤 판타스틱한 스토리텔링을 휘감은 땅이다. 형상만 해도 마골은 남다르다. 삼(麻)나무 껍질을 벗겨낸 흰색의 삼대가 산자락 곳곳에 옹그리고 쪼그리다 뭉툭하게 앉은 것이 예사롭지 않은 기운을 뿜는다. 그래서 옛사람들은 삼나무 껍질의 한자인 마골(麻骨)을 가져와 산 이름으로 삼았다. 실제로 이 산에 오르면 줄지어 있는 바위들이 마골처럼 설핏설핏 나타났다 사라져 버린다.

마골산은 옥구슬이 흐르듯 낭랑한 물길이 이어지는 옥류천을 품고 있다. '한골짝'에서 발원하여 남목으로 흘러내리는 물길이 남쪽 말 목장인 남목의 별칭 남옥(南玉)에서 옥을 떼어 물길로 불렸다. 10여 년 전쯤인가 이야기처럼 흐르는 물길과 기암괴석을 엮어 '옥류천 이야기길'을 만들고 입으로 전하던 옛사람들의 구구절절한 입담을 묶어 책으로 냈다. 바로 그 이야기의 중심에서 풍경소리로 운치를 더하는 절집이 동축사다.

동축사는 야트막한 마골의 중간쯤에 위치했지만 초입부터 여러 갈래의 숨은 길이 불쑥불쑥 보였다 사라져 버려 예사로 덤비다간 미로에 갇히기 십상이다. 그래서 절집에서 길을 열어 안내판을 붙였지만 산의 기운에 표식을 잃어버리면 염포산 방향의 양정이나 효문으로 미끄러지기 쉽고, 해를 따라가다가는 새평마을과 봉대산 자락에 묻혀 주전과 정자 바다에 고개를 빠뜨릴 수도 있다.

산길이 실타래처럼 엉켜있다 보니 동축을 품은 마골산 골짜기는 옥류천을 중심으로 오솔길만 16.5㎞나 풀어놓은 이상한 나라의 뒷산이다. 길을 따라 걷다 보면 마골산 곳곳은 해골바위·장적암·휘양바위·공부암·송곳바위·촛대바위 등등 외우기도 힘에 부치는 기암이 즐비하지만 바위마다 하나같이 내 이야기 듣고 가라며 담고 있는 사연도 기가 막혀 한나절은 꼬박 산자락에 휘감겨야 헤쳐 나올 수 있는 묘한 땅이다.

초파일을 앞두고 굳이 동축사를 찾은 이유는 바로 서축국에서 신고 온 황철 때문이다. 신라의 영토 확장에 공력을 쏟은 진흥왕 말기 573년, 불사를 한 동축사는 『삼국유사』에 창건 설화가 기록으로 남아 있다. 서축의 인도 아육왕(阿育王)이 석가 삼존불을 주조하려다가 뜻을 이루지 못하자 황금 3만 푼과 황철(黃鐵) 5만 7,000근을 배에 실어 무작정 바다에 띄웠다. 아육이 "인연 있는 땅에 가서 장륙존상(丈六尊像)이 이루어지게 해 달라."라고 축원했는데 그 배가 닿은 곳이 사포였다. 그 사포가 바로 울산 태화강 끝자락이다. 보고를 받은 진흥왕은 황금과 황철로는 황룡사(皇龍寺) 장륙존상을 만들고, 모형의 불상은 사포의 동쪽에 있는 높고 깨끗한 땅을 택하여 절을 짓고 봉안하도록 명했는데 그 불사의 자리가 바로 동축이다.

이곳에 천 년을 넘겨 지난 1975년 현대 정주영 회장의 시주로 절은 또 한 번 변신했다. 당시 무려 600관 무게의 범종을 올려 범종각(梵鐘閣)을 만든 것이 지금의 묵직하고 은은한 범종소리로 남아 있다. 일설에는 미포만 인근에 진흥의 불사로 지는 원조 동축사가 있었고 지금의 동축은 옛 절의 암자였다는 이야기도 있지만 그 역시 뚜렷한 근거는 없다. 18세기 중반 제작된 '해동지도' 울산부와 '여지도' 울산부, 19세기 전반기에 제작된 '광여도(廣輿圖)' 등에는 현재의 동축사가 언급된 것으로 미루어 지금 마골의 동축은 어찌됐건 그 뿌리가 진흥왕 대의 불사와 연관성을 가진 것은 확실해 보인다.

신라의 불교는 단순한 종교를 넘어 호국의 혼으로 연결됐다. 원광부터 자장과 원효 등 법명으로도 묵직한 신라의 고승들은 알고 보면 모두가 울산의 산자락에 암자 하나씩 품고 공력을 펼친 인물이다. 자장이 불력을 쌓은 뒤 당나라에서 귀국할 때 울산 사포를 통해 들어왔고 그때 가져온 석가모니 진신사리 100알을 경주 황룡사탑, 울산 태화사 십이지신 사리탑, 양산 통도사 금강계단(金剛戒壇) 세 곳에 나눠 봉안했다. 그만큼 울산은 불교의 성지 중의 하나였고 동축사는 인도의 서축에 대응하여 지은 불사였다. 그 이면에는 서축 불교가 동축 신라 땅에서 융성한다는 뜻이 숨었다.

마지막 팁 하나, 마골의 기암괴석 가운데 '메뚜깔돌(장군바위)'이라는 영험한 바위가 있는데 이 바위 꼭대기에 왼손으로 돌을 던져 올리면 아들을 낳는다는 이야기가 전설처럼 떠돈다. 오래전 자식이 없던 들메부부가 간절한 소원을 담아 돌을 던져 낳은 아들이 수리장군인데 수리는 뜻을 펼치지 못하고 날개가 꺾였다. 그가 떠난 뒤 300년쯤 지나면 새로운 세상을 펼칠 새로운 장수가 나올 것이라는 이야기가 마골산 옥류천 물길에 소문처럼 흘러내린다고 한다.

계변, 세계 4대 무역항을 지켜낸 물류 중심지

항만유적이 대규모 발굴된 1970년대 반구동 모습

지난 2020년의 일이다. 울산박물관에서 8세기의 기록과 유적을 근거로 특별전을 열었다. 「신라의 해문(海門), 울산 반구동」이다. 8세기 당시 세계 4대 국제무역항이었던 울산의 위상을 조명한다는 이 기획전은 반향이 컸다. '해문(海門)'은 나라와 나라 사이 해로를 이용한 교섭과 교류가 이뤄질 때 마지막 기착지를 의미한다. 울산은 신라 왕경인 경주까지의 거리가 멀지 않고, 평지로 연결돼 있어 이용하기 편리했다. 무엇보다 울산만은 파도가 약하고 수심이 깊어 큰 배가 드나들기 좋은 조건을 갖추고 있다. 그 근거가 1,000년 세월을 지나 세상에 드러났다.

지난 2007년 울산에서 드러난 세계적인 항만시설은 사학계를 술렁이게 했다. 고대의 해상무역과 연관된 유물 1,420점이 출토됐고 일정한 간격으로 박혀 있는 나무 울타리와 목책이 햇살 아래 드러났다. 금가루를 입힌 당나라 도자기와 청동 주화, 개원통보는 1,000년 전 이곳에서 무슨 일이 있었는지를 웅변했다. 무역의 증좌인 물건에다는 꼬리표와 도장은 물론 통일신라시대 기와 조각이 무더기로 나와 대규모 관청이 존재했음을 말해줬다. 울산여지도가 열아홉 번째로 밟아보는 땅은 바로 이 항만의 지배자가 진을 친 호족의 땅, 계변이다.

울산 중구가 몇 해 전부터 지역 정체성 찾기에 팔을 걷고 계변성 일대를 샅샅이 뒤졌다. 울산 중심부에서 가장 오래전 축조됐다는 계변성의 흔적을 찾기 위해서였다. 조사 대상지는 중구 학성동 충의사 뒤편 야산인 학성동 318-5번지 일원이다. 계변성은 지금까지 울산 원도심에 존재했던 오래된 울산의 성으로 회자되고 있지만 정확한 위치나 흔적, 기능과 위상에 대해서는 다양한 의견들이 나오고 있는 상황이다.

실제로 계변성의 경우 울산의 지명과는 상당한 거리가 있는 이름으로 계변의 성격 규명에도 여러 가지 설이 존재하고 있다. 울산은 신라 말 하곡현·동진현·우화현 등으로 불렸고, 고려 초에는 흥려부 혹은 흥례부로 불렸다는 점을 감안하면 계변성은 행정을 위한 성이 아니라 울산에 자리한 신라 조정의 특수한 역할을 하던 성곽 명칭으로 볼 수 있다.

조선조 세종 때 편찬된 『경상도지리지』에는 '경상도 울산군' 편의 첫 줄에 울산 계변성에 대한 기록이 나온다. 기록을 보면 "울산군은 본래 계변성(戒邊城)이었는데, 신라 때 신학성(神鶴城)으로 이름을 고쳤다. 그 이름이 학성인 것은 천복 원년(901년)에 한 쌍의 학(鶴)이 온통 금으로 된 신상(神像)을 물고 계변성 신두산(神頭山)에서 울었으므로 고을 사람들이 신기하게 여겨서 신학(神鶴)이라고 불렀다."라고 기록돼 있다. 바로 그 신학성 동헌의 동쪽 5리(里)에 위치하고 있다는 내용도 기록에 남아 있다.

모든 자료를 종합해 보면 계변성은 신라 때 축조돼 그 당시에는 울산을 대표하는 이름으로 사용된 것으로 보인다. 이런 의미에서 계변성의 발굴작업은 울산의 뿌리를 이야기하는 역사적 축조물을 찾는 중요한 작업으로 규정할 수 있다. 무엇보다 중구가 계변성 발굴에 나선 것은 그동안 울산을 대표하는 성곽인 병영성과 울산읍성, 울산왜성 등은 많이 알려져 있지만 울산의 뿌리를 규명하는 신라의 계변성에 대한 기록과 증좌가 없었다는 점에서 의미가 있다.

여기서 중요한 부분이 바로 계변성의 주인공이다. 사포로 불린 태화강 하구의 국제무역항을 주무대로 삼은 호족의 실체다. 반구동과 학성동 복산동 일원에서 발굴된 신라 항만 유적과 광범위한 고대의 항만 성곽 유적은 1,000년 전의 울산이 어떤 위치에 있었는지를 잘 말해준다. 그 위상을 제대로 끌어올린 인물이 신학성의 주인공이자 계변성의 주인으로 나말여초 울산을 지켜낸 박윤웅이다. 박윤웅은 신학성(神鶴城) 장군으로 신격화된 인물이다. 쌍학을 타고 내려왔다는 강림신화에 쌍학(雙鶴)이 등장한다. 박윤웅을 태운 쌍학은 금으로 된 신상(神像)을 물고 계변성 신두산에서 울었다고 전한다. 고려 태조의 후삼국 통일에 일등공신으로 흥려부의 지배자가 됐다. 그 공으로 고려 초기 울산을 찾은 성종은 흥려부인 울산을 '학성(鶴城)'이란 별호(別號)로 부르게 했다는 기록도 있다.

신두산, 학성산, 쌍학 등 모든 기록의 초점에 학이 등장한다. 실제로 1,000년 전 계변성 주변은 겨울철마다 학이 날아와 장관을 이뤘을 것으로 추측된다. 울산에서 학(鶴)은 다양한 형태로 존재한다. 대곡천에 새겨진 학 문양과 태화강변 내오산(內鰲山)에 새겨진 학의 암각화는 물론 학성과 학남 등 지명에도 학의 흔적은 남아 있다. 옛

사람들은 학(鶴)을 신의(神意)의 선탁자(宣託子)로 생각하고, 항상 동경의 대상이자 친근한 벗으로 여겼다. 지금 울산에서도 중구와 남구를 이어주는 다리 가운데 학성교(鶴城橋)라는 이름의 다리가 있다. 구청의 상징 새가 학인 중구는 학의 복원에도 관심을 쏟았고 남구에서는 실제로 복원을 위해 일본 오카야마와 두루미 생태관과 협의를 하기도 했다.

이런 연유로 오늘 울산여지도가 밟은 땅 계변성은 울산에서의 학의 뿌리다. 그렇다면 계변성이 신학성으로 바뀐 이유가 궁금해진다. 지역사 연구에 몰두한 한삼건 교수는 901년에 계변성이 신학성으로 바뀐 이유는 '쌍학이 계변성 신두산에서 울어서' 신학성이 됐다는 『경상도지리지』의 내용을 근거로 '신학성'이 신라 때 명칭이라고 주장한다.

앞서 이야기한 대로 '학성'은 고려 성종이 내린 울산의 별호다. 그런 점에서 '신학성'과 '학성'은 구분이 필요하다. 고려가 개국 이후 안정을 찾자 호족의 득세를 경계한 고려왕실은 흥려부로 치켜세운 울산을 공화현으로 강등시켰다. 그 이후 직접 울산을 찾은 성종이 태화루에 올라 울산의 국제적 위상과 가능성을 보고 다시 학성이라는 별호로 부르게 했다는 것은 연관성이 있어 보인다.

그런 역사와 웅장한 신화를 품은 계변성 일대가 지금은 흔적이 없다. 원도심에서 학성산으로 넘어오는 고갯길에 날카로운 푸른빛 이정표가 계비고갯길이라는 옛 이름을 전할 뿐, 오래고 깊은 1,000년 전 울산의 모습은 아득하기만 하다. 슬픈 현실이다.

대곡, 서석이 우뚝한 신라 왕실의 휴양지

대곡천의 저녁노을 직전 모습

 한반도에서 가장 음양의 조화가 극명하게 드러난 땅이 울산에 있다. 얼마 전 유네스코 세계유산위원회가 세계인의 자랑으로 공식 인정한 우리나라 17번째 세계유산이다. 바로 대곡이 그 주인공이다. 이 가운데 서석곡(書石谷)으로 불리는 천전리는 지금도 무속인들의 은신기도 1번지로 염력이 가장 잘 흡수되는 땅이다. 이른바 하늘의 기운과 땅의 기운이 정수리에 맺힌 명당이라는 이야기다. 울산여지도가 울산의 하늘 위에서 조망해 보는 두동 천전리 일대다.

천전리 명문과 암각화가 숨어 있는 대곡천의 지세는 예사롭지 않다. 경주와 맞닿은 이 땅은 사람들의 흔적은 선사시대부터지만 그 이전, 오래고 먼 시절 공룡의 천국이었다. 남동 방향으로 치술령과 국수봉, 아미산과 연화산이 둘러싼 안온하고 생기가 무르익은 명당이다. 물길도 남다르다. 포항 영일로 흘러 들어가는 형산강의 물줄기와 태화강으로 흘러 들어가는 울산의 혈맥이 이곳에서 시작된다. 산과 강이 수려하니 넓고 기다란 곡저 지형과 구릉이 발달해 공룡시대부터 선사까지 동물과 사람이 자손만대 번창할 땅으로 여겼음이 분명하다.

천전리 일대는 신라를 이끈 사로 육촌 가운데 하나인 돌산고허촌의 땅이었다. 유리 이사금에 와서 사량부로 개칭했다가 다시 경주 남산부(南山府)로 불렸다. 오늘에 와서는 지난 1910년 언양-경주 간 도로가 나면서 이를 경계로 두동면(斗東面)과 두서면(斗西面)으로 갈렸던 땅이다. 바로 그 길목에 서석곡이 있다. 서석은 글자 그대로 암석에 글이 새겨진 골짜기다. 이곳은 역사시대 이전부터 서라벌 땅인 경주에서 언양과 양산을 지나 낙동강으로 이어지는 선사인들의 이동 루트였다. 낙동강에 닿은 이 길의 끝자락은 남해와 경상도 각지로 이어져 낙동강 수맥을 타고 한강 유역까지 이어지는 나룻길로 연결됐다.

세계유산 등재를 위해 천전리 명문과 암각화로 이름을 바꾼 천전리각석은 이 길 위에 있다. 경주에서 길을 따라 내려오다 구곡의 비경이 숨은 숲을 헤치면 까마득한 시절 공룡의 서식처였던 계곡과 평원이 열린다. 그 물길 한 자리에 슬쩍 땅으로 기울어져 있어서 차양을 친 바위가 우뚝하다. 알 수 없는 문양과 글이 빼곡한 서석이다.

잠시 눈을 감고 시간여행을 해보자. 선사시대 울산은 어떤 땅이었을까. 땅과 공기, 햇살의 방향은 지금과 달랐다. 구석기시대의 울산은 빙하기의 마지막을 맞아 춥고 얼어붙은 날이 많았다. 몇천 년의 세월이 흘러 신석기에 접어들자 햇살과 바람의 방향이 변했다. 기온이 오르면서 바닷물의 높이가 조금씩 올랐고 지금의 사연댐 인근까지 동해가 일렁거렸다. 바다 냄새가 계곡에 퍼지고 물살이 합쳐지는 비경은 이때부터 생겼다.

그 땅에서 선사인은 종족 번식에 나섰고 다산과 풍요의 제의를 바위 면에 상징물로 새겨 춤사위를 펼쳤다. 그런 선사의 문화가 구전과 각석으로 전한 세월이 수천 년, 다시 그 후예들이 문명을 키워 나라를 세웠다. 바로 이 땅에서 신라 건국의 핵심 세력인 사량부가 세력을 키웠고 화랑이 군사훈련과 임전무퇴를 학습했다. 지금은 대곡댐에 잠겨 사라졌지만 서석의 위쪽, 대곡의 발원지점은 평원이 웅장했다. 그 일대에 신라는 화랑의 수련장을 만들어 삼한일통의 대업을 꿈꿨다.

삼한일통의 대업을 구체화한 왕이 진흥이다. 사량부 출신인 그의 뿌리가 맺힌 땅이자 일족과 형제가 문무를 연마하던 대곡천이었다. 나이 6살에 어머니를 따라 천전리 각석에 놀러 왔던 진흥왕은 7살 때 신라의 왕으로 등극했다. 왕위에 오르기 전 이름이 심맥부지로 불린 진흥은 천전리와 친숙했다. 서석에서 어린 시절 무예를 연마하고 호연지기를 닦은 그는 551년 백제와 연합해 한강 유역까지 영토를 넓혔고 554년에는 관산성(옥천) 전투에서 백제 성왕의 목을 땄다.

그 위세로 북진을 계속한 진흥왕은 북한산과 함경도 황초령, 마운령까지 발아래에 두고 비석을 새겨 영역표시를 했다. 서석곡에서 느낀 정기를 잊지 않는 진흥은 울산 천전리에 화랑도의 도장을 만들고 동축사를 세우고 불심을 키웠다. 기록에는 남기지 않았지만 진흥의 치세에 활발했던 활동상을 미뤄볼 때 어린 시절 찾았던 울산 땅에 대한 애정이 각별했을 듯하다.

천전리에는 진흥의 가족사가 새겨져 있다. 바로 진흥왕 아버지의 슬픈 사랑 이야기다. 진흥왕 아버지인 입종 갈문왕은 누이 어사추어랑과 연인 관계였으나 결혼하지 못했다. 그는 법흥왕의 딸이자 조카인 지소부인과 결혼해 사부지 왕자를 낳았다. 사부지 왕자가 진흥이다. 갈문왕이 죽자 지소부인은 기미년 7월 3일 갈문왕을 그리워하며 사부지와 함께 천전리를 찾았다. 당시 사부지의 나이는 일곱이었다.

반구대암각화 때문에 언제나 후순위에 밀리는 천전리 명문과 암각화는 사실 독보적인 문화유산이다. 선사 문화의 절정기에 나타난 상형문자부터 역사시대에 이르기까지의 상징과 기호체계가 고스란히 남아 있는 유산이다. 반구대암각화가 선사인의 삶을 새긴 기록이라면 천전리 명문과 암각화는 인간과 하늘의 소통을 염원한 추상적 정신세계의 표현이라 할 만하다.

울산시는 지난 2004년 20억 원을 들여 선사산책로(원시문화산책로)를 정비했다. 반구대암각화와 천전리각석을 연결하는 총연장 2.26㎞ 구간으로 산책로를 황토색으로 포장하고 목재교량(데크)도 설치했다. 하지만 지난 주말 직접 걸어본 이 산책로는 천전리 각석으로 향하는 구간에서 토사가 유실되고 산비탈 구간은 미끄러워 위험하기까지 했다. 한번 만들어 놓은 길을 수시로 점검하지 않고 있다는 반증이다. 이제 세계유산으로 거듭나면 모든 시설이 정비되겠지만 그전에라도 다시 살피고 챙겨야 할 대목이다.

마지막 팁 하나, 천전리를 걷다 보면 가끔 산자락에서 웅~ 웅~ 거리는 소리를 만난다. 알 수 없는 소리의 정체는 땅의 울림이다. 이 땅의 지형은 오묘하다. 각석 위를 휘감은 대곡천 물줄기를 따라가면 지형이 벌거벗은 나신으로 마주한다. 그 정점은 인간의 성기다. 항공촬영을 하지 않고도 선사인은 이곳이 어떻게 인간의 상징과 닮아 있음을 알았는지 놀랍다. 그들은 반구대에 고래를 새긴 이들과 한 무리를 이룬 사람이거나 같은 혈통의 문화전승자일 가능성이 높다. 그들은 하늘과 인간이 합일하는 정점을 찾아 자신들의 발원을 상징 기호로 새기고 밤낮으로 간절한 바람을 고했다. 그 증좌가 흘러 흘러 지금도 천전리 일대는 한반도 동남쪽에서 가장 '신(神)발'이 센 곳으로 유명하다.

관문, 1,400년 전 동북아 전쟁사가 숨은 성

신라의 만리장성 격인 관문성

 울산을 두고 흔히 성곽의 도시라고 한다. 기록에 나와 있는 성곽만 무려 30여 개다. 이 가운데 병영성과 언양읍성, 개운포성과 남목마성, 기박산성 등은 지금도 어느 정도 형태가 남았고 일부는 복원도 했다. 이외에도 이름만 전하는 성곽은 수두룩하다. 하지만 이들 성곽의 대표는 따로 있다. 바로 울산여지도가 밟아보는 울산의 동서를 가로놓은 관문성이다.

신라가 삼한일통의 위업을 달성하고 서둘러 쌓은 성이 두 개다. 하나는 고구려 유민이 중심이 된 북의 발해를 견제하기 위해 쌓았고 나머지는 왜의 침략을 대비하기 위해 서라벌 아래를 겹겹으로 막았다. 발해와 맞닿은 북쪽에 쌓은 성이 하슬라(강릉)산성이고 서라벌 아래가 모벌군성이다. 그 모벌이 바로 오늘 우리가 알고 있는 관문성이다.

관문성은 삼한 땅을 하나로 연결한 전쟁 이후 제법 세월이 지난 뒤 공사를 시작했다. 신라 성덕왕 때다.『삼국유사』의 기록에는 서기 722년 각간 원진이 당시 인력 3만 9,262명을 동원해 만들었다고 적고 있다. 울산의 서쪽 끝 치술령부터 동쪽 끝 동해까지 무려 12km다. 신라 때 이름은 '모벌군성'이었지만 조선조부터는 관문성으로 불렀다. 모벌은 지금의 경주 모화를 이야기하고 관문은 신라 수도 서라벌로 들어가는 입구라는 의미다.

성을 쌓을 때만 해도 서라벌은 통일왕국의 수도라는 지위 때문에 성안의 도시라는 위상에 우쭐했다. 그래서 관문성 동쪽 출입구를 지나면 바로 만나는 동네가 경주 입실이다. 입실(入室)은 한자 풀이대로 안으로 들어가는 의미다. 오래전 절이 있어 절의 입구로 들어간다는 지명유래가 있지만 그보다 오래된 구설로는 모벌군성의 안쪽 마을이라는 의미가 강하다. 여기서 모벌(毛伐)은 글자 그대로 삭발의 의미가 담겨 있다. 불국사 쪽으로 들어오는 이들이 머리를 이곳에서 깎고 불가에 귀의했다는 데서 마을 이름이 유래했다고 전한다.

모벌보다 더 주목해야 할 지명은 입실이다. 경주 쪽을 성의 안쪽으로 울산은 성의 바깥으로 구분하는 경계의 의미다. 그 오랜 인식이 조선조 말, 아니 오늘에도 이어진다. 유교사회였던 조선조에는 그 오랜 차별 때문에 울산의 유생들은 과거에 응시할 때 출신지를 경주로 기록했다. 지금도 다르지 않다. 중앙의 고위직 공무원 가운데 상당수는 여전히 자신의 고향이 울산이지만 이를 감추고 학연에 기대어 부산이나 대구를 자신의 출신지로 기록하는 일이 이어지는 중이다.

왕경(王京) 서라벌로 들어가는 관문은 크게 2개의 입구가 있었다. 하나는 지금 북구 중산동 쪽이고 나머지는 척과 쪽이다. 이 2개의 큰 관문은 성격이 달랐다. 중산동 쪽 관문은 동천강 수계를 이용한 수로가 발달했다. 지금의 반구동 항만인 사포에 풀어놓은 세계 각지의 물자가 수로를 이용해 속심이 쪽으로 올라왔다. 물자는 이곳에서 육상으로 옮겨져 성문을 통과해 서라벌로 갔다. 동천 끝자락인 속심이는 과거 속도(束島)라고 부르던 육지에 있는 섬 같은 지역이다. 인근 순금산 정상에 배가 내려앉은 자리가 있을 정도로 홍수가 잦았던 이 지역을 떠내려가지 않게 묶어두려는 민초들의 바람이 담긴 지명이다.

왕경을 향하는 또 다른 관문은 척과 방향의 두산(斗山)이다. 두산의 관문성은 동네 이름도 오래전부터 관문(關門)과 연동(連洞)으로 불렀다. 이 이름이 관문(官文)과 성저(城楮)로 갈리고 관문, 성저, 연동과 척과(尺果)의 일부가 합쳐져 두산리로 명명됐다.

두산마을은 북으로 경주 외동의 녹동이 위치해 있다. 박상진 의사의 모친이 임종한 곳이다. 동으로 중산, 남쪽은 성안이다. 이 지역의 특별한 지명은 왕걸마을이다. 관문성을 쌓은 이후 해마다 왕경의 임금이 두산을 지나 울산으로 다녀갔다. 짐작건대 울산의 태화사나 문수사, 멀리 통도사로 불사를 떠난 일이 잦았을 것으로 보인다. 한나절 행차에 지친 말을 쉬게 하려고 머문 마을이 구전으로 왕걸이라는 마을 이름으로 남아 있다. 왕걸마을을 가장 많이 찾은 왕은 신라의 마지막 왕 경순왕이다. 왕걸을 지나 척과를 넘어 지장골과 삼호를 돌아 미륵을 찾아 헤맨 절절함이 천년 세월에도 여러 지명으로 남아 있다.

신라의 만리장성이라 부르는 관문성은 왜 쌓은 것일까. 신라가 어느 정도 국가적 형태를 갖추기 전까지 365일 거의 매일같이 왜구의 노략질에 시달린 울산은 신라의 강성과 함께 서라벌의 물류기지로 자리매김했다. 서라벌의 보물 창고였던 울산의 군사적 중요성을 살핀 신라 조정은 항만시설 입구에 계변성을 쌓고 그 너머에 산성을 쌓아 외세의 침략을 막았다. 여기에는 또 다른 비밀이 있다.

 통일을 완성한 뒤 한 세기 가까이 지나 관문성을 쌓은 이유는 백강전투의 영향이 컸다. 왜는 백제가 멸망할 때 대규모 지원군을 보냈다. 대패로 끝났지만 신라 조정은 왜에 대한 경계를 유지했다. 신라는 백제와 특수관계인 왜가 의자왕의 아들 부여풍을 내세워 백제 부활에 나서고 2만여 병력과 전선을 파견할 정도로 신라에 대한 복수심이 큰 것을 알고 있었다. 왜국의 사이메이(齊明女王)와 그의 아들 덴지(天智王)가 울산을 통해 서라벌로 침입할 것을 우려했고 그 대비책으로 관문성을 쌓았다. 사이메이는 의자왕의 여동생이라는 설부터 사촌동생이라는 설 등이 있지만 확인되지 않았고 다만 친족은 분명해 보인다.

 마지막 팁 하나, 12km에 달하는 관문성의 성곽은 왜 온전하게 남은 것이 없을까. 지금은 곳곳에 제법 복원을 했지만 1,400년의 세월에 성벽은 허물어졌다. 결정적인 것은 일제가 1930년대 대대적인 철도공사를 할 무렵 동해남부선 철로에 깔 막대한 석재가 필요했다. 그 철로의 자갈은 관문성이 출처다. 성벽의 돌을 깨부숴 바닥돌로 깔았으니 조일전쟁 때 읍성과 병영성을 뭉갠 왜의 만행은 400년 후 다른 모습으로 재연된 셈이다.

문수, 산자락 곳곳에 스며든 호국불교의 염원

문수사 전경

비교적 최근에 울산의 주산으로 추앙받는 문수의 지세는 잔잔하다. 낙동정맥 본류인 가지산과 영축산을 거쳐 내달린 산자락이 문수에 닿으면 심호흡을 한다. 아래로 삼호산과 은월봉을 거쳐 돋질로 이어지는 숨길을 가다듬어 소반(小盤)의 지세로 풍요를 풀어헤친 기운이다. 신라 천 년 불사의 땅으로 추앙받다 다시 깊은 잠에 빠진 문수를 울산여지도가 가을 풍경을 담아 밟아 본다.

오래전 국풍 남사고가 '심룡삼년(尋龍三年) 점혈십년(點穴十年)'이라 점찍은 땅이 여럿이다. 땅을 밟고 물길을 돌아 십수 년을 뒤져도 용(龍)을 만나고 혈자리를 찾는 것은 까마득하다 했다. 오랜 대가들의 비망록에 딱 제격인 땅을 울산에서 찾았다. 그 땅이 바로 문수다. 울산은 낙동정맥의 동쪽에 앉은 땅이다. 태화가 서에서 동으로 흐르는 역수형(逆水形)이라 흔치 않은 길지다. 역(逆)이 충(忠)의 반대여서 불길하다는 잡설이 있지만 풍수는 반대다. 역은 거칠고 빠름의 반대여서 느리고 스며든다. 물길이 느리고 스며들면 땅이 비옥하고 풍요가 가득하다. 역수가 길지인 이유다.

 문수는 이름에서 드러나듯 불교와 연이 깊다. 울주 청량 율리부터 범서 천상에 걸친 산세는 주봉의 형세처럼 당당하다. 지금은 문수(文殊)라 부르지만 신라와 고려 때까지는 붓다의 땅 '영축'이라 불리던 예사롭지 않은 산이었다. '영축'은 불교를 따라 한반도에 들어온 지명이다. 문수가 지금의 이름이 된 것은 문수보살이 산 어느 골짜기에 머물렀다는 믿음으로 그리 불렀다.

 평지산인 문수는 태화를 굽어보는 지세다. 낙동정맥의 울창한 산세를 뒤로하고 태화와 동해를 만나는 지세는 문수에 와서 숨을 고르는 모양을 갖췄다. 그래서 문수 아래쪽은 완만한 산들이 도열해 있다.

 남쪽으로는 남암산맥이 이어지다가 노방·큰비알·작은서산 등 해발

300m 이내의 낮은 산지가 옹기종기 앉아 있다. 여기서 솟아나는 물길이 땅을 살리고 사람을 모이게 했다. 문수천과 청량천이다.

문수는 불사를 빼면 이야기하기 어렵다. 가을과 닮은 문수사는 신라 때 창건했다는 이야기가 전해지지만 그 흔한 창건 대사의 이름이 없다.

『신증동국여지승람』에는 이곳을 영취산(靈鷲山) 또는 청량산(淸凉山)이라 기록하고 사찰의 연원을 적은 것으로 보아 불국토의 염원이 불사를 이룬 흔적으로 유추할 수 있다. 『삼국유사』 권5 '연회도명 문수점' 편을 보면 이 절의 영험함이 기록돼 있다. 바로 문수보살과 변재천녀(辯財天女)에 얽힌 설화다.

연회라는 승려가 문수사에서 매일 아침 묘법연화경을 읽자 연못에 있는 연꽃이 사시사철 시들지 않았다. 왕이 신기하게 여겨 연회를 국사(國師)로 초빙하려 했지만 연회는 즉시 절을 떠났다. 쫓아오던 이들을 피해 큰 고개를 넘은 연회에게 한 노인이 어디로 가느냐고 물었다. 연회는 "나라에서 나를 매어 두려 해 피하려 한다."라고 말했다. 노인은 "수고롭게 멀리 갈 필요가 있느냐?"라고 되물었다. 그 말을 듣고 다시 5리쯤 더 가다가 이번에는 한 노파를 만났다. 노파도 어디 가느냐고 물으니, 연회는 노인에게 한 말을 되풀이했다. 노파는 "앞에 만난 노인이 문수대성(文殊大聖)인데 왜 그 말을 듣지 않는가?"라고 했다. 아차 싶은 연회가 급히 돌아왔다는 이야기다. 연회가 만났던 노인은 문수보살이고, 노파는 변재천녀였다. 연회가 넘었던 고개는 문수고개로 변재천녀를 만난 자리는 아니고개로 남아 있다.

 이 절에 다시 번성한 것은 문수 아래 둔기마을 출신 신격호 회장의 불사 때문이다. 1984년 신격호 회장은 고향 마을의 작은 암자인 문수암에 큰 불사를 일으켰다. 대웅전을 중창하고 오늘의 모습으로 바꿔 놨다.

 신격호 회장의 불사가 롯데의 번창과 연관이 있는지는 알 수 없지만 불사는 정성이라 창업과 득력의 의식으로 풀면 설득력이 있을 듯싶다. 핵심은 문수가 그만큼 영험한 땅으로 여겨졌다는 이야기다. 실제로 문수산 자락에는 영축사와 망해사, 청송사 등 신라 때 엄청난 규모의 불사가 이어진 흔적이 남아 있다. 그런 연고로 산신(山神)이 깃든 신령한 산이라는 인식 때문에 조선조 내내 기우제가 이어진 땅이기도 하다.

 옛 기록을 보면 신라 때 문수산에는 7개의 사찰이 있었다고 한다. 그 대표적인 사찰이 영축사와 청송사다. 10여 년 전 울주군 청량면 율리에서 시작되는 문수산 초입 영해마을에서 '영축사지' 발굴사업이 벌어졌다.

 이 절의 연원은 설화로 남아 있다. 삼국을 통일한 문무왕의 아들 신문왕 때 재상 충원공이 동래 온천에서 지병을 치료하다 왕경으로 돌아가는 길에 이곳에 쉬게 됐다. 그때 이 마을 사람이 매를 놓아 꿩을 잡으려 했는데 꿩이 멀리 달아났다. 꿩이 숨은 곳을 뒤지니 우물이었고 우물 안에 죽은 꿩은 두 날개로 새끼 두 마리를 품고 있었다. 충원공으로부터 이 이야기를 전해들은 신문왕은 "영험한 자리이니 절을 세워라."라고 명했다. 그 자리에 들어선 절이 바로 영축사다.

문수는 신라 마지막 왕 경순왕 김부와 인연이 깊다. 백척간두의 운명에 선 경순왕은 문수산을 찾아 부처의 계시로 나라의 미래를 결정하려 했다. 태화사를 참배한 후 문수로 길을 나설 때 한 동자승이 "대왕께서 오실 줄 알고 영축산으로 인도해 모시고자 나왔습니다."라고 말했다. 길조라 여긴 왕은 동자승의 뒤를 따랐지만 태화를 건너자 사라졌다. 그 안타까움이 남은 지명이 문수 아래 여럿이다. 문수보살을 만나지 못해 헛일이 된 탄식의 장소가 허고개요 길을 잃고 멍하니 문수산만 바라본 곳이 망성이다. 동자승이 사라진 자리가 무거, 모든 것을 포기하고 주저앉은 곳이 헐수정으로 남았다.

마지막 팁 하나, 롯데를 창업한 신격호 회장은 왜 고향 땅 문수사에 불사를 했을까. 문수사에 전하는 이야기를 보면 문수 아래 둔기 마을에 살던 한 아낙이 재복이 있는 아이를 점지해 달라는 백일기도를 하고 사내아이를 낳았다고 한다. 그 아이가 바로 신격호다. 아낙은 그 아이의 손을 끌고 문수암을 자주 찾았고 큰 부를 이룬 아이는 대불사(大佛事)로 보은했다는 이야기다.

4장

일곱 산과 다섯 강이 흐르는 천하길지

학성, 조일전쟁 마지막을 이끈 최대 격전지

태화강과 학성공원(도산성), 왼쪽으로 조명연합군이 집결한 충의사가 보인다

"삼척서천 산하동색 일휘소탕 혈염산하(三尺誓天 山河動色 一揮掃蕩 血染山河)" 삼척 칼을 하늘을 받드니 천하가 부르르 몸서리를 치고, 휘감아 쓸어버리니 불의 피가 산하를 적신다. 지리를 살피고 인문을 통하니 어떤 전쟁도 패배가 없었다. 이순신이다.

몇 해 전 조일전쟁 3부작 영화의 마지막을 장식한 「한산」의 비장함이 살아난다. 스크린에는 한려수도의 시작, 한산섬 앞바다가 출렁거린다. 조일전쟁 초반부의 욱일승천하던 왜의 기를 꺾고 전세의 흐름을 바꾼 대첩은 학익진이다. 바다 위에 쌓은 성으로 불리는 학익진은 왜의 기세를 완전히 눌렀다. 한산과 학익진(鶴翼陳)은 이순신의 치밀한 해전 대비책이 낳은 결과물이었다.

견내량을 빠져나온 물살이 숨을 고르는 바다가 한산이다. 바로 그 지점에서 조급증에 심장이 벌렁거리는 와키자카의 조바심을 역으로 이용한 절묘의 절대비책이 학익진이다. 학의 날개로 선단을 펼쳐 바다 위의 성을 쌓는 해상선단 전법이었다. 그 절묘한 바다의 비책이 육상에서 펼쳐진 곳이 울산에 있다.

울산여지도가 이번에 펼쳐 보이는 울산의 지리와 인문은 바로 학성이다. 왜성이 발아래 포복자세로 고개를 굽힌 자리, 이곳에 400년 전 조명연합군은 야전사령부를 설치했다. 병영성과 울산읍성의 성벽을 허물어 속전속결로 쌓아 올린 왜성에서 결사항전을 선언한 가토의 심장이 한눈에 들어오던 자리였다. 바로 지금의 충의사 자리다.

학성은 근대 울산의 뿌리다. 10,000년 전, 영남알프스 자락에서 물길이 흐르고 비옥한 토양이 물산을 잉태할 때 강을 중심으로 사람들이 모여들었다. 그 문명의 뿌리가 선사를 거쳐 삼한과 신라에서 옹골차게 엮인 땅이 학성이다. 삼한일통의 찬란한 영광도 잠시, 혼란의 세기말을 겪던 나말여초에 불세출로 등장한 거상 박윤웅이 황금빛 학의 깃발을 꽂은 곳이 바로 학성이다. 그래서 학성을 두고 근대 울산의 시작이자 역사시대 이후 울산의 오늘을 있게 한 출발점이라 정의한다. 학성의 북쪽은 복산동, 동쪽은 반구동, 서쪽은 중앙동, 남쪽은 태화강과 접한다. 그 언저리를 학성으로 칭한다.

학성을 역사시대 이후의 울산 시발점으로 이야기하는 것은 신라 1,000년의 무역항과 조일전쟁 전후 핏빛 역사를 되살린 울산인들이 바로 학성을 중심으로 새로운 도시의 역사를 만들었기 때문이다. 그래서 학성은 역사시대 이후 울산의 뿌리다. 학성은 울산왜성을 빼고 이야기하기 어렵다. 지금의 공원에 성이 만들어진 것은 조일전쟁 훨씬 이전이었을 것으로 보인다. 여기엔 이견이 많다. 학성과 계변성, 신학성 등 학성을 둘러싼 옛 성터에 대한 논란은 현재 진행 중이다.

쟁점의 핵심은 계변성이다. 「울산부지도」와 『울산읍지』 등 조선시대 지도를 보면 울산 동헌으로부터 동쪽으로 5리에 계변성이 있다고 표기돼 있는데, 그 위치가 지금의 충의사 뒤편과 일치한다는 주장이 하나다. 다른 주장은 지난 1991년 반구동 강변에 아파트가 들어설 때 발굴된 토성이 계변성이라는 이야기다. 『신증동국여지승람』에는 병영성 남쪽에 계변성과 고읍성이 있고, 고읍성은 계변성 서쪽에 있다고 기록돼 있어 이를 현재 병영성과 충의사 뒤편 터, 반구동 토성 등에 대입하면 반구동 토성이 계변성이 된다는 이야기다.

계변성이 중요한 것은 이 성을 중심으로 거상이 국제무역을 펼쳤고, 그 위세가 울산은 물론 서라벌의 왕실을 먹여 살렸기 때문이다. 결국 계변성이 있는 학성은 삼한일통의 새정적 뒷받침을 한 국제무역상단의 본거지로 8세기 이후 울산과 서라벌을 연결하던 심장이었다. 그 세력이 점차 부를 축적하고 상단무리를 확장해 나말여초 혼란기에 박윤웅 같은 인물을 탄생시킨 셈이다.

그런 추론을 펼쳐들고 학성을 바라보면 왜장 가토가 왜성을 쌓은 이유는 명확해진다. 국제무역항인 고대 울산의 지정학적 상황을 볼 때 울산왜성이 있는 곳은 조망권 1급지로 망루나 성곽이 존재했을 가능성이 크다. 이미 존재했던 성곽을 중심으로 왜장 가토가 왜구의 성곽을 지었을 것이라는 추정은 너무나 당연하다. 실제로 왜성은 불과 40일 만에 축성을 마무리한 초특급 공사였다. 정유재란 때인 1597년 왜장 가토는 내륙에서 조명연합군에게 대패한 뒤 울산에 최후의 방어선을 구축한다. 바로 학성이다. 기록에 따르면 가토는 울산 장정을 포함한 16,000여 명을 동원해 밤낮으로 성을 쌓았다. 울산 읍성과 병영성의 성곽이 무너지고 도산에 왜성이 선명한 것도 바로 이때부터다.

학성은 울산의 오래된 이름이다. 강변의 반구부터 복산과 지금의 학산 일대까지 계변성(戒邊城) 아래에 있던 마을은 신학성 장군이란 별호로 유명한 박윤웅의 세력권이었다. 박윤웅은 부와 무력을 장악한 학성의 거상이었고 집단 이데올로기의 신격화 과정으로 천상의 인물로 미화됐다. 기록에 남은 박윤웅은 영물인 학 한 쌍에서 출발한다. 금빛을 두른 한 쌍의 학이 울고 난 뒤 나타난 박윤웅을 백성들은 신학(神鶴)으로 불렀는데 그가 학성에 자리하자 물산이 풍성하고 평화로운 날이 계속됐다는 이야기다. 계변천신이 학을 타고 내려와서 백성의 생명과 재산을 장악한 뒤 그 이름을 신학성 또는 학성이라 했다는 기록이다. 울산의 별호가 학성이 된 이유도 여기서부터다.

학성에서 주목할 부분은 바로 지척의 반구동 일대다. 신라의 해문(海門)인 반구동은 지난 1991년 한 대학박물관이 조사한 뒤 세상에 알려졌다. 하지만 그 이전부터 울산에는 8세기 무렵부터 3개의 항만이 자리하고 있었다. 박제상이 미사흔을 구하기 위해 왜국으로 떠난 '율포(栗浦)'와 인도 어디쯤에서 황금을 실은 배가 도착했다는 '사포(絲浦)', 그리고 국제무역항의 외항이었던 '개운포(開雲浦)'다. 이 가운데 사포가 반구동 항만유적으로 세상에 모습을 드러냈다. 사포는 신라 왕경인 서라벌까지 지척이었고 평지로 일직선 도로가 연결돼 물류 이동이 편리했다. 바로 그 국제무역항을 통해 부를 축적한 박윤웅은 학성을 성지로 세력을 키웠고 신라가 멸망한 이후에도 고려의 개국공신으로 오늘의 울산을 그려냈다.

마지막 팁 하나, 학성산과 학성공원이 위치한 자리는 학의 날개가 펼쳐진 형상이다. 학이 날개를 펴야 할 자리에 무겁고 웅장한 건물이 있으면 지세가 묻힌다. 학을 품은 못자리에 석물을 두지 않는 이 치다. 무겁고 웅장한 석물이 지세를 눌러 주변이 웅비하지 못한다는 풍수의 원리 때문이다. 이 땅을 원래 모습으로 돌려놓아야 종갓집의 웅비가 빛을 발한다는 이야기가 전설처럼 흐르고 있다.

이수삼산, 언젠가 왕이 나온다는 예언의 땅

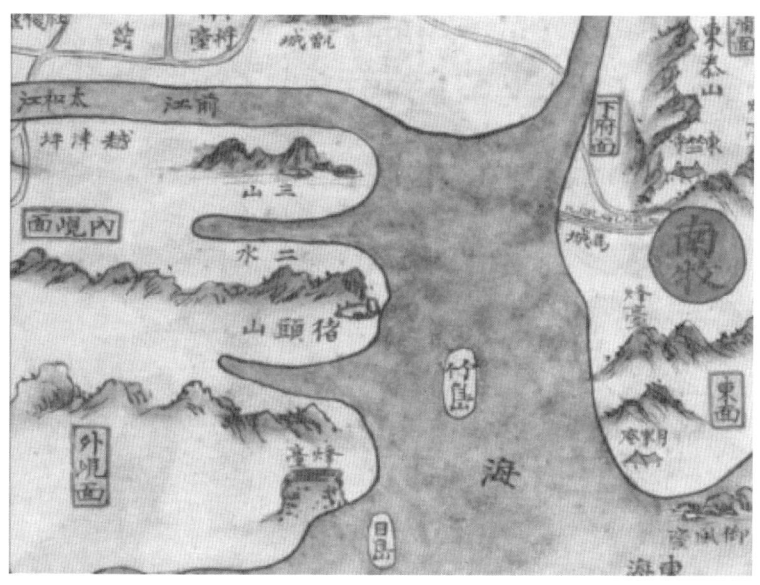

조선시대 『울산읍지』에 표시된 이수삼산, 목도의 표시도 뚜렷하다

지난 2022년 여름, 울산을 관통한 제11호 태풍 힌남노가 퍼부은 집중호우로 태화강국가정원이 넘쳤다. 국가정원 지정 이후 해마다 물에 잠기는 일은 반복적인 현상이다. 자맥질하는 반구대암각화에

익숙한 울산인들에게 태화강이 넘실거리는 풍경도 낯선 일이 아니다. 그 물길이 하류로 이어지면 이수삼산(二水三山)과 만난다. 이번에 울산여지도가 조망할 삼산벌이다. 이 일대는 신정동 일부와 달동 여천동까지 품은 땅이다.

오래전 도사 한 사람이 울산 땅을 밟았다. 울산의 진산 문수산에 올라 사방을 살피고 남산 열두 봉우리를 지나다 은월에서 발길을 멈췄다. 지금의 달동 방향을 응시하던 도사는 거침없이 갈대숲을 헤치며 벌판으로 나아갔다. 도사는 사방을 살피다 쇠말뚝 하나를 꺼내 냅다 뻘 속에 꽂으며 "여기가 왕생혈(王生穴)"이라 외쳤다. 그 도사가 바로 조선조 3대 풍수대가인 남사고다.

말뚝이 땅심을 굳혀 들판이 되자 사람들 사이에서는 바로 그 혈자리에서 '임금이 날 곳'이라는 소문이 돌았다. 그때부터 삼산벌은 '왕생이들'이 됐다. 왕생이들은 예로부터 '두 줄기의 큰 강과 세 봉우리의 풍광이 보는 이로 하여금 절로 감탄을 자아낸다'는 관형절이 붙어 '이수삼산(二水三山)'이라 불렸다. 여기에 도사의 혈자리 서사(敍事)가 보태져 언젠가는 반드시 임금 하나쯤 나올 길지(吉地)라는 영문도 모르는 소문이 풍설로 돌았다.

삼산은 땅이 질척거린다. 태화강이 평상으로 펼쳐지는 지형이다. 울산의 땅 형세는 바탕이 형산강 구조대로 깔려 분지형을 이루고 풍수지리상 양기 명당(陽基明堂)의 이상적 자세를 갖추고 있다. 이른바 동평(東坪), 남저(南低), 서북고(西北高)의 형태다. 이 구조는 한반도의 전형적 명당 구조로 삼태기 형상이라 부른다. 바로 그 삼태기의 한가운데 아홉 마리 용을 위한 소반이 차려진 땅이 삼산이다. 여기서 아홉 마리 용은 다섯 봉우리 사이의 네 골짜기가 용의 형상으로 동해로 내달리는 지세를 표현한 상징이다. 이를 두고 구룡반취라 부른다. 다섯 봉우리는 고헌, 가지, 신불, 간월산과 태백준령의 끝자락 무룡산이고 그 사이로 흐르는 수맥이 외황 회야 여천 태화 동천강 물줄기다.

울산 최초의 인문지리지 학성지(鶴城誌)에 삼산은 영험한 땅으로 기록돼 있다. 전설처럼 전하는 세 개의 봉우리는 높이가 10여 장(어른의 신장이 1장(丈))에 봉우리 세 개가 열을 지어 서 있고, 삼면은 바다와 진펄이라고 했다. 염전이 사방에 펼쳐져 소금을 만드는 사람 수백 호가 살고 있었다는 기록이 있다. 바로 그 삼산 봉우리에 서면 염전과 개펄, 태화강과 대숲이 장관이었다는 전언이다.

삼산평야를 따라 태화강과 동천이 석양에 물든 형상은 울산만 전체를 황금 덩어리로 타오르게 만들어 울산이 태양의 땅 북방민족의 정착지였음을 웅변해 준다. 바로 그 삼산은 지금 학성교 아래 아파트 단지부터 돋질까지 이어졌다. 조선 성종 12년(1481년)에 편찬된 『동국여지승람』에는 삼산(三山)은 자라 모양을 하고 있어서 '자라 오

(鰲)' 자를 붙여 '오산(鰲山)'이라고 불렀다고 기록하고 있다. 이래저래 영물이 많은 땅이다.

삼산은 조선 숙종과 영조 때는 신리(新里)라는 단일 마을이었다. 정조 때 신리와 삼산 두 개 마을로 나뉘었다가 1914년의 대대적인 행정구역 개편 삼산리(三山里)로 합쳐졌다가 달동으로 흡수되는 부침을 겪었다. 우여곡절 끝에 지난 1995년 달동과 분리돼 삼산의 원래의 이름을 찾았다. 삼산은 북쪽으로는 태화강을 경계로 하고 있다. 태화강 건너편의 중구 옥교와 학산, 그리고 학성, 반구, 명촌을 마주 보고 있다.

태화강을 잇는 다리는 번영교와 학성교, 명촌교가 지나고 있다. 서쪽으로는 번영로를 따라 신정동과 달동에 접해 있다. 번영로와 함께 울산의 주간선도로인 삼산로를 따라 달동과 나뉘진다. 남쪽으로는 여천강을 경계선으로 여천과 접해 있고 여천고개 넘으면 장생이 잠복하고 있는 땅이다.

흔히 이수삼산라 부를 때 이수는 바로 태화강과 여천강을 말하지만 지형상 태화강과 동천을 이수라 우기는 이들도 있다. 삼산의 위치로 미뤄 볼 때 이수는 마지막 봉우리 돋질산과 이어지는 여천강이 맞다.

삼산평야 한가운데 자리 잡은 삼산의 수난은 일제강점기 때 시작됐다. 3개의 봉우리 중 2개는 일제가 비행장을 만들며 갈아엎었다. 한반도 최초의 비행장이다. 여기서 일본으로 직항로가 열렸다.

마지막 남은 돋질산은 울산의 안산(案山)이다. 풍수에서 안산은 길흉의 핵심이다. 말 그대로 편안한 형상의 산을 말한다. 땅의 귀함과 장소의 영험성을 드러내는 풍수의 심장이다. 그래서 풍수에서 안산은 산 사람이나 죽은 사람의 집 앞에 적절한 형상으로 위치해 있어야 한다고 정의하고 있다.

믿거나 말거나 한 이야기지만 안산의 조건을 갖춘 택지를 선택하면 사람의 후천적 운명은 얼마든지 바뀔 수 있다고 한다. 마치 후원자와 같이 운을 더해주는 산이라는 이야기다. 바로 그 돋질산은 돼지의 주둥이가 북쪽으로 튀어나온 듯 자리해 길상으로 여긴다. 형상은 투박하지만 정상에 오르면 울산의 주산이라 할 함월과 무룡, 문수산이 모두 다소곳하다.

여기서 팁 하나, 왕생이 들에서 왕이 나왔을까. 혹자는 대마도 소왕국의 뿌리를 왕생이들과 연결하지만 근거가 부족하다. 영남알프스와 내부의 문수, 함월, 무룡의 진산, 그리고 돋질산의 안산 지세는 왕의 기운이 충분하다. 그 왕이 재복이든 권세든 학문이든 어느 한 자락으로 드러날지는 아직 아무도 모르는 일. 부활하는 울산의 아기장수가 곧 기지개를 켤지 지켜볼 일이다.

병영, 호국의 결기가 철옹성으로 견고한 땅

복원된 병영성 성벽

　결사진충보국(決死盡忠報國). 100년 전의 함성이 여전히 쩌렁한 3월이다. 황방산 따라오던 능선 위로 무너져 내린 호국의 성터에서 젊은 혈기 여럿이 손가락을 잘랐다. 목숨을 걸고 나라에 보답한다는 붉은 단심이 뚝뚝 떨어진 1919년 4월 4일 오전 9시다. 일신학교(병영초) 운동장에 축구공이 하늘로 오르자 '대한독립만세'의 함성이 성터를 한 바퀴 돌고 동천강을 휘감았다. 만세 행렬이 병영주재소를 지나 동동, 남외동, 산전마을을 두 바퀴쯤 회전할 때 황급히 달려온 왜의 수비대가 무자비한 진압 작전에 들어갔다. 애국지사 양석룡 등 14명이 현장에서 체포되고 시위대는 강제 해산됐다. 바로 그 열사의 땅이 호국충절의 한이 서린 병영이다.

 3월, 만세의 달이자 호국의 결기가 봄기운처럼 땅을 뚫는 시간, 병영은 한 세기를 훌쩍 넘어 이미 역사가 시작된 시절부터 호국충절의 기개가 걸개로 펄럭거렸노라 전한다. 그만큼 병영의 충절은 오래고 깊은 역사를 가졌다. 그 기개를 이어받은 후손들이 왜놈의 진압에 쉬 물러설 기세는 아니었다. 1919년 4월 4일, 1차 만세로 밤을 새운 청년들은 다시 태극기와 깃발을 만들어 거리로 나섰다. 이번에는 대한독립과 함께 전날 체포된 동지들의 석방을 요구했다. 주재소로 향하는 길에 군중들이 따라붙었고 왜의 총구는 급기야 애국청년들의 목숨을 쏘았다.

 바로 그 항일의 현장 일신학교는 오늘의 병영초등학교다. 그래서 병영초는 병영 사람들의 자존심이다. 그날 그 결기에 결국 일제에 목숨을 빼앗긴 영령들이 삼일사(三一祠)에 모셔져 있다. 병영의 호국 결기는 오랜 역사성을 갖고 있다. 동천강이 앞을 휘감고 겹겹이 굽이친 산맥이 황방산으로 맥을 풀어놓은 땅은 오래전부터 왜구의 노략질 1순위였다. 삼한과 삼국을 지나 통일신라로 이어지는 동안 호국의 길목으로 군사적 요충지였던 병영은 조선조에 들어서자 경상좌도 병마절도사영으로 품격을 갖춰 한반도 동남쪽의 군사전략의 거점으로 자리했다. 그런 역사 탓에 병영은 외세에 대한 저항정신이 유달리 강했다.

 병영은 근대사에서 항일과 호국의 땅으로 이름이 높아졌지만 거슬러 올라가면 선사인들의 보금자리였다. 이수합류의 아우라지가 대부분 그렇듯 선사유적이 출토된 한반도의 몇 안 되는 지역이 바로 병영이다. 정확하게는 병영을 내려다보는 황방산이 선사인의 땅이다. 이 일대에서는 울주군 서생면 신암리와 삼남읍 신화리 등과 함께 신석기 유적이 출토됐다.

 선사인들은 왜 황방산 일대에 터를 잡고 살기 시작했을까. 황방산은 해발 고도 143.2m 정도의 야트막한 구릉이다. 북서 방향으로 산지가 형성되어 있고, 동남 방향으로 평지가 미끄러져 온화한 기운이 차분한 땅이다. 병영에서 북서 방향으로 눈을 돌리면 입화산, 옥녀봉, 국수봉, 순금산이 차례로 불쑥 산자락을 이어가고, 동으로 눈길을 주면 동천강이 휘감다 반구벌쯤에서 태화강과 만나는 아우라지의 황금벌판이다.

 땅의 기운이 아늑하고 토질과 물길이 넉넉한 땅은 물산이 풍부하기 마련이다. 지금은 사라졌지만 산전참외는 병영에서만 만날 수 있는 특산품으로 인근 부산과 경주는 물론 대구에서도 이 참외를 먹기 위해 장사치들이 장사진을 이뤘다. 껍질을 벗기면 붉은빛이 도는 산전참외는 물맛 좋기로 으뜸이라는 산전샘과 무관하지 않았다. 산전샘은 조선조인 400년 전에 자연수가 솟아오른 샘으로 병영 사람 모두의 식수였다. 『울산읍지』에는 "한 시간에 솟는 물은 80섬이요 하루 퍼낼 수 있는 양은 1,820섬이니 능히 천호가 사용한들 줄지 않는다."라고 밝힐 정도로 용천수가 차고 넘쳤다. 그 덕에 참외와 미나리는 특산품으로 자리해 전국적인 명성이 자자했다.

오늘의 병영을 이름 짓게 한 병영성(兵營城)은 수천 년 땅의 역사에서 그리 오래된 성은 아니다. 조선 태종 17년 1417년에 경주 모화에 있던 경상좌도 병마도절제사영이 이곳으로 옮겨졌다. 해발 45m의 낮은 구릉지대에 쌓은 전형적인 조선시대 읍성이었다. 병영성은 전체 모습이 남북이 길고 동서는 짧은 타원형으로 북쪽은 높고 남쪽은 낮았다. 병영성이 축성될 조선조 초기만 해도 병영 바로 아래가 바다였고 북문 아래까지 배가 드나들었다는 기록이 남아 있다. 실제로 『세종실록 지리지』에는 병영성 3리 밖이 바다라고 적고 있다.

지금은 복원이 한창이지만 병영성은 부침이 심했다. 두 번째 조일전쟁인 정유재란 때 왜군이 학성공원에 축성작업을 하며 병영성 돌을 모조리 뒤집어 학성으로 옮겼다. 그 이후 수백 년을 폐허로 방치된 성터는 최근에서야 복원에 나서 체성·옹성·치성·건물터·부속시설 등을 확인하고 대부분 복원작업에 나선 상황이다. 특히 병영성 북문을 감싸는 옹성과 체성은 비교적 보존 상태가 좋아 문화재청이 보존 결정을 내리고 새 단장을 마쳤다. 문제는 서문지 등 복원작업이 더딘 지역인데 예산지원 등 추가적인 투자가 시급해 보인다.

나지막한 산세로 보이지만 뒷배가 백두대간을 짊어진 황방산 아래엔 인물이 많이 나왔다. 대표적인 호국인물이 외솔 최현배 선생이다. 외솔 외에도 일제강점기에 목숨을 바친 열사들이 수두룩하고 예인과 순교한 종교인도 타지보다 월등했다. 타향살이의 고복수도 병영이 고향이다.

마지막 전설 따라 한마디. 황방산 부엉이가 아침에 울면 풍년이 들고, 밤에 울면 불길하다는 이야기가 오랫동안 전해진다. 바로 그 부엉이가 살던 황방산을 이제는 아예 생태 야영장으로 바꾸고 숲길을 치유의 공간으로 돌렸으니 부엉이 흉조는 뿌리가 잘렸다. 다만, 요즘 들어 부귀의 징표로 부엉이가 상종가를 치다 보니 황방산에 다시 부엉이 보금자리를 만들어야 한다는 이야기가 설왕설래다.

백악기 공룡의 땅이었던 울주 일곱 봉우리

신불산 억새평원, 오른쪽 아래는 천전리 공룡 발자국 화석

울주는 일곱 봉우리가 둘러싸인 땅이다. 이 가운데 신불은 영험한 기운이 으뜸이다. 간월과 맞닿은 준령에 만디를 펼친 억새가 밤마다 우는 땅, 그 울음이 어서 오라 손짓하는 마성의 땅이다. 등억은 산세가 덩어리처럼 생겨 붙여진 이름으로 국내 유일의 외래어 지명이 공

식화된 '등억알프스리'가 등록된 지명이다. 이번에 울산여지도가 조망하는 땅이 바로 영남알프스와 일곱 봉우리, 그리고 신불이다. 영남알프스는 울산, 밀양, 양산, 청도, 경주의 접경지에 형성된 가지산을 중심으로 해발 1,000m 이상의 산을 묶어 부른 이름이다. 이 영남알프스에 울산 쪽 산은 가지, 간월, 신불, 고헌, 영축, 천황, 운문까지 7개 산이다.

 백악기 시절 울주 7봉은 공룡의 주무대였고 여기에 살던 공룡들이 남해안 고성과 경북 주왕산까지 단숨에 내달렸다는 연구도 있다. 까마득한 시절 한반도와 일본 열도가 하나일 때 동해바다는 호수였다. 그 호수의 가장자리는 모두 화산이었는데 그 흔적이 지금도 남아 삼척 울진부터 경주 울산까지 해안의 주상절리와 산지의 온천이 여전히 열기를 토해내고 있다.

 울산은 오래전 울창한 숲이 울타리를 이룬 고장이다. 그래서 영남알프스 울주 7봉이 병풍으로 펼쳐진 땅이 울산이다. 그 영남알프스 신비의 1,000미터 고봉준령 가운데 신불은 단연 돋보인다. 간월재로부터 공룡능선 넘어 영취산을 조망하는 포인트는 유럽 알프스 못지않다. 신불의 등짝 공룡능선은 실제로 백악기 공룡들의 집단 서식지였다. 그 뼈대가 깊고 길게 이어진 암벽에 입동 지나 첫눈발이 덮이면 천하비경이 아찔하다. 이 가을 눈발의 전령이 억새로 흔들린다.

늦가을이 무르익는 시간에 억새는 매일 밤 으악~ 으악~ 으스스한 마른 소리를 내며 바스락거리는 집단 군무를 펼치고 있다. 대한민국 12개 고산 억새평원 가운데 단연 으뜸이다. 입이 벌어지는 비경을 품은 신불은 어디로든 통한다. 하지만 정상은 쉽게 허락하지 않는다. 어디로 오르든 모진 수고를 감내해야 까마득한 은빛 풍경을 허락하는 땅이다.

신불은 산신령이 불도를 닦은 산이라는 별칭처럼 신비로운 영감이 산세에 깃들어 있다. 영험한 땅의 기운만큼 산자락 고개마루에는 이름도 다양하다. '왕뱅이 억새만디'부터 왕방골까지 유독 왕(王) 자를 붙인 것은 예사롭지 않은 기세다. 신불로 통하는 간월재에 올라서면 하늘이 지척이다. 청명이라는 단어가 아깝지 않은 아무것도 두렵지 않은 푸른 하늘에 맞닿은 땅이 간월재다. 신불로 통하는 하늘마루다. 그 끝에 서면 어느 날 어느 때든 칼바람이 귓전을 슬쩍 베어간다. 아무렇지 않게 귓전 하나 떼어줘도 모르는 몽환의 땅이다.

그래서 이 땅에 무덤을 남기면 역적의 혈자리로 삼대의 목을 끊었다. 과연 그런 기세가 비스듬히 깔리는 풍경이다. 신불의 비경은 무려 33만 m^2이다. 해발 900m의 높이에 만디로 평평한 이런 땅이 어떻게 만들어졌을까. 간월, 신불, 영축으로 이어지는 광활한 능선의 억새밭은 9월 하순부터 10월 중순경이 절정이다. 여름은 청억새, 가을에는 억새가 밀물처럼 움틀거리는 땅이지만 10여 년 전만 해도 아쉬운 풍경이었다.

 소나무 등 고산 수목이 억새더미를 점령하며 자연재해까지 겹치자 2000년대 들어 급격히 억새평원의 면적이 줄었다. 거의 한 세기 전 조선의 민초들은 학정에 쫓겨 산으로 숨었다. 험준한 중산간은 피해 평평한 만디에 불을 질러 맹수를 쫓았다. 그 화전민의 질긴 삶이 남긴 흔적이 지금의 평원이다. 그래서 신불의 만디고개는 천화령이라 불렀다. 막힌 하늘을 불로 뚫었다는 이야기다.

 신불의 정상에는 정상석을 비롯한 돌탑이 상징이 됐고 능선을 빼다 박은 테크도 길쭉하다. 평원의 중심 간월재에 서면 동으로는 언양과 울산 시가지의 모습이 한눈에 들어온다. 그래서 이 땅은 오랜 세월 동안 전란의 슬픈 전설과 천주교도의 순교, 빨치산의 질곡의 역사가 곳곳에 숨어 있다. 그런 세월 가운데 지금의 억새평원과 무관하지 않은 이야기가 빨치산이다.

 해방 직후 좌우대립이 극렬했던 시절 남로당 무리들이 산을 점령했다. 지리산부터 신불 자락까지 빨치산의 주력부대는 밤을 도와 영남 일대를 약탈과 살육으로 피를 뿌렸다. 이 당시 신불 서쪽 천하요새 갈산고지를 차지한 남도부(南到釜)는 김일성에게 받은 이름 석 자를 온몸으로 실천하기 위해 피의 항전을 이어갔다. 남도부는 함안 출신 빨치산 하준수가 부산까지 점령하라는 의지를 담아 김일성이

하명한 이름이다. 당시 남도부 산하 유격대는 영남 동부지역을 교란하고 멀리 지리산 일대까지 세력을 넓히다 한국전쟁 때는 북의 정예부대와 합류해 울산의 민초들을 괴롭혔다.

신불은 근대사의 아픔과 함께 조선조 조일전쟁의 상흔도 남아 있는 곳이다. 신불의 정상부에 학의 머리를 닮았다는 단조성(丹鳥城)이 바로 그 증좌다. 험악한 산세를 뒷배로 쌓은 허공에 뜬 성은 난공불락이었다. 성의 모양이 목을 뽑아 하늘을 찌른 학처럼 생겼다고 붙여진 이름이다. 전설 같은 이야기지만 단조성에는 사철 마르지 않는 우물이 12개나 있어 전란의 의병들이 왜적의 길목을 막고 보급을 차단하는 요충지로 버틴 성이다. 그 형상이 얼마나 견고한지 명 장수 이여송이 '하늘에 붙은 성'이라 극찬했다고 한다. 그런 성이 손자를 잃을까 봐 왜에 비밀통로를 알려준 노파의 고변으로 함락당했다니 전설 같은 이야기에도 끈끈한 모성이 깔렸다.

마지막 팁 하나, 신불로 이어지는 간월재 일대는 예로부터 도깨비불이 수시로 희번덕였다. 간월재에서 지른 불은 영축산 억새평원까지 번졌다고 한다. 사방 팔십 리가 불바다로 훨훨 타들어 가는 것을 목격한 사람들은 그 불길을 잊지 못해 늦가을부터 겨울이 끝날 때까지 억새만디를 밤마다 오른다는 이야기가 떠돈다.

놀랍게도 이 불은 전설이 아니다. 대부분 마른 수풀이 바람에 비틀려 몸을 비비다 타오른 자연발화 산불이었고 가끔은 화전민들이 봄날 풍족한 먹거리를 구하려고 지른 방화였다. 그 불이 지금은 그믐날 즈음 오로라처럼 천화령을 번득인다는 말이 떠돈다. 믿어도 된다. 산사람들의 목격담이다.

남산, 달빛조차 숨은 숨 막히는 풍광

남산에서 바라본 태화강 전경

　서울의 남산타워나 부산 용두산의 부산타워는 왜 도심의 중앙에 솟아 있을까. 산이 없던 파리시(市)가 평지에 철재 구조물을 세워 세상의 중심을 외친 이유는 뭘까. 산마루에서 세상을 조망하던 수고를 현대라는 이름으로 둔갑한 구조물은 의외로 사람들의 호기심을 자극한다. 망루에 서면 세상이 발아래 깔리는 우쭐함이 더 높은 구조물로 솟았는지 모를 일이다.

 울산에서도 10여 년 전 울산대교 전망타워가 솟았지만 외곽의 타워에 만족할 수 없어 도심을 관통하는 남산에 새로운 볼거리를 만들자는 이야기가 툭툭 터져 나온다. 바로 울산여지도가 이번에 밟아보는 땅, 남산이 주인공이다.

 남산은 흔히 12봉이라 부르지만 실제로 이름을 가진 봉우리는 삼호산과 거마산, 은월봉 정도다. 그 봉우리를 중심으로 길게 뻗은 열두 능선이 남산이다. 우리에게 남산은 친숙하다. 서울의 남산부터 경주 남산까지 대부분의 남산은 도심의 중심을 관통하며 사람들과 삶의 궤적을 같이한 친근한 산이다. 울산의 경우도 예외가 아니다. 남산을 중심으로 북쪽은 태화강 물길이 회를 치는 형상이고 남쪽은 거마산 자락에 야트막하게 흘러내린 양지바른 터가 사람들을 모이게 했다. 울산의 남산이 절묘한 것은 북쪽의 태화는 물론 남쪽 터전의 앞자리도 여천강이 물길을 놓아 배산임수의 쌍형지세를 이루고 있다는 점이다.

 울산의 남산은 풍수지리상 안산(案山)이다. 안산은 풍수에서 주산과 청룡, 그리고 백호와 함께 기둥을 이루는 4번째 요소다. 그만큼 중요한 자리라는 의미다. 쉽게 떠올리면 서울의 남산을 생각하면 된다. 북악의 지세를 품고 그 기운을 안아 혈자리를 보하는 역할이 남산, 즉 안산이다. 그래서 안산은 형태상으로는 옥으로 만든 책상이거나 띠를 연상할 정도로 편안하면 좋다고 한다. 울산의 남산 열두 봉우리는 그런 풍수비결에 딱 제격이다.

울산 남산의 주산인 은월봉(隱月峰)은 비밀이 있다. 동쪽 언저리를 타고 미끄러지면 지금의 신정동 일대다. 여기에 은월사(隱月祠)가 있다. 은월봉(隱月峰) 아래 위치해 은월사라는 이름이 붙었다고 전한다. 이 때문인지 울산의 남산은 신라 때는 거마산(巨馬山)으로 부르다가 고려 때부터는 은월봉으로 불렸다.

거마산은 김유신 장군과 연관이 있다. 은월봉 기슭에는 김유신 장군의 아버지와 할아버지의 묫자리가 있다는 이야기가 떠돈다. 김유신의 조부 무력(武力) 공은 가야의 마지막 임금 양왕(讓王)의 아들이었고, 아버지 서현(舒玄) 공은 손자였다. 두 사람은 신라의 장군으로 큰 공을 세워 왕족 반열에 올랐다. 그런 인물의 후손인 김유신은 남산과 어떤 인연을 가졌을까.

김유신이 화랑시절 두동 천전리 일대부터 태화강 하류까지가 화랑의 주무대였다. 당시 천전리 계곡에는 화랑의 군사훈련기관과 합숙시설 등이 갖춰진 장소였다. 화랑 유신이 천전리 수련장에서 훈련을 마치고 할아버지와 아버지의 묘소가 있는 남산 주봉인 은월봉을 찾은 뒤에 서라벌로 돌아갔다는 이야기는 전설이 됐다. 여러 차례 이어진 김유신의 은월봉 목격담은 사람들의 입소문을 탔고 큰 말을 탄 화랑이 지나갔다고 거마라는 이름을 붙였다.

거마산의 흔적은 꽤 오래 남았다. 조선시대 기록에도 남산 아래 마을을 거마동이라 기록한 것으로 보아 김유신의 흔적이 제법 오래 남은 땅이었음을 짐작할 수 있다. 은월봉 아래 사당은 김유신 장군이 찾았다는 조부와 부친의 무덤 때문에 생겼다. 김유신을 시조로 하는 김해 김씨 후손들이 뒷날 무덤을 찾아봤지만 흔적이 없어 사당을 지어 위패를 봉안했다. 지금은 아예 거마산 아래를 김유신 거리로 테마화해 관광 콘텐츠로 꾸몄다.

여기서 남산의 주산인 은월이 궁금해진다. 은월은 말 그대로 달이 숨었다는 뜻이다. 북쪽 함월산이 달빛을 한가득 품고 있다면 남쪽의 은월봉은 그 빛을 숨겨 남쪽으로 은은하게 전했으리라는 짐작이다. 은월은 태화강의 동쪽 끝자리에 절벽처럼 맺음을 했지만 그 지세 때문에 오래전부터 군사적 요충지였다. 지난 1981년 지표조사를 통해 이 일대는 산성이 있었던 곳으로 드러났다. 신라 무렵부터 은월봉 꼭대기에는 봉우리를 둘러싼 태뫼식 산성이 조성돼 있었다는 조사 결과가 나왔다. 실제로 산성 내부에서 인화문 토기 파편 등이 출토됐고 기와 조각과 건물 초석도 발견됐다.

미루어 짐작할 때 신라인들도 은월봉부터 삼호산까지 미끄러지듯 뻗은 울산의 남산이 땅의 기운을 북돋아 사람의 성정을 편안하게 한다고 믿었던 모양이다. 그만큼 남산의 지세는 풍수에서 중요한 요소였다. 흔히 남산은 '남쪽에 있는 산'을 말하지만 큰 도시의 앞산을 지칭하는 보통명사로 사용된다는 점에서도 그런 의미를 유추할 수 있다. 한양의 남산이 그렇고 서라벌의 남산이 그렇고 개경의 남산이 그렇다. 울산과 가까운 경주 남산은 금오봉과 수리봉을 합쳐서 부르는 지명이다. 신라 시조 박혁거세의 탄생 설화가 있는 곳으로 신라 개국 이래 줄곧 신라인과 호흡을 같이하며 신성시된 땅으로 불국토를 꿈꾼 신라인들의 성지였다.

울산의 남산도 예사롭지 않다. 도심 한가운데 자리한 길고 편안한 형상은 도심의 허파 역할을 하고 있고 남쪽은 주거 1번지라는 옥동부터 좌우로 신정과 무거가 여천강과 무거천을 휘감고 있다. 문제는 남산자락이 태화강을 따라 길게 드러누워 있지만 난개발로 서쪽 끝자리와 능선 상부에서는 조잡한 시설과 흉물이 산재해 있다는 점이다. 도심 한가운데 이만한 숲을 둔 도시가 대한민국에 몇이나 있을까 싶을 정도로 울산 남산은 보물이다. 게다가 대한민국 제2호 국가정원을 발아래 둔 산자락에다 달빛을 숨긴 오래고 깊은 사연이 숨은 땅이니 그저 솟은 땅은 아니지 싶다.

범서(凡西), 아우라지 돌아가는 소읍국(小邑國)

범서 선바위 일대

 풍수(風水)를 살필 때 물은 산과 함께 핵심이다. 산은 사람을 키우고 물은 재물을 쌓는다는 옛말은 그래서 유효하다. 물이 재복의 길흉을 판별하는 핵심이 된 것은 흐름 때문이다. 굽이치고 모였다가 멈추고 휘도는 성질은 인문과 지리의 생기를 관장한다. 그 물은 바로 산의 골짜기를 타고 길을 연다. 산이 물을 건너지 못하고 물은 산을 넘을 수 없는 이치다. 물은 한 가닥으로 뻗지 않는다. 여러 갈래의 물줄기가 모이는 자리는 그래서 길지다.

 문명을 일으킨 물길도 급수가 있다. 나일처럼 거대한 피라미드 문명을 만든 물길도 있고 메콩의 물길처럼 범람을 반복하며 토양을 갈아엎어 비옥한 수확물로 인류를 구하는 물길도 있다. 물길의 형태는 울타리를 친 듯 산등성이나 벌판을 휘감아 흐르는 금성수(金星水)가 최상급이다. 금성수는 산으로부터 지맥이 뻗어 물길이 휘도는 길지다. 안동 하회나 온양의 회야, 한강의 압구정과 광나루 등이 그렇다. 이번에 울산여지도가 조망하는 땅 범서가 바로 물길이 빚은 길지다.

 범서로 가는 길은 태화를 거슬러 가는 물길이다. 울산의 또 다른 옛 이름 '굴아화(屈阿火)'가 왜 이런 이름을 얻었는지는 강을 거슬러 가다 보면 저절로 알게 된다. 굴아화는 굽은 강이라는 의미가 숨은 이름이다. '굽은(屈) 강(阿) 벌(火, 고을)'이라는 의미의 이두식 표기이다. 지금의 범서읍 선바위(立岩) 부근에서 크게 굽어 돌아가는 강줄기를 그대로 표현한 지명이다. 부족국가 형태였던 우시산과 굴아화는 지척에서 회야와 태화를 품고 세력을 키웠다. 우시산이 웅촌 검단 분지 쪽의 세력이었고 굴아화는 태화강 입암 일대를 중심으로 세력권을 다졌다. 신라 파사왕이 이 땅을 말발굽 아래 굴복시킨 뒤 굴아화는 굴화(屈火)로 변했다가 하곡(河曲)이라는 이름으로 변신했다. 기록에 보면 조선조 말기인 1914년의 기록에 '굴화리'라는 지명이 남은 것을 보면 역참(驛站) 기능을 한 굴화역의 흔적이 여전히 이어졌다는 사실은 분명해 보인다.

 신라 제5대 파사왕은 굴아화촌을 병합한 뒤 남쪽에 생서량군(生西良郡), 동쪽에는 동진현(東津縣), 중앙에 거지화현(居知火縣)을 두었다고 한다. 그 중심인 거지화현에 치소(治所)를 두었는데 그 자리가 바로 범서다. 유추해 보면 생서량군은 회야를 돌아가는 진하 이남의 땅이고 동진은 사포와 율포를 낀 동쪽의 울산을 부르는 지명으로 보인다.

 범서는 울산이라는 땅의 중심부다. 가지산에서 시작해 고헌산과 신불산, 간월산에서 흐르는 물은 언양에서 한번 숨을 고르고 물길을 동을 돌려 범서를 휘감는다. 범서에 이르기 전 사연쯤에서 대곡의 물길과 만나 아우라지(두 물길의 합수지점)를 만든다. 두물머리가 잔잔히 펼쳐진 땅이 범서다. 여기서부터 태화의 물줄기는 동해를 만나고 싶어 안달이다. 선바위와 베리끝, 용금소를 지날 때 거친 물살이 회오리 치는 이유도 다 그 때문이다. 그래서 여기서 이어지는 사일길과 베리끝길, 용금소길은 깊은 물살만큼 비경과 전설이 버무려져 잔잔하다가도 굽이치는 물길이 멋스럽다.

 영험한 땅은 사람의 손길이 가만두지 않는 법. 태화와 대곡이 만나는 지점에서 골짜기를 바라보면 태봉산이 볼록하다. 그 봉긋한 등성이에 조선 성종의 다섯째 경숙옹주 태실비가 있다. 태실은 왕실의 탯줄을 봉안한 자리다. 전국의 길지를 찾아 탯줄을 묻었으니 땅의 지세는 영험함이 입증된 셈이다. 태실비를 지나 태화와 대곡의 두 물길이 만나는 아우라지 앞에는 범서의 안주인 격인 사일마을이 차분하게 자리하고 있다. 사일의 터줏대감 서씨고택이다. 쓸쓸하지만 중후한 고택은 이 왜 이 땅이 범서의 중심이었는지를 웅변한다. 서쪽으로 솟을대문과 사랑채, 안채, 곳간, 중문이 차례로 앉아 전형적인 사대부 고택의 모습을 갖췄다. 사일에는 서씨고택 외에도 기와집 대여섯 채가 군데군데 자리 잡고 있다. 밝은 마을이라는 뜻의 '사일(泗日)'은 이름처럼 시야가 탁 트였다. '달성 서씨' 감찰공파의 집성촌이다. 조선조 중기였던 250년 전 달성 서씨들이 명당을 찾아 이곳에 터를 닦았다.

그 길을 따라 물길을 풀어놓으면 백천마을에 이른다. 청동기 주거지가 쏟아진 오랜 길지이자 조선조까지 교통의 중심이었던 역사 굴화원(屈火院)이 있던 자리다. 북으로 지금의 화봉에 진동원(鎭東院)이 있었고 지척의 태화동에는 태화원(太和院)이 있었다. 신정동 월평에는 팔등촌원(八等村院)이 울산의 역마를 중계했다. 기록에는 이보다 많은 역원이 남아 있지만 일일이 열거하는 것은 생략한다. 원(院)은 교통의 요충지에 설치한 일종의 공공역무원으로 어떤 곳은 말을 관리하는 역으로 어떤 곳은 숙박을 겸한 원을 두어 마패를 수단으로 교통과 숙박을 관장했다. 지금도 남아 있는 조치원이나 이태원 같은 지명은 조선조 역무 기능의 흔적이다.

합수의 길지와 역원의 요충지답게 범서는 울산의 중앙에 위치해 비약적인 발전을 거듭했다. 연화산(蓮花山), 무학산(舞鶴山), 국수봉(菊秀峰), 상아산(尙牙山), 문수산(文殊山) 등의 산지에 둘러싸인 분지 형태인 범서는 구영과 천상의 두 군데 대규모 주거지로 나뉘어 있다.

마지막 팁 하나, 천상리 문수산성지에서 태화강을 바라보면 물길이 달아난다. 양생의 땅이다. 반대로 구영쪽에서 태화강을 내려보면 물길이 휘감는다. 포용의 땅이다. 그래서 남자는 구영에서 새로움을 도모하고 여자는 천상에서 새로운 빛을 찾는다는 속설이 있다. 믿거나 말거나다.

남목, 말머리가 동해로 내달리는 땅

남목 마골산 입구에 있는 말 조형물

　해마다 울산 원도심에서는 우렁찬 줄다리기가 펼쳐진다. 그 이름도 독특하다. 마두희다. 무려 300년이라는 역사를 가진 이 줄다리기는 일제강점기 때 사라졌다가 최근 다시 부활했다. 그 마두희의 근원을 찾아 올라가 보면 만나는 땅이 남목이다. 울산 최초의 읍지인 학성지에 족보가 나온다. 동구의 주산인 마골산(麻骨山)이 동해와 만나는 관일대쯤에서 바다로 빠져드는 형세가 말머리를 닮아 그대로 두면 몽땅 바다 깊이 빨려 들어갈 것 같아 줄을 걸어 당겼다는 이야기다. 울산여지도가 바로 그 말머리를 닮은 땅 남목을 찾았다.

 말머리가 마을을 등진 채 바다로 달려 나가는 모습을 줄다리기로 돌려놓겠다는 발상은 신선하다. 마을의 기운이 몽땅 바다에 뺏길지 모른다는 불안 심리는 지역민을 하나로 모이게 했다. 대책이 필요했다. 굵고 질긴 짚단을 끈으로 엮어 줄다리기의 대동놀이로 땅을 다시 끌어들이겠다는 발상이 축제로 되살아났다.

 하늘에서 내려다보면 울산은 동쪽 무룡산부터 서쪽 문수산까지 한반도의 광활한 산자락이 동해로 뻗어가는 종착지다. 그 산세에 굽이친 다섯 자락의 강이 동해를 향해 내달리는 모습은 가히 비경이다. 그 모습이 아홉 마리 용이다. 바로 구룡이다. 풍수로 보면 울산은 태백산맥이 남진하는 중에 험한 기를 벗어 버리고 천연의 요새를 만들고 있다. 청도 운문산으로 내려온 태백산맥이 한 줄기는 경주의 금오산을 만들고 남쪽으로 내려와 울산의 주산인 함월산을 만들었다. 무룡산은 울산의 좌청룡으로 천혜의 요새 울산만을 만들었고 운문산에서 정족산을 거쳐 문수산으로 이어진 맥은 울산의 백호가 되어 태화강 남쪽에서 울산을 감싸고 있다.

 울산의 좌청룡 무룡의 기운이 마지막 정기로 맺힌 마골산은 삼태지맥의 한 구간으로 토함산에서 이어져 내려오던 지맥이 삼태봉을 지나 무룡산에서 절정을 이룬 뒤 정자고개를 미끄러지다 다시 하늘로 솟구치는 지세다. 흉측하게 들릴 수도 있는 마골은 영험한 기운을 담은 지명이다. 골짜기마다 옥구슬 같은 찰진 물길이 이어지는 옥류천이 흐르고, 등성이 사이로 숨어 있는 알바위는 다산과 풍요의 상징으로 자리했다. 여기에 마골산은 비밀이 하나 더 있다. 옆구리를 비틀어 관일대를 돌면 어마어마한 바다 동해가 시야를 장악한다.

새해가 시작된 지 며칠 지났지만 동해 일출이 숨 막히는 관일대로 향했다. 시내에서 출발해 태화강을 스치며 남목고개를 지나 마성으로 가는 길은 한산하다. 시장과 학교 아파트 단지를 돌아가면 남목 마성으로 뻗은 오솔길이 보인다. 마성으로 가는 길이다. 남목은 남쪽의 커다란 목장이라는 의미를 담은 지명이다. 조선시대 500여 년간 울산 동구는 전역이 국가직영 목장이었다. 상당히 기이한 일이지만 남목 마성의 지도를 항공사진으로 보면 모양이 동해바다로 머리를 내밀고 있는 영락없는 말머리, 즉 마두(馬頭) 형상이다.

1914년께 일제의 토지사정 당시 지도와 1950년 항공사진을 추정하면 남목 일대는 재기뜰, 대문안뜰, 홍문뜰로 불리는 넓은 경작지가 있었고 주거지는 북동쪽에 감나무골과 쟁골이, 남서쪽에 불당골이 위치하고 있었다. 과거 오랫동안 동구의 중심이자 뿌리였던 남목은 일제강점기를 거치면서 방어진으로, 또 1970년대 이후 명덕으로 현재는 일산동 주변 지역으로 중심권역의 자리를 내줬다. 하지만 한 세기 전만 해도 남목은 동쪽 땅의 중심이었고, 살기 좋은 선비의 고장이었다.

　조선시대 말 목장은 국가 기간산업이었다. 짐작건대 고려조 몽고의 왜국 침략의 전초기지였던 동남해안 가운데 부산의 절영도와 동래 일대 그리고 울산의 남목부터 포항까지가 말 목장지대로 추정된다. 당시 포항의 말 목장을 북쪽의 마성이라는 뜻으로 북목이라고 불렀고, 그와 대비해 울산의 남목마성을 남쪽의 마성이라는 뜻에서 남목으로 불렀다고 전해진다.

　조선 전기, 조정은 동구 주전 성골에서 북구 염포동과 양정동의 경계가 되는 심천골로 이어지는 구역에 방어진 목장을 조성해 말을 키웠다. 그 길이가 3,626보나 됐다고 학성지는 기록하고 있다. 1655년 목장을 관리하는 감독관이 동래에서 남목으로 옮겨 와 선비들이 모여 사는 동네로 자리했다. 말 목장이 번성하자 맹호의 출현도 이어졌다. 한 해 여러마리의 말이 호랑이 먹이가 됐다는 기록이 전해진다. 관일대와 일산지가 지척이고 태백의 아랫도리가 미끄러진 풍광이 절묘한 땅에 호랑이까지 출현했으니 천하 절경에 모험담까지 갖췄다. 그런 까닭인지 조선조 남목관으로 부임한 이들 중 남목을 잊지 못해 평생을 사모한 이들도 여럿이다. 그 대표 인물이 홍세태였고 풍속화의 대가 단원 김홍도는 남목에서 맹호도의 바탕을 만들었다.

주전으로 연결되는 남목의 뒷배 마골산은 해발 297m의 포근한 산이지만 두꺼비 바위가 버티고 있어 마을의 기운을 살린다는 속설이 전해진다. 마골산의 이름은 산 곳곳에서 볼 수 있는 흰 바위에서 유래됐다. 마골(麻骨)이라는 말은 껍질을 벗긴 삼대(麻)의 흰 속살(骨)을 비유한 말이다. 남목 마골산은 또 하나의 보물이 있다. 바로 인도 아육왕(阿育王)이 황금을 실어 보낸 배가 태화강 하구 사포(絲浦)에 닿았고 불사를 펴달라는 뜻을 기려 지은 절이 여기에 있다. 바로 동축사다. 동축사의 유래만큼 신비로운 알바위가 곳곳에 솟은 남목은 그래서 구슬 소리가 흐르는 물길이 옥류로 휘돌아가는 영험한 땅이다.

거친 숨으로 마성을 오르면 동해와 만난다. 등성이에서 대면하는 동해는 엄청나다. 해수관음상을 돌아 비릿하게 만나는 그 바다는 지독한 원시의 향내가 질펀하게 깔렸다. 새날 겨울 아침 매서운 바람은 거칠지만 해풍 특유의 생명력이 꿈틀댄다. 해를 내주지 않는 짙은 구름에 모질게 돌아선 하늘과 잔뜩 성난 바다는 천지간에 쩌렁쩌렁 아우성을 토해낸다.

◆ 5장 ◆

세계유산의 도시,
고대사 기적의 땅

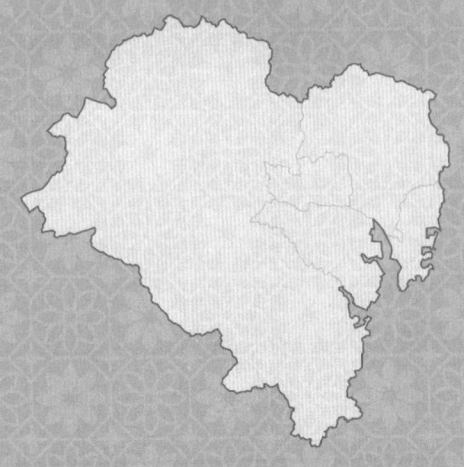

울산, 한반도 고대사 기적의 땅

울산은 일곱 산과 다섯 강이 흐르는 구룡반취의 땅이다
사진은 당사에 있는 청룡 조형물

　장마가 한창인 2025년 여름은 울산에게 특별한 시간이었다. 몬순의 거대한 구름 떼가 유라시아의 동쪽으로 몰리는 시간, 오묘한 대기의 변화만큼 세계인의 이목이 울산에 집중됐다. 지금이야 지구온난화 이야기에 온 세상이 민감한 반응을 보이지만 20,000년 전 인류에게 기후는 그냥 어쩔 수 없는 대자연의 흐름이었다. 바로 그 시절 인류는 지구 최후의 빙하와 간빙기 사이에서 혹독한 변화를 겪었다. 45억 년이라는 까마득한 지구 나이 속에서 20,000년의 시간은 아무것도 아니지만 인류에게는 참담하고 혹독한 시간이었다.

지구는 대략 18번의 빙하기와 간빙기를 거쳐 왔다. 지구를 연구하는 과학자들의 지질 분석 결과다. 가장 최근의 기후변화가 바로 20,000년 전이다. 현생 인류는 그 시기에 가장 많은 이동과 문화적 변동을 경험했다.

거대한 빙하가 북반구를 덮쳤고 시베리아 일대에서 안락한 삶을 살던 인류는 빙하를 피해 적도 방향으로 이주하기 시작했다. 바로 이 시기를 '최종빙기극성기(Last Glacial Maximum)'라고 부른다. 이 시기에 인류는 가장 활발한 이동을 하게 된다. 한때 온화한 지역이었던 시베리아는 극빙하의 냉혹한 땅으로 변했고 적도를 중심으로 다양한 생물종이 지속가능한 생존투쟁을 펼쳤다. 그 험난한 생존경쟁을 피하려는 일부의 인류가 얼음으로 수백 미터 두께의 다리를 만든 베링해를 건너 신대륙으로 이동했던 것도 이 무렵이다.

20,000년 전 한반도는 어땠을까. 극빙하기의 시기에 한반도 역시 얼음의 땅이었다. 해류가 바뀌고 해수면이 낮아진 시기에 한반도는 서해와 동해가 육지로 드러나 있는 광활한 땅이었다. 바이칼 호수 근처에서 집단 취락을 이루고 살았던 한 무리의 인류는 혹독한 추위에 남으로 이주를 시작했고 내몽골과 요서를 거쳐 산둥 너머 한반도

쪽으로 내려왔다. 바다가 가로막지 않은 시기여서 집단 이주의 방해물은 추위뿐이었다. 그 고단한 이주와 정착이 마무리될 즈음 빙하의 시간은 간빙의 시간으로 변했고 한반도의 기후는 인류에게 최적의 환경을 제공했다.

그런 일련의 인류 이동 과정에서 한반도에 살았던 인류는 구석기 문명의 흔적을 남겼다. 바로 아슐리안 주먹도끼가 대표적이다. 인류의 원시시기라 할 수 있는 전기 구석기시대를 대표하는 주먹도끼문화는 모비우스 학설로 인류의 서열을 정리해 놓았다.

미국의 고고학자인 모비우스(H. L. Movius, 1907~1987)는 하버드대 고고학 교수로 1948년 인류의 문명 발전이론을 담은 이른바 '모비우스 학설'을 내놓았다. 그의 이론은 인도를 기준으로 서쪽지역(유럽, 아프리카, 서아시아)은 아슐리안 문화권, 동쪽지역(동아시아, 아메리카)은 찍개 문화권으로 분류하는 것이 골자였다.

아슐리안은 구석기 문화 가운데서도 목적의식을 가진 정교한 도구라는 부분을 강조한 이 이론 때문에 인도의 동쪽은 출발부터 미개한 원시문화로 인류 문명의 발달 정도가 뒤처졌다는 주장이었다. 한마디로 동아시아는 인류문명에서 한참 뒤처진 미개의 땅이었다는 주장이었다.

그 이론을 무너뜨린 사건이 한반도에서 일어났다. 한반도의 중심, 임진강변 연천 땅에서 아슐리안 주먹도끼가 발견됐다. 1977년 겨울, 미군 신분으로 우리나라에 근무했던 그렉 보웬이라는 미군 병사가 한국인 여자친구와 한탄강 변에 데이트를 갔다가 엄청난 발견을 했다. 거저 흔한 돌덩이를 관심 있게 살핀 병사는 사실 대학에서 인류사를 전공한 고고학도였다. 고고학 책에서 봤던 주먹도끼가 장작 화로를 위한 돌 더미에서 발견된 사건이었다. 현장을 찾은 서울대박물관이 조사한 결과 무려 4,500여 점의 주먹도끼가 한탄강과 연천 일대에서 쏟아져 나왔다. 임진강의 기적이다.

이 사건은 세계 고고학계에 엄청난 충격이었다. 모비우스 학설이 무너진 것은 물론 고대 한반도가 인류에게 어떤 땅이었는지를 말해주는 명백한 증거가 됐다. 지구의 땅덩어리를 놓고 볼 때 유난히 좁은 지역인 한반도에 고인돌 문화가 집중돼 있는 이유가 밝혀지는 순간이었다. 이 사건 이후 한반도 구석구석에서는 고대 선사시대의 인류가 남긴 흔적이 속속 발견되기 시작했다. 그 핵심지역이 울산여지도가 이야기하려는 울산의 선사시대다.

2,000년대 이전까지 울산에서 벌어진 수많은 문화재 발굴과 출토된 유물은 아직 제대로 규명되지 못한 부분이 많다. 특히 고대사의 비밀이 보물 상자처럼 쏟아진 웅촌 검단리 유적이나 중산리 연암 등 동천강변 유적 등은 제대로 된 연구 작업 없이 그냥 파묻혀 있다.

울산은 임진강의 기적처럼 고고학계를 놀라게 한 고대사의 기적이 몇 번이나 있었던 놀라운 땅이다. 그 가운데 울산은 역사학계나 고고학계의 기적이라 불리는 중요한 발견이 여러 번 있었던 지역이다. 그중 하나가 세계유산으로 이름을 올린 반구천의 암각화다. 울산이 세계인들에게 인류 이동의 증좌를 보유한 도시임을 공인받는 시간이었다. 이 기념비적 사건을 계기로 울산에서 일어난 인류사의 기적과 그 기적의 장소들을 살펴보려고 한다.

 그 첫 번째 기적의 땅은 당연히 반구천이다. 울산에 사는 사람들은 대부분 울산의 현대만 기억하지만 울산은 한반도에서 인류가 가장 먼저 정착 생활을 시작한 땅 가운데 하나다. 그렇다면 과연 울산은 어떻게 사람들이 모여들기 시작했고 어떤 문화를 만들어 왔을까. 한반도의 동남쪽에 위치한 울산은 예로부터 사람이 살기 좋은 터전이 돼 우리의 선인들이 아득한 석기시대부터 육로 또는 해로로 이곳에 들어와 정착사회를 이뤄 살았다.

 서생면 신암리, 병영동 병영성지, 장현동 황방산의 신석기 유적이 있고 석검이 출토된 화봉동과 지석묘가 있는 언양읍 서부리의 청동기 유적이 있다. 어디 그뿐인가. 북구 중산동, 온산 산암리, 언양 동부리, 삼동 둔기리, 온양 삼광리, 상북 덕현리, 동구 일산동, 중구 다운동, 삼남 방기리 등지에서 각종 유적과 유물이 관계 연구기관과 대학박물관에 의해 발굴됐다.

이 모든 것의 꼭짓점이 바로 반구대암각화가 위치한 대곡천이다. 그 중심에 7,000년의 비밀을 지문처럼 새긴 암벽의 백과사전, 반구천에서 발견된 암각화가 바로 첫 번째 기적이다.

신생대 절경과 백악기 화석까지 품은 땅

울산 국가지질공원 대상지인 강동 화암 주상절리

 우리가 살고 있는 땅 밑에는 수억 년 전 고생대 이전의 비밀이 깔려 있다. 전문 용어로 선캄브리아기의 지층에서부터 신생대 지층에 이르기까지 다양한 구조가 넓게 분포해 있다. 지금의 울산 땅은 쥐라기 후반과 백악기에 만들어진 육성 퇴적분지가 원형이다. 쥐라기 이후 한반도는 육성퇴적층이 두껍게 쌓였고 경상도 일대의 규모가 가장 컸다. 지질학에서는 이를 두고 경상분지라고 명명했다.

백악기에 접어들어 경상도 일대는 화산활동이 활발했다. 신신기(新新紀, Neogene)에 접어들어 동해가 바다가 됐고 비교적 지금과 가까운 신신기 제4기에 제주도와 울릉도가 바다 위로 솟아올랐다.

느닷없이 지질 공부를 시작하는 기분이지만 이유는 지질공원 때문이다. 최근 울산시가 환경부 인증 '국가지질공원'을 준비를 마무리하고 본격적인 추진에 나섰다고 한다. 울산 땅이 국가지질공원에 선정되면 유네스코(UNESCO) 세계지질공원 인증도 추진이 가능하다. 2025년 7월 반구천의암각화가 세계유산에 지정되면서 세계지질공원 인증이 가시권에 들어온 셈이다.

울산의 국가지질공원의 핵심은 태화강이다. 태화의 물줄기를 따라 지질공원 후보지를 쭉 펼쳐보려고 한다. 울산의 지질공원은 바다 쪽과 육상부로 대별할 수 있다. 울산시는 지질공원의 주제를 '태화강 물줄기를 따라 백악기로 떠나는 여행'이라고 명명했다.

지질명소 후보는 10개 지역이다. 천전리 공룡 발자국화석산지와 대곡리 발자국화석산지, 국수천 습곡과 선바위, 주전 포유암과 대왕암해안 등이다. 이들이 하나로 묶어 울산 국가지질공원이 된다. 국내에선 울릉도, 제주도, 부산, 동해안 등 15개의 국가지질공원이 있고 제주도, 주왕산, 무등산, 한탄강 등 4곳은 세계지질공원으로 이름을 올리고 있다. 울산이 국가지질공원에 인증되면 국내 16번째가 된다. 울산 국가지질공원의 핵심은 세계적인 지질 명소로 이름난 곳이 천전리 공룡 발자국화석산지와 대곡리 발자국화석산지로 두 곳이나 된다는 사실이다. 두 곳은 세계 지질학계와 고고학계에서 '울산'이라는 고유명을 포함시켜 국제적인 가치를 인정받고 있는 지역이다.

그중에 하나가 지난 2018년 반구대암각화 학술조사 때 발견된 수생파충류 '코리스토데라' 발자국 화석이다. 이 화석은 '노바페스 울산엔시스(Novapes ulsanensis)'라는 이름이 붙었다. 라틴어로 울산에서 새롭게 발견된 발자국이라는 뜻이다. 코리스토데라는 약 1억 7,000만 년 전 중생대에 출현했다가 약 1,600만 년 전 신생대에 멸종한 파충류이다. 미국에서 1995년 처음 발견된 2개의 코리스토데라 발자국은 앞발과 뒷발 구분이 모호했지만 울산의 화석은 발자국만 18개에 앞 발자국 길이 2.94㎝, 뒷발자국 길이 9.88㎝로 선명하다.

시민들은 잘 모르지만 울산은 이미 2020년부터 국가지질공원 인증을 준비해 왔다. 역사문화도시로 새롭게 조명되는 울산이지만 우리가 밟고 사는 땅부터 세계인이 주목할 만한 보물 창고라는 사실은 완전히 다른 문제다. 공룡 발자국이 발견되고 울산이라는 이름의 학술명이 만들어지자 지질이라는 콘텐츠에 눈을 떴다. 우리의 땅을 문화유산으로 바라보고 이를 체계적으로 보호하고 관리를 하기 위한 작업에 나섰다. 그 첫 작업이 바로 '국가지질공원' 인증이다.

울산의 해안을 지나다 보면 북쪽의 몽돌부터 남쪽 끝의 기암괴석까지 다양한 지질 자원에 넋을 잃게 된다. 그중 가장 독특한 부분이 온산 바다에 펼쳐진 타포니 해안이다. 지금은 완전히 파괴의 현장이 된 해안이지만 온산 일대 바닷가는 공단의 삽질이 시작되기 전에는 천하절경이었다.

타포니(벌집 모양의 구멍)와 파식대, 시스택(촛대 모양의 바위) 등이 모여 있는 독보적 해안으로 한반도 땅이 어떻게 만들어졌는지를 알 수 있는 귀중한 비망록이었다. 한반도에서 타포니 지형은 흔치 않다. 대표적인 타포니 지역인 진안 마이산 등 몇 군데를 제외하면 국내에 이 정도 규모의 타포니 지형은 만날 수 없는 상황이다. 수십만 년에 걸친 풍화와 침식작용으로 생긴 독특한 화강암 지역은 그냥 그 자체가 예술품이다. 몇 해 전인가 한국내셔널트러스가 개최한 「이곳만은 꼭 지키자」 공모전에서 자연·문화유산 대상을 받은 지역이 온산 타포나 해안이다. 지금은 울산 신항만 조성공사로 대부분이 뜯겨나가고 파묻혀 되살릴 길이 없다.

동해에서 육지로 눈을 돌리면 또 하나의 지질 보물 토르를 만난다. 가지산 정상부에 장군이 칼을 꽂아 놓은 듯한 비석 같은 바위가 우뚝하다. 주변에는 핵석들을 모아 놓은 바위 군들이 자리하고 있다. 그 바위 위에서 해가 뜰 때나 석양이 바위에 걸린 모습들은 출사작가들의 으뜸 포인트다. 토르(Tor)는 영국 다트무어(Dartmoor) 지방의 화강암 암괴를 지칭하는 지방어로, '똑바로 서 있는 석탑'이라는 의미한다. 가지산 토르와 핵석이 있는 곳은 중생대 백악기 흑운모 화강암이 분포하는 곳으로 '언양 화강암'이라 불리는 큰 암반이 있는 곳이다.

영남알프스 산자락을 따라 물길을 타면 지질의 보고인 태화강의 습곡을 만난다. 물결 모양 또는 주름 잡힌 퇴적층이 마치 물먹은 한지가 둘둘 말린 자리처럼 남은 특이한 습곡의 향연이다. 습곡은 퇴적층이 횡으로 압력을 받아 휘어진 구조를 말한다. 한반도 습곡 지형은 주로 중생대 초 또는 고생대 이전의 지층에서 관찰되는 게 일반적이다. 울산처럼 중생대 말 백악기 퇴적층은 매우 드문 경우다. 드물기 때문에 세계적 보존 가치가 있다는 것이 학계의 이구동성이다. 너무나 가까이 있는 보물을 우리는 그냥 지나치고 있다. 가을 단풍잎만 보지 말고 그 나무의 뿌리를 받친 땅의 형상도 살펴볼 일이다.

첫 번째 기적, 선사인이 암각화를 남긴 이유

반구대암각화

반구천의 암각화가 세계유산에 등재되면서 울산박물관이 바빠졌다. 지난여름 울산의 고래 사냥과 관련한 선사시대의 유의미한 흔적을 담은 특별한 전시를 열었다. 「고래 뼈, 시간을 꿰뚫다」라는 이름의 전시다. 고래 사냥의 명백한 증거물인 울산 연안 출토품 '골촉 박힌 고래 뼈'가 전시의 핵심이다.

'골촉 박힌 고래 뼈'는 고래의 척추뼈에 동물 뼈로 만든 작살 촉이 박혀 있는 유물이다. 시기적으로는 신석기시대 것으로 추정된다. 동물 뼈를 갈아 화살촉으로 만들어 고래 사냥의 도구로 사용한 증거는 너무나 생생한 고래 사냥의 증거물이다. 전시는 여기서 그치지 않고 골촉 박힌 고래 뼈로 시작해 고래 사냥과 반구대암각화에 그려진 고래 사냥의 흔적을 연속적으로 보여준다.

고고학을 공부하다 보면 놀라운 발견의 역사와 만나게 된다. 불과 반세기 전까지 인류사에서 고래 사냥은 유럽의 전유물이었다. 노르웨이 알타지방과 북해 언저리의 해양국가들의 선사문화에서 고래는 암각화나 그림으로 등장했다.

아슐리안 주먹도끼를 증거로 구석기 문화의 선진적 인류가 유럽을 지배했다는 논리처럼, 고래와 관련된 선사문화 역시 고대 유럽의 전유물로 여겨졌다. 실제로 우랄산맥을 넘은 일류에게 고래 사냥은 흔적이 보이지 않았다. 시베리아와 이루쿠츠크의 시스킨스키 암각화와 카자흐스탄의 탐블르이, 우즈베키스탄의 사르미시사이 암각화에서는 고래의 흔적을 찾을 수 없다. 하지만 발견의 역사는 인류사의 고정관념을 바꿔 놓았다.

한반도는 고대사 연구에서 신세계 같은 곳이다. 지금도 여전히 한반도 곳곳에서는 땅을 파면 청동기시대의 흔적이 불쑥 머리를 내민다. 울산은 더 그렇다. 가장 최근에도 외곽순환도로 공사현장에서 청동기 유적이 드러났다. 불도저만 밀면 선사인의 흔적이 쏟아지는 땅이 울산이다 보니 앞으로 어떤 유물이 어디서 튀어나올지 아무도 모르는 일이다.

한반도에서 고대사의 흔적을 뒤지기 시작한 것은 고고학을 가장한 일본인의 도굴이 시작이었다. 그 대표선수가 가루베다. 와세다대학교 역사과를 나와 1925년 조선 땅을 밟은 가루베 지온(輕部慈恩, 1897~1970)은 충남 공주의 한 학교에 교사로 부임했다. 그의 손아귀에 백제 고분 수백기가 파헤쳐졌다. 그런 가루베의 만행에 무령왕릉이 무사한 것은 기적이었다.

세계 동물학회에서는 인류와 고래의 관계를 연구할 때 그 출발로 반구대암각화를 제시한다. 학자들은 인류가 기원전 6,000년경부터 고래를 잡았고 그 증거가 울산의 반구대암각화에 있다고 주장한다. 여기에는 인류 이동의 비밀이 지문처럼 숨어 있다.

오늘날 한반도를 중심으로 살고 있는 한민족은 혈통적으로 몽골로이드계 인종에 속한다. 몽골로이드계 인종이란 오늘날 인류의 직계조상으로 간주되는 호모 사피엔스 사피엔스가 출현한 후, 지금으로부터 10만 년~5만 년 전부터 이 땅에 살았던 사람들로 학계에서는 추정한다. 최초의 근거지인 아프리카를 떠난 인류의 한 집단은 오늘날 바이칼호를 축으로 그 연안과 동부지역에 자리 잡았다. 바이칼에 터를 잡은 인류의 일단이 내몽골과 요하를 거쳐 한반도로 이동했고 그 종착지가 울산이었다.

놀랍게도 그 모든 증거가 울산에 있다. 20,000년 전 극빙하기가 시작되면서 바이칼을 무대로 수렵을 일상화했던 몽골로이드인들은 극한의 추위를 더 이상 버티지 못했다. 그들의 선택은 이동이었다. '따뜻한 남쪽, 풍요의 땅'을 찾아 해가 뜨는 땅, 동쪽으로 이동하기 시작했고 수세기에 걸친 이동의 결과 일단의 무리들이 울산을 택했다. 당시 동해는 바다와 육지가 혼재된 땅이었고 시간이 지나면서 차츰 바다의 비중이 커지는 상황이었다.

대략 10,000년 전까지 한반도의 상황은 그랬다. 마지막까지 서해는 육지가 대부분을 차지했을 정도로 한반도 지형은 10,000년 전후에서야 지금의 형태로 자리하게 됐다. 이 연구는 경북대 지질학과 황상일 박사팀의 지질 탐사 결과다.

동해가 바다로 윤곽을 잡아갈 무렵 오호츠크해를 지나 한반도 남쪽을 회유하는 고래 떼를 중심으로 10여 종의 고래무리가 울산 앞바다에 나타났다. 지각변동기를 거치면서 주상절리와 타포니해안 등의 기암괴석을 남긴 울산연안은 한류와 난류가 교차하는 해초류 식생의 최적지가 됐고 해양생물의 보고로 자리했다.

그 무렵, 오세아니아와 뉴기니, 지나에 근거를 둔 폴리네시안 계열의 해양문화권 인류가 연안을 따라 북상하기 시작했다. 그들의 주무기는 청새치와 상어, 그리고 돌고래류를 잡는 사냥술이었다. 이들의 한 무리가 말레이 반도를 거쳐 중국남쪽과 제주 남단을 지나 울산으로 들어온 것도 이 무렵이었다. 그들은 대륙문화권의 인류와 달리 배를 만드는 기술과 해류를 이용하는 항해술을 익힌 사람이었다. 지금부터 대략 1만 년을 전후한 한반도의 문화적 원형은 이런 그림으로 그려지고 있었다.

대륙문화권은 활쏘기 기술을 터득한 무리였고 해양문화권은 바다 사냥이 주무기였다. 이들은 한동안 영역다툼으로 피의 투쟁을 이어갔겠지만 시간이 지나면서 자연스럽게 두부류의 문화권은 하나로 연결됐다. 그 증거가 바로 반구대암각화다. 대륙과 해양이라는 문화적 이질감을 융합한 이들은 바다와 육지가 만나는 천혜의 땅에 정착했고 바위에 고래와 범, 사슴과 샤먼을 새기고 그들만의 문화를 만들어갔다.

바위의 표면에 몇 세대 동안 다양한 문양을 그려낸 이유는 단순하다. 해가 떨어지는 시간 샤먼의 주술에 따라 다음 날 아침, 동트는 바다에서 고래 한 마리 사냥할 수 있기를 주문처럼 외웠고 그 주술의 징표가 고래그림으로 새겨졌다. 이런 부류의 이야기는 시베리아-예니세이강 중류, 앙가라강-레나강 상류 지역부터 중앙아시아와 시베리아, 연해주를 거쳐 한반도에 이르는 고대인류의 문화적 유전인 자에서 찾아낼 수 있는 문화적 증거다. 암각화는 오래전 지구를 살피며 정착지를 찾아 나선 고대인들이 후대에 남긴 뿌리에 대한 암호이기도 하다.

두 번째 기적, 해안과 내륙의 석기문화

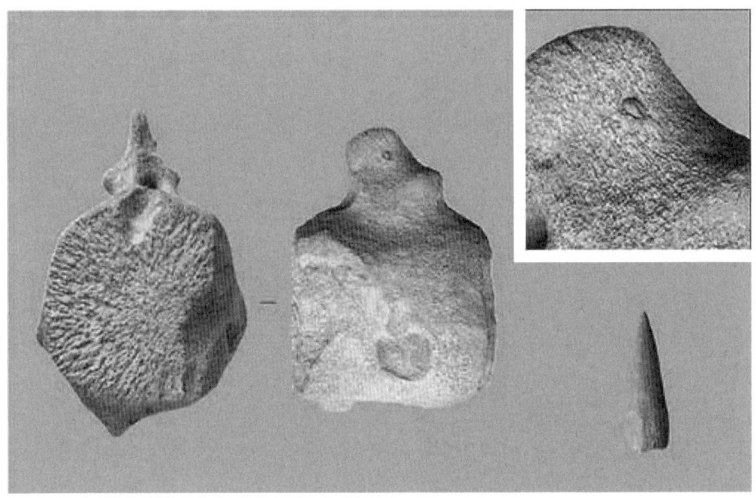

지난 2009년 울산 신항만부두 발굴 조사 중 출토된 '골촉 박힌 고래 뼈'

선사유적에 대한 연구가 어설프게 진행된 울산은 사실 고고학계의 보물 창고다. 문제는 그동안 선사유적의 보물 창고인 울산을 학술적 가치를 가진 곳으로 보지 않았다는 사실이다. 일제강점기에 시작된 우리의 고고학은 왜인들의 날조된 역사관이 밑바탕에 깔려 있었기에 고대사 날조 등 비극을 낳았다.

　일제가 한반도를 뒤지며 발견한 것은 한반도 문화의 우수성과 왜의 대륙문화 유입설이었다. 부인하고 싶고, 부인해야 했던 왜의 역사학자들은 조선인 학생들에게 잘못된 한반도의 고대사를 전수했고 그들이 해방 후 강단 사학의 주류가 됐다. 이런 사정이다 보니 울산은 제대로 된 고대사의 탐구현장이 되지 못했고 1990년대까지 고대사, 아니 선사문화의 불모지로 남겨져 있었다. 여기에 1962년 울산의 특정공업센터 지정은 울산의 정체성을 공업도시로 굳히는 결정적 사건이 됐다.

　그렇게 흘러간 수십 년의 세월 뒤에 놀랍게도 오랜 시간 묻혀 있던 한반도 역사의 초기 모습들이 울산의 땅속에서 드러나기 시작했다. 지난 칼럼에서 울산에서 만난 첫 번째 선사의 기적을 이야기하면서 밝혔듯 울산은 고대사의 기적이 연속되는 땅이다. 울산여지도가 그 두 번째 기적의 현장을 찾았다. 바로 울산 땅의 남쪽 끝 신암이다. '신암리 비너스'로 불리는 여인상은 서생 신암리에서 1974년에 발굴됐다. 한반도에서 출토된 선사시대 여인상은 울산 신암리와 함경북도 청진 농포 패총에서 확인된 단 두 점이 유일한 유물이다. 탄소연대측정 결과 신암 비너스의 제작연대는 신석기시대다.

　여인상의 발굴이 두 번째 기적인 이유는 단순한 유물의 출토가 아니라 선사문화의 전반적인 모습을 유추하게 하는 엄청난 문화적 자산이라는 점 때문이다. 지금은 국내외 문화유산 관계자들이 울산의 반구대암각화를 세계유산 목록에 올려 공식 등재 절차를 밟고 있지만 불과 10여 년 전만 해도 우리 정부기관조차 울산의 문화유산을 홀대했다. 반구대암각화를 당장 세계유산 우선등재 목록에 올려 체계적인 보존과 연구가 필요하다고 지역 언론이 목청을 높였지만 정작 우리 문화유산 관리자들은 반구대암각화의 세계유산 점정목록 등재조차도 미루는 잘못을 저질렀다.

대한민국 국가유산청(당시 문화재청)의 지난 과오는 헤아릴 수 없을 정도지만 서류만 쳐다보는 이들이 지금은 반구천의암각화를 떠받들고 있는 것이 참 이중적이라는 느낌이다. 한반도 선사문화에서 반구대암각화가 결정적 역할을 하는 이유는 여러 가지가 있지만 그 핵심은 뿌리에 있다. 반구대암각화는 무엇보다 한반도 인류의 뿌리를 웅변하는 증거물이다. 그 실증적 증거물은 반구대암각화 발견 이후 계속해서 울산 땅에서 드러났다. 바로 그 두 번째 기적이 신암과 울산 동해안에서 드러난 석기시대의 유물이다.

앞서 지적한 대로 문화재 당국의 울산에 대한 태도는 거의 만행에 가깝다. 울산이 가진 엄청난 선사유물의 가치는 안타깝게도 우리 문화재 당국의 관심사가 아니었다. 한반도 최고의 보물인 반구대암각화를 제대로 연구하고 관리하며 보존하려는 노력은 당연히 국가의 몫이다. 그렇지만 당국은 반구대암각화 발견 이후, 국보지정과 관리 감독에 손을 놓아버렸고 20여 년의 세월 동안 수많은 탁본과 지질 연구 등으로 두들김과 망치질이 이어졌다.

그런데도 일제강점기 일본 학자들에게 학습한 한 원로 학자의 반구대암각화 학술연구를 텍스트로 삼아 교과서에 기록하고 이를 마치 사실인 양 학교 교육에 반영했다. 왜곡된 연구자의 텍스트는 반구대암각화의 제작 연대를 청동기시대로 늦춰 잡았고 고래 사냥과 고래 다양성에 대한 연구는 첫 장도 쓰지 못했다.

심지어 일부 학자라는 사람들은 반구대암각화를 두고 고대 울산 지역에 고래 사냥은 없었고 죽은 고래로 제를 올린 의식만 있었다는 엉뚱한 연구발표로 학위를 받는 일도 생겼다. 어처구니없는 일이지만 초창기 연구자들은 반구대암각화의 바위 면이 돌칼로 충분히 새김질이 가능한 석질이라는 사실도 모른 채 철제로 쪼아 그린 암각화라 규정했고 이를 제도권 사학계가 정설로 받아들이기까지 했다.

그런 자들이 지금은 태도가 돌변해 반구대암각화를 세계 최고의 문화유산이라고 떠받들고 있다. 한반도 지역의 신석기 유적이나 유물이 고고학계에 보고되기 시작한 것도 따지고 보면 얼마 되지 않은 일천한 역사를 가졌다.

이는 일제강점기 때 시작된 어용 일본 학자들에 의한 한반도의 고고학적 발굴이 임나일본부설을 짜맞추기 위한 고분 발굴에 치우쳐 있었기 때문이었다. 결국 우리의 선사 고고학은 선사시대나 역사시대의 구분이나 체계적 발굴 등의 학문적 일정표는 염두에 없었다는 이야기이기도 하다.

그런 점에서 울산의 선사시대 유물에 대한 조사와 발굴은 더 열악한 형편이었다. 애초에 고고학계에서는 울산을 경주의 한 변방으로 보고 특별히 주목하지 않았다. 그런 상황에서 1970년과 1971년 겨울, 대곡천에서 암각화가 쏟아졌다. 암각화 발견 이후 전국의 대학 사학과나 고고학과, 인류학과 등은 울산에 주목했다. 1970년대 이후 울산은 산업화의 기수로 근대화의 첨병으로 내달린 시절이지만 한편에서는 땅을 파고 뒤지며 선사의 흔적을 찾고 있던 시기였다.

울산 남쪽 끝 해안에서 석기유물이 쏟아졌다. 서생 신암리다. 신암리는 신석기시대 유물인 빗살무늬토기가 발견된 곳이라 일찍부터 취락이 형성됐을 것으로 추정되는 지역이다. 대체로 신석기시대의 조각품으로 추정되는 이 여인상은 세계적으로도 드문 유물이다. 지구상에 지금까지 남아 있는 석기시대 여인상은 거의 없다.

신암리 비너스상의 경우 흙을 빚어 만든 것으로 몸체만이 남아 있다. 허리가 들어가고 왼쪽 가슴이 솟아 있어 다산과 풍요를 상징하는 물상이었을 것으로 추정한다. 그 뚜렷한 선사의 상징물은 바로 울산 땅에 모여든 사람들이 한반도 인류의 원형이었음을 묵시적으로 말해주고 있다.

석기제작소와 벼농사, 세 번째와 네 번째 기적

울산은 선사유적은 물론 광활한 지역에서 석기와 청동기 유적과 유물이 쏟아진 지역이다
사진은 대곡천 상류

 올여름 울산은 전국의 거의 모든 미디어 매체들의 주목을 받았다. 아니, 대한민국뿐만이 아니라 세계의 문화유산에 관심을 가진 동서양 모든 언론의 주목거리였다. 공업이나 산업과 관련된 뉴스가 아닌데도 이번처럼 뉴스의 중심에 울산이 있었던 적이 있었나 싶을 정도

다. 반구천의 암각화가 그 주인공이다. 울산여지도에서 첫 번째 기적으로 언급한 울산의 보물이다. 울산에는 반구천의 암각화만 있는 것은 아니다. 두 번째 기적으로 소개한 신암의 신석기 유적 말고도 울산의 기적은 이어진다. 모든 기적은 물길과 연관된다. 태화강의 허리로 올라가 보자. 지금은 육중한 KTX 울산역이 들어선 땅, 울주군 삼남 신화리다.

신화는 오래전부터 쌍수정리(雙水亭里)로 불렸다. 선사인의 땅이 대부분 그렇듯 물길이 이어지고 비옥한 땅에 삶의 터전을 열었다. 신화가 그렇다. 신불산을 굽이친 작괘천과 가천의 굴곡을 휘감은 두 개의 물줄기가 하나로 합수하는 땅이다. 이런 땅을 두물머리라고 부른다. 실제로 울산의 고지도를 펼치면 지금의 신화리는 쌍수정으로 표기돼 있다.

여기서 지난 2010년 기적 같은 발굴이 이뤄졌다. 시기를 달리하는 3개의 구석기 문화층이 확인된 이 땅은 놀랍게도 선사인의 석기제작소였다. 세 번째 기적이다. 한반도에서 최초로 발견된 석기제작 공장이 울산에 있다고 주장하면 '울산뽕'으로 치부하겠지만 사실이다. 대규모 석기제작소가 발견된 것은 흔치 않은 일이다. 바로 이 사실 하나만으로도 이 땅은 예사롭지 않은 비밀이 숨어 있음을 말해준다. 어디 그뿐인가. 울산에서 유일하게 발견된 세형동검부터 온돌 주거지와 대형 건물지는 신비로움을 더한다. 건물 끝이 둥근 모양으로 연결돼 열쇠 구멍처럼 생겼는데, 도대체 무엇을 하던 건물인지 여전히 미스터리다. 세형동검과 함께 발견된 인골 중 치아를 분석해 보니 20대 건장한 사내로 밝혀졌다. 아마도 이 사내는 오래전, 이 땅에서 막강한 힘을 가진 부족의 수장으로 영남알프스 아홉 봉우리를 호령했으리라 추측된다.

 지금은 모든 뉴스의 중심이 반구천의 암각화에 모여져 있지만 이것은 시작에 불과하다. 반구천의 암각화를 만나기 위해 울산에 온 세계인들은 울산의 진면목을 바라보는 순간, 자신들이 알고 있던 울산에 대한 지식이 너무나 얇고 피상적인 수준이라는 사실을 자각하게 된다. 그 순간 사람들은 울산을 다시 들여다보고 싶어진다. 잘못 알고 있었던 울산의 과거와 만나 그 문화의 뿌리가 한반도 인류의 원형이라는 사실을 발견하게 되고 나아가 그 뿌리가 한반도를 넘어 인류사의 원형과 닿아 있다는 사실에 무릎 팍을 치게 된다는 이야기다.

 필자는 오래전부터 반구천의 암각화가 세계유산으로 지정되면 지금까지의 울산과 완전히 다른 울산이 된다고 이야기해 왔다. 바로 이 부분 때문이다. 적어도 울산에 대한 관심을 가지는 사람들이 많아지면 울산은 현대사의 반세기로 만들어진 굴뚝과 공업도시의 이미지를 벗고 인류사의 뿌리를 이야기하는 역사문화도시로 새롭게 조명된다는 이야기였다. 울산은 이미 자연사와 지질사에서 독특한 원형을 가진 보물 창고로 재발견되는 중이다. 여기에 도시 곳곳에 공룡 발자국이 발견되고 공룡에게 울산이라는 이름의 학술명이 만들어지면서 자연사에 대한 새로운 시각도 가지게 됐다. 자연스럽게 울산인들은 우리가 사는 이 땅을 문화유산으로 바라보고 이를 체계적으로 보호하고 관리를 하기 위한 작업에 팔을 걷기 시작했다. 울산의 재발견이 시작된 셈이다.

울산이 가진 자연사의 보물은 열거하기 힘들 정도로 많다. 바닷가에 켜켜이 층위를 이룬 주상절리부터 타포니 해안의 기암괴석까지는 맛보기 정도다. 1,000m급 고산준령 일곱 봉우리가 병풍을 둘렀고 그 아래로 다섯 강이 비옥한 땅을 빚어낸 솜씨는 숨이 막힌다. 그 산세와 물길 곳곳에 천혜의 비경과 물산을 낳은 땅이 바로 울산이다. 하지만 이런 이야기가 지금 이야기하려는 울산의 기적은 아니다. 울산이 웅변하는 네 번째 기적은 놀랍게도 땅속에서 수천 년 동안 파묻혀 있었다.

지난 1998년의 일이다. 울산대학교 앞 황량한 논밭이 개발의 삽질로 요란했다. 무거동 옥현 지구 택지개발 사업 현장이었다. 불도저가 요란하게 땅을 파헤치자 동북아 논농사의 뚜렷한 흔적이 지문처럼 드러났다. 한반도 고고학계의 기적이었다. 불도저의 육중한 삽질 아래에는 동북아에서 볼 수 없었던 고대 수경 논농사 흔적이 나타났다. 안타깝게도 이 어마어마한 발견은 잠시 요란했지만 금세 뉴스에서 사라졌다. 개발논리에 밀린 뼈아픈 행정의 만행이었지만 제대로 보존하지 않은 채 묻어버렸다. 대충 수습하고 보고서 하나 남기면 그뿐이라는 만행이 울산 땅 곳곳에서 벌어지던 시기였다. 네 번째 기적의 땅 옥현유적의 현실이다. 당시 유적 보존의 결정권을 가진 문화재 당국은 그래도 양심은 있었던지 '유적전시관'을 지어 체면치레했지만, 그마저도 몇 해 뒤 인건비가 든다며 폐쇄해 버렸다.

 옥현유적은 청동기시대 집자리와 논이 처음으로 확인된 고대사의 중요한 유적이다. 이곳에서는 청동기시대의 집자리가 여러 채 드러났고 독특한 모양도 여럿이었다. 가장자리에는 벽을 세운 기둥의 흔적과 물을 빼기 위한 배수구 등도 뚜렷했다. 벽은 홈을 파고 판자를 세우는데, 배수구 내에 작은 기둥을 촘촘히 박아 보강한 흔적은 선사인의 솜씨라고 하기엔 놀라울 뿐이었다. 이런 집자리가 있는 언덕 사이에서부터 골짜기를 따라 도랑도 보였다. 논과 논 사이의 수로였다. 기계식 수리 기술이 없던 시절에는 빗물을 이용하는 천수답 농법이 필요했고 인공의 힘으로 물을 모아 상시급수를 가능하게 만들었다. 이런 희귀한 흔적을 문화재 당국은 무슨 영문인지 덮어버렸다. 경을 칠 일이다.

광활한 청동기 타임캡슐이 다섯 번째 기적

울산형 청동기 집자리가 다량 발굴된 중산리 일대

지난 2021년 울산 강동 골프장 건설 부지에서 엄청난 발굴이 있었다. 발굴된 유물은 청동기 집터와 수혈(땅을 판 구멍), 석부와 석검 등이었다. 비슷한 부류의 유적과 유물은 해안가인 강동 산하지구 개발현장에서도 출토됐다. 해안 쪽 유적은 울산의 해안 가장 아래쪽인 신암부터 비교적 폭넓게 발견되고 있었다.

문제는 강동 골프장 부지의 경우 구릉지의 상층부에서 청동기 유적이 발견됐다는 점이었다. 청동기 유적의 경우 산 상층부나 정상에서 발견된 경우는 드문 사례였다. 한반도 곳곳에서 드러난 청동기 유적 가운데 산 정상부의 유적은 울산에서 유난히 자주 발견됐다. 이 사실은 무엇을 이야기해 주는 것일까.

2025년 봄 울산문화재연구원이 북구 중산동 일대를 뒤졌다. 중산스포츠타운 조성사업을 위한 발굴이었다. 전체부지의 극히 일부만 살폈지만 성과는 컸다. 부지 내 매장유산 표본조사 결과, 생활유적 혹은 유구 등 문화재가 발굴됐다. 표본 47개 가운데 25개에서 총 54기의 유구가 확인됐다. 대부분이 청동기시대의 유적이었다. 발굴된 지역은 이미 청동기에서 철기시대로 이어지는 중산동 취락유적이 폭넓게 드러난 땅이었다.

중산스포츠타운 일대에서 드러난 선사유적은 청동기~초기 철기시대에 해당하는 생활 유구 및 분묘 53기, 삼국시대 석실묘 1기 등으로, 문화재 보존지역으로 지정될 경우 추가 발굴이 기대되는 대사건이었다. 결과는 참담했다. 2,000년대 이후 울산에서 이뤄진 선사유적 대부분은 그대로 파헤쳐지거나 묻히고 말았다. 문화재 발굴의 경우 보존 조치로는 '현지보존', '이전보존', '기록보존'으로 흔적을 남기지만 현지보존을 명령하는 일은 거의 없었다. 이유는 개발논리가 앞섰기 때문이다.

중산스포츠타운만 그런 것은 아니었다. 강동유적과 굴화유적, 반구동 항만유적 등 거의 모든 울산의 선사유적은 '현지보존' 결정이 아니라 그냥 덮이고 말았다. 개발논리에 밀린 또 하나의 문화유산 훼손 사례다. 우리 문화재 당국의 안일한 문화유산 관리는 오랜 오명의 기록을 갖고 있다. 잠시 일제강점기로 가보자. 도쿄 국립박물관에 우리의 문화유산이 무려 6,751점이 보관돼 있다. 국회도서관 6,748점, 궁내청 4,678점 등 일본 전역에 한국문화재가 산재해 있다. 모두 합하면 6만여 점이 넘는다. 그 많은 유물은 어디서 온 것일까.

일제는 조선 강제병합을 이뤄내자 곧바로 한반도 곳곳을 파헤치기 시작했다. 전국 각지에 전기회사 지점과 출장소를 두고 신라와 가야의 왕릉을 뒤졌다. 총독부의 묵인과 방조로 이뤄진 대대적인 도굴의 역사는 일제가 항복을 선언한 직후 현해탄을 건너갔고 그 증좌가 박물관 등지에 남아 있다.

일제의 한반도 발굴은 역사 왜곡을 목적으로 이뤄졌다. 대상은 전라도 일대와 김해 양산, 그리고 울산 등 남쪽지역이었다. 왜곡된 임나일본부를 정당화하기 위한 목적성 발굴이었지만 파고 보니 오히려 자신들의 뿌리가 한반도라는 사실이 드러났다. 그 당시에도 울산은 주목할 고대사의 비밀이 여럿 있었지만 '임나일본부'에 끼워 맞출 유물이 없어 덮어버렸다. 그렇게 버려진 선사유적이 1990년대 이후 울산 땅에서 고대사의 타임캡슐처럼 열렸다. 신암과 서생 해안에서 나온 석기시대 유물과 웅촌 검단리와 삼남 신화리, 남구 옥현 일대에서 환호유적과 벼농사의 흔적은 일본의 역사학계를 경악하게 만들었다.

 울산에서 드러난 선사유적의 마지막 기적은 청동기 유적의 진수인 웅촌 검단리다. 고고학계에서는 회야의 둔덕인 웅촌 검단리부터 동천강 수계를 품은 북구 중산동 고분군까지 청동기 문화벨트를 형성했다고 보고 있다. 이 정도의 폭넓고 광범위한 청동기 유적은 국내에서 드문 경우다. 일부 학계에서는 검단의 청동기세력과 중산의 청동기세력이 단절됐다는 점을 들어 연결성을 부정했지만 최근에 다운동 아파트 건설 현장에서 이를 무색하게 할 새로운 발굴이 이어지면서 모든 의문이 풀렸다.

 검단리의 경우 동북아 최초의 환호유적지다. 발굴이 이뤄진 지난 1990년, 검단에서 환호유적이 대규모로 발굴되자 일본 역사학계가 당혹해했다. 그 이전까지 그들은 선사의 환호유적은 왜에서 한반도로 역수출된 문명의 흔적이라며 한반도는 큐수의 요시나가리 같은 환호유적이 없지 않냐고 목젖을 세웠다. 반전은 울산 검단에서 드러났다. 울산 검단의 환호유적은 동북아 지역 청동기시대의 고유한 문화 원형이다. '울산형 집자리'라는 고유 명칭을 얻은 울산에서 드러난 선사유적의 다섯 번째 기적이다.

 문제는 우리의 문화유적 관리 현황이다. 발굴 30여 년이 지난 검단의 환호유적과 청동기 문명의 웅장한 현장은 풀 더미에 가려 흔적이 지워지고 있다. 물론 재평가 작업이나 보존 활용방안도 나오지 않고 있다. 선사유적의 마지막 기적의 땅인 검단은 그런 대우를 받는 상황이다. 일본은 야시노가리 환호유적을 선사문명의 핵심이라며 새롭게 재구성해 연간 300만 명 이상의 세계인들을 맞고 있는데 말이다.

문수산을 북으로 두고 정족과 운암의 구릉을 따라 야트막하니 앉은 땅에 북쪽의 한 무리 인류가 터를 잡은 흔적이 바로 검단이다. 이 땅은 오래전 북쪽 방향의 진산인 운암산이 곰의 형상이라고 주장한 북방의 이주민들이 스스로 곰의 자손이라며 고마족의 명패를 꽂았다. 그 뿌리의 혼이 오늘에 이어져 이곳 사람들은 아직도 전설처럼 내려오는 우신산국 이야기로 축제를 연다.

북방의 기세가 여전히 DNA로 전해지는 땅, 백두대간의 정기가 옹골차게 맺힌 정점이 검단이다. 여기서부터 북쪽의 중산까지를 쭉 훑어보면 울산이 왜 한반도 청동기시대의 타임캡슐인지를 알게 한다. 한 가지 더 짚어야 할 부분은 바로 지금까지 이어진 선사유적의 기적과 함께하는 연속성이다. 울산은 반구천에 인류가 모여든 시기부터 청동기와 철기를 지나 고대국가의 원형이 만들어진 선사시대의 보물 창고다. 그 엄청난 역사는 중단되지 않았다. 잊을 만하면 드러나는 울산의 선사유적 발굴은 아직도 진행형이다.

고래, 울산을 먹여 살릴 10,000년의 콘텐츠

장생포에 있는 극경(귀신고래) 회유해면 표지석

 2,000년대 들어 울산은 산업수도를 넘어 역사문화도시로 변모 중이다. 그 중심은 고래다. 아이러니하게도 울산은 고래는 없지만 고래로 먹고사는 도시가 됐다. 난데없이 고래 이야기를 하나 싶겠지만 추석과 한글날 연휴를 보내면서 고래 이야기는 꼭 다시 해야겠다는 생각이 뒷목을 잡아 끌었다. 이유는 울산을 찾는 관광객들이 울산의

곳곳에서 고래 이야기를 쏟아내기 때문이다.

　울산 초입부터 만나는 고래조각상이나 고래 문양의 상징물들을 보면서 많은 관광객들은 고개를 갸웃거린다. 고래도시라는데 정말 고래는 볼 수 있는지를 여러 경로로 물어본다. 그때마다 울산 시민들은 당혹스럽다. 고래잡이배도 박제품으로 남아 있고 7,000년 전 고래 사냥의 증좌도 암각화로 남아 있는 울산이지만 정작 고래는 없다. 무슨 소리냐. 고래바다 여행선을 타고 나가면 고래를 만날 수 있지 않느냐고 반문하겠지만 운이 좋아야 만날 수 있는 고래는 '울산 것'이라 고집할 수 없다. 그래도 생태관에 가면 고장수의 가족들이 유영을 하고 있지 않느냐는 주장도, 수족관의 고래까지 울산의 차별성이라 이야기하기에는 좀 쑥스럽다.

　고래 없는 고래도시, 7,000년 전 바위그림으로 남아 있는 고래도시, 포경의 추억이 뱃고동소리처럼 아련한 과거의 기억이 울산 고래관광의 현주소다. 여기에 생명을 불어넣은 것이 고래바다 여행선과 생태체험관이지만 그마저 환경단체들이 시도 때도 없이 몰려와 울산은 야만의 도시, 동물을 잔혹하게 다루는 무자비한 도시라고 고래고래 고함을 지른다. 참 당황스러운 일이다. 실제로 일부 환경단체들은 얼마 전까지도 돌고래를 바다에 돌려주라고 목청을 높였다.

　정말 울산은 고래가 사라졌고 비윤리적 고래 쇼만 보여주는 도시가 된 것일까. 사실이 아니다. 울산과 고래의 인연은 환경단체가 주장하는 식으로 그리 얄팍한 흔적으로 이야기할 수준이 아니다. 울산과 고래는 오래된 공동체다. 태화강이 생태복원의 교과서가 되고 반구대암각화에 대한 국민적 관심이 달라지면서 울산은 동해로 나가는 한반도의 기상이 옹골차게 서린 오래된 역사성의 도시라는 명성을 되찾아 가고 있다.

많은 이들이 놓치고 있는 울산의 역사와 문화 유전인자는 바로 고래바다. 산과 강, 온 산하에 서린 역사와 문화의 흔적은 울산의 보물 창고와 같은 것이지만 그 기운이 고스란히 내려앉아 질퍽하게 펼쳐진 동해는 이 땅에 퍼질러 앉아 대대손손 삶을 가꾼 선조들의 꿈이었다. 산자락 휘감아 등짐에 지고 태화강 백 리 길을 굽이돌아 달려간 바람이 망망한 동해 앞에 숨이 멎는 순간을 대면하지 않은 사람들은 바다를 모른다. 바로 그 바다의 심장이 고래다. 무려 1만 년의 세월을 익혀낸 고래바다의 역사다.

그 오래된 유전인자가 근대화 이후 열강의 먹잇감이 됐다. 근대의 울산 고래는 러시아가 가로챘다. 러시아는 대한제국시절 장생포에 '울산구정포해경기지(蔚山九井浦海鯨基地)'를 설립했다. 1899년(광무 3년) 4월의 일이다. 얼지 않는 바다, 고래가 넘실대는 극경에서 고래 떼를 사냥하려는 러시아의 야욕은 러일전쟁 패배로 일단락됐다. 전쟁에서 승리한 일본은 함경도, 강원도, 경상도에 포경기지를 반환케 하고 러시아인들을 물러나게 했다. 이후 자연스럽게 일본이 한반도 연근해 포경을 독점하게 됐다. 그 당시 대다수 목선이던 포경선들은 동해의 극경회유해면, 즉 고래가 새끼를 데리고 유영하던 해역인 울산 앞바다에 포진했다. 천혜의 자연포구들이 만곡을 이루고 난류와 한류가 교차하는 곳이 바로 울산 앞바다. 정자부터 염포, 미포, 개운포 등 깊고 아늑한 바다가 고래들이 새끼를 낳고 기르는 가장 좋은 서식환경을 제공했다. 바로 귀신고래가 원점회귀를 한다는 극경회유해면이다.

그런 역사는 한반도 어디에도 없는 고래와 우리의 이야기로 숨어있다. 오랜 세월 울산 사람들의 입으로 전하는 노동요에도 고래가 펄떡인다. 민속학자 이정재 교수가 채록한 「고래잡이 노동요」다. 이 교수는 지난 2007년 장생포 고래축제 현장에서 북구 연암동에 거주하는 어르신이 부르던 고래노래를 살려냈다. 이뿐만이 아니다. 울산에는 고래와 관련된 기록 또한 풍성하다. '고래논' 이야기부터 고래 전설까지 다양하다.

옛날 옛적에 아름다운 처녀가 바닷가에 살고 있었다. 고래 한 마리가 처녀에게 반하여 청년으로 변한 뒤에 육지로 나왔다. 둘은 관계를 맺어 자식들을 낳았다. 처음에 나온 자식들은 고래였고, 그다음에 낳은 자식들은 사람이었다. 고래 자식들은 바다로 돌려보냈다. 아버지가 늙어 돌아가자 자식들이 식량을 구하러 바다로 나갔다. 가장 잡기 쉬운 것이 고래였다. 어머니가 말했다. "너희들과 닮지 않았다는 이유로 형제를 죽였구나." 슬픔을 못 이긴 어머니도 스스로 목숨을 끊었다.

이 이야기에는 울산의 옛사람들이 고래를 어떻게 해석했는지를 제대로 보여주는 코드가 담겨 있다.

울산의 고래 이야기를 듣는 이들은 그런 전설 같은 이야기 말고는 없는지 다시 고개를 내민다. 놀랍게도 역사의 기록에 울산 고래는 당당하게 자리를 하고 있다. 바로 고려조 성종 때 이야기다. 조선조 때 발간된 『신증동국여지승람』에는 울산 태화루에서 신하들과 연회를 즐긴 성종의 이야기가 나온다. "고을(울산) 서남쪽 5리에 있는 태화루에서 고려 성종이 동경(경주)으로부터 흥려부(울산)를 지나다가 여러 신하들과 잔치를 열었는데 큰 고기(고래)가 뛰어올라 장관이었다. 이로부터 왕이 몸이 편치 않아 서울에 돌아와서 서거했다."

개국 초기 왕권 안정을 위해 전국을 돌던 성종이 울산에서 만난 것은 엄청나게 큰 물고기, 고래였다. 과로 때문에 몸살을 앓다 숨진 왕의 죽음을 울산의 고래와 연결하려던 무리들도 있었지만 영험한 바다 신(神)의 노여움을 살까 입을 열지 못했다는 추측은 얼마든지 가능하다. 그런 고래 이야기가 질펀한 울산에서 고래를 찾는 이들에게 아무런 이야기를 하지 못하고 있으니 참 딱한 일이다.

황성, 세죽에서 쏟아진 고래 사냥의 증좌

장생포 고래문화마을에 있는 고래 조형물

 지난 2008년 한국문물연구원이 울산의 해안가를 뒤졌다. 신항만 개발과 함께 사전 지표조사로 문화재를 조사하는 전 단계 조사였다. 울산여지도가 서른일곱 번째로 밟아보는 땅, 황성동의 불과 10여 년 전 역사다. 정확하게는 2008년 9월 22일부터 2008년 10월 7일까지 이 땅에서 지표조사가 진행됐고 다음 해 10월 8일부터

2010년 1월 8일까지 3개월여 동안 시굴조사가 이어졌다. 여기서 문화재가 존재한다고 추정되는 구간을 지정해 2010년 4월 20일부터 2010년 12월 15일까지 본격적인 발굴조사가 이어졌다.

확인 결과는 놀라웠다. 신석기시대, 그것도 전반기에 속하는 지층에서 누름무늬토기와 덧무늬토기가 출토됐다. 토기 이외에도 돌도끼와 갈판, 숫돌, 작살 등 수렵과 어로 도구들이 쏟아졌다. 여기서 출토된 신석기 문화의 흔적 가운데 단연 돋보이는 것은 고래 뼈였다. 고래 뼈 가운데 꼬리뼈와 어깨뼈에는 골촉이 박혀 있었다. 반구대암각화에서 그림으로 전하는 고래 사냥의 증좌가 황성동 해안에서 드러난 역사적 사건이었다. 황성동 유적 발굴조사는 여기서 끝나지 않았다.

해안지대의 광범위한 화덕 자리가 여럿 발견됐는데 이는 고래 해체 작업장의 원형이었다. 선사인들이 황성동 바닷가에서 육지로 끌어올린 고래를 곧바로 해체하고 가공한 증좌였다. 대한제국 말기, 일제강점기 시절 장생포에서 벌어진 포경선의 왁자함과 고래 해체장의 풍요로움이 7,000년 이상의 역사를 가졌음을 보여주는 극적인 현장이었다.

황성동에서는 누름무늬나 덧무늬토기 이외에도 귀때 토기라는 독특한 형태의 토기류도 나왔다. 귀때토기는 주둥이 아래에 주전자 부리 모양의 돌출구조를 가진 특징이 있다. 내용물을 흘리지 않고 일정한 곳으로 쉽게 따를 수 있도록 기교를 부린 것은 구석기시대의 토기들과는 확연하게 구분이 된다.

이 토기류는 부산과 울산 쪽에서만 발견된 형태여서 한반도 신석기 문화층을 이야기할 때 다른 지역과 구분되는 증표로 치부되는 이질적 문화흔적이다. 필자가 공부한 바로는 해양문화권의 무리들이 한반도 동남쪽으로 이동해 하나의 촌락을 형성한 결과물이라 여겨진다.

조선의 수군사령부가 있던 개운포 전경

황성은 지금 울산에 살고 있는 이들에게 굉장히 낯선 이름이다. 선암이라면 들어본 적이 있다고 하겠지만 황성이라는 이름은 생소하다. 이유는 개발의 상처 때문이다. 개운포라는 조선 수군의 사령부가 있었고 그 이전 처용의 흔적인 남은 오래고 깊은 땅이 대한민국 공업화에 모든 것을 내줬다. 용연·용잠·매암·황성 등 10개동 6,000여 세대 3만여 주민들이 1986년부터 1997년까지 야음과 다운, 삼호로 이주했다. 지금은 아쉬움의 한이 맺힌 망향탑이 남아 있다. 망향탑에는 처용무 그림을 중심으로 실향민을 달래는 시 한 편과 지도가 그려져 있다.

황성의 북쪽은 선암동·용연동과 접하고 나머지 지역은 동해와 만나는 울산의 해안이다. 서쪽 하늘을 바라보면 우뚝하게 자리한 문수산(文殊山)에서 흘러내린 물길이 온산의 용암천과 선암의 두왕천을 합수해 울산만으로 굽이치는 물줄기가 외황이다. 이 외황이 바다와 만나는 지점에 숨은 듯 자리한 땅이 황성이다.

황성은 조선조 중기 이후 물산이 풍부해 사람들이 모여들었고 그 바람에 정조 시절에는 성외와 황암, 세죽, 장암, 지동의 다섯 마을로 분류될 만큼 인구가 늘었다. 그런 땅이 공업센터 지정이 선포된 지난 1962년 울산시에 편입되며 장생포출장소의 관할이 됐으니 고래와 장생포, 그리고 황성은 질긴 인연이다. 재미있는 것은 고래가 출몰했던 바다의 기나긴 역사다. 고래를 사냥하던 사람들이 오랜 세월 뒤 아랍의 무역상들과 만났다. 처용이다. 개운포는 신라의 또 다른 국제무역항이었고 그 바다에 동서양이 뒤섞였다.

또 세월이 흘러 개운포는 수군의 성지가 됐고 일제강점기를 지나며 대한민국 공업화의 심장이 됐다. 그리 먼 이야기도 아니다. 공업 센터 이후 오랜 삶의 터전을 버리고 고향을 등진 이들은 꿈결처럼 펄떡이는 오래된 유전인자를 기억한다. 그 기억의 잔상은 황성 바닷 가의 10,000년 역사에 녹아 흐르는 고래 사냥의 꿈틀거림이다.

울산의 오늘은 산업수도지만 뿌리는 바다와 고래다. 누가 뭐라 해도 울산의 산하에는 귀신고래의 심장소리가 아직도 뛰고 있다. 그런 점에서 반구대암각화만큼 중요한 문화적 자산이 바로 황성동 신석기시대 유적이다. 황성동은 한반도 고래잡이 역사를 증명해 주는 '골촉 박힌 고래 뼈'가 발굴된 세계 유일의 장소다. 실제로 이 고래 뼈가 발굴되자 고고학계는 흥분했다. 발견된 고래 뼈의 화살촉은 사슴류의 동물의 뼈로 만든 것으로 추정됐다.

선사시대 바위그림인 반구대암각화에 고래와 고래잡이 모습이 나타나고 사슴이 다양하게 나타나는 것은 우연이 아니라는 증거다. 선사시대 포경의 현장을 입증하는 실물자료는 울산 황성동이 처음이다. 세계 유일의 증좌를 울산이 보유하고 있다는 이야기다.

그런 까닭에 울산은 고래잡이 역사의 원형을 세계인이 인정하는 도시가 됐다. 고래가 울산인들의 정체성과 자긍심을 관통하는 이유다. 문제는 미래를 위한 투자다. 과거의 흔적을 미래의 먹거리로 만들어가려는 작업이 투자의 근거가 된다. 대한민국 산업화에 모든 것을 내준 황성동 땅을 이대로 둘 것인가에 대한 고민을 지금부터 깊이 해봐야 할 시점이다.

　마지막 팁 하나, 황성 일대 해안가에는 오래전부터 전설처럼 떠도는 이야기가 있다. 처용암이 있는 갯가 위쪽은 신라 때부터 외모가 남다른 사람들이 살았던 마을이 있었단다. 여기는 울산에 공단이 들어서기 전까지 특이한 조각이나 장식이 달린 유물이 있었지만 개발의 삽질로 모두 사라졌다고 한다. 처용이 나타났던 개운포에 안개가 덮이면 바로 이 오랜 이야기가 스멀스멀 포구로 기어 나오는 듯하다.

　지금은 산업단지와 물류이동의 도로망이 외황강 하구와 동해를 난잡하게 바꿔버렸지만 멀리 동백이 봄마다 목을 뚝뚝 자르는 신비의 섬 목도는 모든 것을 아는지 그저 무심하게 육지를 바라볼 뿐이다.

선사의 고래 사냥이 축제로 부활한 땅

고래축제 모습

 지난 가을 초입, 장생포가 들썩거렸다. 고래축제다. 울산의 랜드마크가 된 고래는 한반도 인류사의 뿌리와 연결된다. 울산이 선사 이전의 시대부터 생태적 보고가 됐다는 증거는 여럿이다. 지질학에서는 울산의 지표 아래와 지층에 드러나는 증거를 토대로 백악기 시절부터 울산의 생태적 가치를 높게 평가하고 있다. 그 첫 증거가 공룡이다.

공룡 이름에 울산의 학명이 들어간 노바페스 울산엔시스는 울산의 공룡 문화를 대표하는 증거다. 노바페스 울산엔시스라는 이름은 라틴어로 '울산에서 새롭게 발견된 발자국'이라는 의미다. 이 공룡은 아시아에서는 최초로 발견됐고 전 세계에서 가장 온전한 코리스토데라 발자국 화석이다. 지난 2020년 국립문화재연구소에서 국제학술지에 발표하면서 학명에 울산 지명이 들어갔다.

놀랍게도 이런 이야기는 울산 공룡의 아주 일부에 불과하다. 혁신도시가 들어선 울산 중구 유곡동에는 전기 백악기 시대의 공룡 발자국 화석이 있다. 전기 백악기 시대는 지금으로부터 약 1억 년 전이다. 까마득한 시절 이 땅은 공룡의 천국이었다. 여기서 발견된 발자국은 육식공룡 마니랍토라의 발자국 3개와 초식공룡 고성룡 발자국 77개 등 80여 개에 이른다. 특이하게도 이곳의 공룡 발자국은 일정한 방향으로 빠르게 달려가는 듯한 모양이어서 마니랍토라 한 마리가 고성룡 아홉 마리를 뒤쫓는 도중에 생긴 것으로 추정하고 있다. 중요한 것은 이 공룡 발자국 화석은 보존 상태가 양호해 지질시대 울산 지역에 대한 자연사 연구의 귀중한 자료가 된다는 사실이다.

유곡은 물론 멀리 대곡천 반구대암각화부터 범서 국수봉을 거쳐 태화의 줄기까지 울산의 곳곳은 공룡의 흔적이 남아 있다. 그 많은 공룡이 사라진 뒤 이 땅의 주인은 바다에서 고래가, 육상은 북방의 동물을 따라 남하한 인류의 한 무리가 차지했다. 그 사람들이 바로 울산의 첫 정착인이다.

우리의 선인들이 아득한 석기시대부터 육로 또는 해로로 이곳에 들어와 정착사회를 이뤄 살았던 이유는 바로 이런 엄청난 지구의 역사를 품고 있다. 서생 신암, 장현 황방산의 신석기 유적과 석검이 출토된 화봉, 그리고 지석묘가 있는 언양 서부리의 청동기 터전 등 열거하기 벅찬 흔적이 수두룩하다. 이 가운데 사연의 물길에 닿은 대곡천의 암각화는 고래와 거북, 사슴과 표범에 멧돼지까지 각종 동물 그림이 백과사전처럼 펼쳐져 있다. 여기에 인류의 원시적 신호를 새긴 두동 천전리의 각석에는 원과 삼각형, 마름모의 기하학적 문양이 우주를 향해 끊임없이 중얼거린 주문의 파장이 별자리처럼 펼쳐져 있다.

이번에 울산여지도가 밝은 땅 장생포는 그런 문화적 유전인자가 적나라한 인류의 욕망으로 드러난 땅이다. 장생포는 지리적으로 울산광역시 남구의 동북부에 위치했다. 동쪽과 남쪽은 울산만에 닿아 있고 매암동, 용잠동 및 고사동과 이웃한다. 과거 동해남부선과 울산항선의 종착지로, 장생포역과 울산항역이 있었고, 동해안까지 뻗은 장생포로(長生浦路)가 31번국도 및 부두로(埠頭路)와 연결된다.

장생포는 고래를 빼고 이야기가 안 되는 곳이다. 구한말인 지난 1891년 러시아 황태자 니콜라이 2세가 일본으로 가다 장생포 앞바다에서 큰 고래 떼를 발견한 것이 근대 포경의 역사라 기록되고 있지만 장생포와 고래의 인연은 지명에서 보듯 훨씬 오래됐다.

지리적으로 보면 7,000년 전, 이 땅의 사람들이 반구대에 남긴 고래 암각화는 고래생태 백과사전이거나 고래 숭배의 제단이었을 법하다. 그보다 더 상상력을 불어넣으면 하늘과 맞닿아 풍요와 안전을 발원하던 제의의 상징적 장소였을 가능성도 있다. 문제는 그 반구대 물길이 동해와 맞닿는 지점에 장생포가 있다는 사실이다. 그 상징이 현실이 된 고래가 바로 귀신고래다. 귀신고래(Korea Gray Whale). 이름에 대한민국을 뜻하는 '코리아'가 들어 있는 가슴 벅찬 고래다. 길이가 무려 20m, 몸무게는 14~35t에 달한다. 대형 잠수함 같은 거구가 동해바다를 뚫고 치솟는 장관은 압권이다. 바로 그 바다, 귀신고래가 하늘로 웅비하던 곳이 고래바다다.

고래바다라는 과거 경해(鯨海)로 불렸다. 하지만 러시아를 선두로 경해를 탐내던 열강들은 한 세기에 걸쳐 무자비한 귀신고래 사냥에 나섰다. 결과는 참혹했다. 기록에 따르면 1912년 한 해 동안 귀신고래는 무려 188마리가 작살과 포탄에 맞아 육지로 끌려왔다. 남획의 결과는 씨를 말렸고, 50년 전 마지막으로 두 마리의 귀신고래를 작살로 찔러 죽인 것이 인간에 의한 마지막 도륙이었다. 씨가 마른 귀신고래는 더 이상 이 바다를 찾지 않았다.

작살을 거두고 흠모의 눈빛으로 망망대해를 쫓는 인간에게 귀신고래는 더 이상 모습을 보여주지 않는다. 고도성장으로 고래고기 살점을 더 이상 탐내지 않아도 먹고살 만하던 시절, 제6진양호가 마지막 포경 허가를 받아 동해를 달리던 1977년, 귀신고래 두 마리가 동해바다 어디쯤 포효했다고 전해지지만 이미 전설이 된 이야기다.

귀신고래는 사라졌지만 극경의 울산 장생포는 지금 디지털로 새로운 고래문화를 펼치고 있다. 고래 생태의 세계적인 석학인 프랑스 호비노 교수가 울산을 세계 고래 사냥의 시원으로 도장을 찍었다. 반구대암각화가 뒷배였다. 노르웨이가 포경의 원조라고 외치고 있는 사이에 호비노 교수는 『포경의 역사』 첫 장에 노르웨이가 아닌 반구대암각화의 고래를 찍었다. 그리곤 "세계 포경역사의 시발점을 말해주는 것은 반구대암각화다."라고 밝혔다. 1만 년 전 선사인이 왜 장생포와 반구천을 오가며 고래 사냥을 했을까.

울산의 오랜 과거사는 여전히 미스터리다. 공룡과 고래, 그리고 석탈해로 시작되는 북방의 철기 문화가 바로 울산에서 시작됐다는 이야기는 신화가 아니다. 그래서 장생포의 오늘은 고래 없는 고래특구가 아니라 생생한 인류사의 뿌리를 되새김하는 문화의 보물 창고다.

◆ 6장 ◆

울주 10,000년에 깃든 옛 이야기

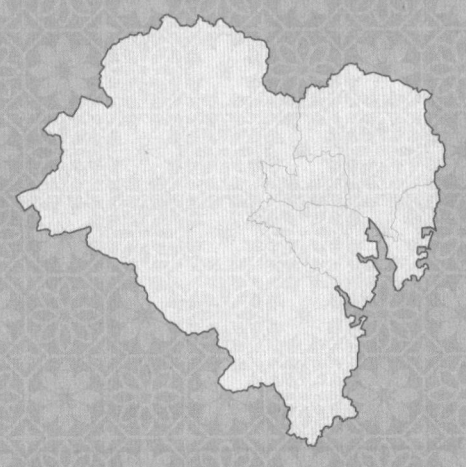

언양, 복숭아꽃이 숨어 있는 비밀의 땅

언양읍 전경과 언양읍성

 한 지역의 사람들은 묘하게도 그 땅과 닮았다. 설악과 백두처럼 높고 깊은 산자락 아래 사람들은 남성적 기질이 강하다. 반대로 초가의 느긋한 곡선을 닮은 산자락 아래 사람들은 순둥순둥하다. 획일적인 구분법은 아니지만 대체로 풍수와 인물은 오랜 통계치로 그 기질이 증명되고 있다.

이번에 울산여지도가 살펴보는 언양 땅의 뒷배인 화장산이 그렇다. 화장산(花藏山)은 언양 송대마을부터 상북 향산까지 걸쳐 있는 해발 285m의 나지막한 산이다. 산의 높이는 낮지만 위상은 반대다. 1만 년 언양 땅의 역사 속에서 화장산은 마을의 주산(主山)으로 자리했다. 산자락에 펼쳐진 사연도 여럿이다. 고려 강감찬에 버금가는 문하시랑 위열공 김취려의 웅혼한 기상이 서려 있고 100년을 넘긴 언양성당이 묵직하게 자리를 잡았다.

울주 7봉의 깊은 산자락인 고헌이 뒷배로 버티고 있는 언양은 낙동정맥의 줄기인 단석산 지맥이 남쪽으로 내려와 고헌을 거쳐 시작된다. 그 혈맥이 화장산을 뭉툭하게 빚어 올렸고, 골짝을 따라 남천을 휘감아 동해로 물길을 냈다. 언양 사람들이 오래전부터 고헌을 진산으로 삼은 이유는 여기에 있다.

언양의 옛 지명이 헌양인 까닭은 고헌산의 헌과 햇살 가득한 양지바른 땅(陽)을 만난 이름이다. 지금은 숯 향에 육즙 가득한 불고기와 평지읍성의 복원으로 교통의 요지에 울산의 관문 관광지로 이름나 있지만 그 오랜 세월 침략과 약탈의 상흔이 유배지로 남아 고려와 조선조의 문필대가들이 사색의 시간을 보내던 땅이었다.

언양의 주산인 화장산은 산 이름이 기록으로 남은 족보 있는 산이다. 1,500년의 세월을 넘나들며 지금도 전해지는 스토리텔링은 이렇다. 언양 뒷산의 중심에 굴이 있었는데 신라 때 도화(桃花)라는 중이 수행하고 있었다.

신라가 삼한일통을 하기 전 21대 소지왕 때 일이다. 별안간 왕이 시름시름 앓아 눕자 미래를 점치던 술사가 "복숭아꽃을 달여 먹어야 낫는다."라고 처방했다. 일관(日官)이 "왕경의 남쪽에 가면 도화를 찾을 수 있다."라고 천기를 누설해 군사를 풀어 복숭아꽃을 뒤졌다. 몇 날을 뒤지다 발견한 복숭아꽃은 언양 땅 굴속에 숨어 있었고 이 꽃을 따 약을 달여 올렸다. 왕의 병이 신통하게 사라지자 서라벌에서는 기이한 소문이 돌았고 고헌산 아래 복숭아꽃을 숨긴 산을 화장산이라 이름 지어 신성시했다.

기묘한 이야기가 기록으로 남은 화장산의 한자 장(藏)은 오묘하다. 단순하게 보면 '감추다'나 '숨다'라는 뜻을 가진 한자이지만 모양을 풀어보면 풀을 의미하는 초두가 위에 있고 아래에 칼과 신하를 형상화한 臧을 뒀다. 臧의 모양은 아랫사람의 한쪽 눈을 멀게 해 저항하지 못하도록 한다는 무서운 뜻이 숨었다. 臧은 한자에서 '착하다'라고 풀고 있는 것도 저항하지 못하는 아랫사람을 형상화했기 때문이다.

그런 의미의 臧 자에 풀 초를 합쳐 숨을 장이라 했으니 藏은 도망친 자가 풀숲에 몸을 숨겼다는 의미다. 그래서 화장(花藏)은 '꽃을 숨긴' 이나 '꽃을 감춘' 장소라는 풀이가 가능하다. 여기서 감춘 꽃은 도화다. 무릉도원의 길잡이를 하는 복숭아꽃이다. 그 이름이 후대에 언양읍성 남문의 이름으로 남아 있다.

영화루(映花樓)다. 읍성을 세우고 남쪽의 문루를 진남이라 했지만 등짝의 화장산이 병풍이 된 문에 진남보다 화장이 격에 맞다고 "진남루 고쳐지어 영화루가 되었네."라는 기록이 남아 있다. 진남루는 1800년대 기록된 「언양현읍지」 누정조에 '언양현의 남문루'라 분명히 적고 있다. 대문의 공식 이름을 영화루로 고친 연원은 한겨울에 신비롭게 피어나 몸을 숨긴 화장산의 복숭아꽃이 뿌리다. 그 이름은 오늘에도 이어져 지난 2004년 3월에 남문 인근에 문을 연 초등학교 이름도 영화초등학교라 간판을 걸었다.

신라 왕을 살린 도화의 상징인 화장산에는 옛 기록처럼 굴암사(窟巖寺)라는 절이 남아 있다. 복숭아꽃을 왕에게 바친 도화선인이 창건했다고 전하지만 증거는 없다. 신라 때 화장암이라는 이름으로 존속된 절은 고려와 조선을 거치며 별다른 주목을 받지 못한 채 폐사지로 남은 듯하다. 그러다 지난 1966년 해인사의 한 승려가 이 절의 내력을 듣고 불사를 일으켜 옛 암자를 리모델링했다.

신비로운 이야기가 숨어 있는 화장산은 10여 년 전 염천재앙을

당했다. 지난 2013년 3월의 일이다. 울주 언양읍과 상북면 일대가 화마로 덮였다. 울산에서는 유례없는 대형 산불이었다. 불은 초저녁에 상북에서 시작됐지만 밤을 도와 향산과 능산마을을 휘감고 언양 송대리 화장산을 삼키고 직동, 태기, 지내마을 대부분을 할퀴고 갔다. 무엇보다 3월 봄바람이 화마의 기세를 키웠다. 불바람이 산을 넘어 날아다니자 마을마다 대피령이 내려졌고 불똥과 불기둥이 흩어졌다 모이면서 마치 전쟁터를 방불케 했다.

안타까운 일이지만 불난리의 와중에 산지습원 발견이라는 성과도 있었다. '화장산 도화습원'이라 이름 붙은 산지습원은 화장산 동편에서 북서 방향에 자리했다. 2개의 물줄기로 갈라진 습원은 길이 400m, 폭 250m 정도로 오래전 저수지 기능을 한 것으로 추정되지만 세월의 무게에 덮여 있다가 생태보고의 현장으로 드러났다.

이 습원에서는 환경부 멸종위기종 II급인 꼬마잠자리와 자주땅귀개는 물론 식충식물이면서 울산시 보호종인 끈끈이주걱, 습지식물인 방울새란, 닭의 난초, 골풀, 송이고랭이 등이 군락을 이루고 있었다. 산불이 아니었다면 1,000년 이상 감춰진 생태보고는 그대로 숨어 있었을 법하지만 불길에 화들짝 놀라 세상에 모습을 드러내 화마에 상처를 입은 주민들에게 그나마 위안이 돼 주고 있다.

마지막 팁 하나, 화장산은 정상에 요순시절의 전설 같은 이야기가 형상화된 공간이 있다. 일명 세이제(洗耳堤)와 소부당(巢父堂)이다. 세이제는 귀를 씻는 곳이며, 소부당은 소에게 물을 먹인 곳이라는 뜻이다. 중국의 전설 시대 허유(許由)와 소부(巢父)의 고사에 나오는 지명이다. 허유는 요임금이 자신에게 왕위를 물려주려 하자 더러운 소리를 들었다 해 냇가에 귀를 씻고 산속에 숨었다. 소부는 그런 허유가 귀를 씻은 물이 더럽다며 소를 더 상류로 몰아 물을 먹였다고 한다. 허영과 탐욕을 경계하는 언양 사람들의 됨됨이를 상징하는 장소다.

목도(目島), 인어와 왜장이 공존하는 섬

섬 전체가 천연기념물인 목도

섬 전체가 천연기념물인 땅이 울산에 있다. 울주군 온산읍 방도리 목도(目島)다. 무려 60여 년 전인 1962년 12월 7일 대한민국의 천연기념물 제65호로 당당하게 이름을 올렸다. 그 섬이 지난해에는 9월의 무인도서로 선정됐다. 3,000여 개가 넘는 무인도서 가운데 9월을 대표하는 섬이 됐다.

해양수산부가 선정한 이달의 무인도서 목도는 해발 10m, 길이 200m의 작은 섬이다. 지금은 공단에 파묻혀 존재감이 없지만 식생 환경이나 생태적 가치로는 매우 귀중한 자연의 보고다. 울산여지도는 개발의 삽질이 60년이나 계속된 사방의 요란함 속에서도 꿋꿋이 버텨온 천혜의 보물섬 목도를 찾았다.

목도는 그 이름부터 예사롭지 않다. 목도는 섬의 모양이 사람의 눈처럼 생겨 부르게 된 이름이다. 섬의 동쪽은 만경창파의 푸른 바다와 접하고 서쪽은 학남, 남쪽은 산암, 북쪽은 처용이 자리하고 있다. 방점 하나 찍을 정도로 작은 섬이지만 기록은 오래됐다.

1720년(숙종 46년) 기록에 목도리(目島里)라는 이름으로 청량면(靑良面)에 속해 있었고 정조(正祖) 때는 목도리와 해리(海里)로 갈라졌다가 1810년에 다시 목도리로 이름을 굳혔다. 이 섬은 무엇보다 상록수림이 우거져 있고 동백나무가 울창한 숲을 이뤄 오래전부터 동백섬으로 불렸다. 섬 전체가 천연기념물인 만큼 목도에는 다양한 식물군이 자생하고 있다.

대표 수종은 동백나무이지만 후박나무와 사철나무, 보리밥나무, 곰솔 등이 울울창창 울타리를 쳤다. 사람의 접근을 막고 있는 이 섬이 겨울의 끝자락에 잠시 문을 연다. 그 시기는 섬 안에 가득한 동백이 붉디붉은 사연을 쏟아내는 시간이다.

이 섬은 오래전부터 내려오는 그럴싸한 탄생설화가 있다. 섬 바로 앞 마을에 덩치가 산만 한 총각이 살고 있었다. 덩치와 달리 순둥이였던 총각은 동네 어부들과 물질을 하다 그물에 걸린 인어를 발견한다. 총각은 그물에 상처를 입은 인어를 치료하고 살려주려 했지만 동네 어부들이 막아섰다. 힘이 장사인 총각은 어부들을 한주먹에 물리치고 인어를 바다로 보냈다. 동네 사람들이 몰려와 총각을 죽이려 하자 온 천지가 벼락을 치고 비바람이 불었다. 죽은 줄 알았던 총각이 눈을 떠보니 용궁이었다. 그가 살린 인어는 용왕의 딸이었다. 용왕은 두 사람을 혼인의 연으로 이어주고 육지에 나가 살라고 섬을 하나 만들어 줬다. 바로 그 섬이 목도다.

전설 같은 이야기가 분분한 이 섬은 1992년부터 사람의 발길을 막았다. 섬에 자생하는 동백이 관광객의 잦은 출입과 분재용으로 밀반출되면서 숲 생태계가 훼손되자 특단의 조치가 내려졌다. 지금도 10년 단위로 입도를 금하는 조치를 연장하면서 섬의 생태계를 보호하고 있다. 덕분에 지금 목도는 수령 200년이 넘는 동백나무와 후박나무, 곰솔 등이 폭풍성장을 하고 있고 수달을 비롯한 수륙동물과 다양한 철새가 둥지를 틀고 있다.

이 섬은 오래전 죽도(竹島)라는 이름을 가진 적도 있었다. 왜구의 노략질이 극심하던 시절 그 당시 섬에 빽빽하던 대나무가 화살촉으로 유용하게 사용됐던 시기다. 왜가 이 땅을 떠난 뒤로 대나무는 거의 사라졌고 그 자리에 상록수림이 자리를 잡았다. 특이하게도 목도의 상록수림은 우리나라 동해안 쪽에 있는 유일한 상록수림으로 한반도 상록수림 식생대의 경계선을 알려주는 지표 역할을 하고 있다.

 식생과 생태적 중요성에도 불구하고 이 섬은 정유공장과 비철금속단지에 둘러싸여 차를 타고 지나가도 섬의 위치가 제대로 파악이 안 되는 미로 속의 섬이다. 인근 공장과 해안의 방파제가 불쑥불쑥 튀어나온 자리에 뭉툭하게 자리한 탓에 집중하지 않으면 놓치기 쉬운 섬이다.

 한때 이 섬은 울산 앞바다에서 유일하게 사람이 살던 유인도였다. 과거의 흔적을 뒤져보면 이 섬에는 사찰도 있었고 우물도 남아 적어도 조선조까지 인적이 있었던 것으로 보이지만 울산이 공업센터로 개발된 이후 사람이 살 수 없는 섬이 된 것으로 보인다.

 온산공단이 본격적으로 개발되기 이전인 1970년대 온산에 살았던 주민들의 기억을 보면 서생포왜성부터 목도까지 동백꽃 필 무렵부터 벚꽃 흩날릴 계절에는 전국의 관광객들이 몰려들었다고 한다. 이 섬은 보호구역이 되기 전에는 온산공단 입주업체들의 개발의 욕심에 공장부지로 매립하려다가 환경단체 반발로 없던 일이 되기도 했다.

목도와 질긴 인연을 가진 나라는 왜다. 서생부터 도산성까지 7년을 자기네 땅처럼 주무른 왜는 이 땅의 곳곳에 상처를 남겼다. 이 가운데 목도는 가토 기요마사의 구역질 나는 이야기가 묻혀 있다.

방도리 주민들과 한 세기 전 목도에 살았던 사람들의 구술로 남은 이야기는 슬프다. 전쟁 당시 화살촉에 사용되는 대나무와 동백이 우거진 이 섬을 왜장 가토는 즐겨 찾았다고 한다. 가토는 이 섬에 절을 헐고 자신의 별장을 지어 음주가무를 즐겼다. 울산 전역에서 끌고 온 어린 처자들을 이 섬에 살게 하며 자신의 향락에 이용했다는 이야기다. 가토는 전쟁이 끝난 뒤 구마모토에 성을 짓고 울산마찌라는 동네 이름까지 걸어두며 울산에 대한 향수를 잊지 못할 정도로 이 땅을 좋아했다고 한다. 왜장 가토와 구마모토, 울산의 동백섬과 능욕의 처자들은 그런 오랜 질곡의 역사로 얽혀 있다.

말이 난 김에 동백 이야기를 해보자. '겸손한 아름다움'이란 꽃말이 붙은 동백은 '고결한 사랑', '그대를 누구보다도 사랑합니다'라는 치명적인 고백의 의미도 담고 있다. 그래서인지 봄이 오면 남해바다 동백이 피는 곳엔 청춘들이 모여든다. 하지만 왜장 가토가 능욕의 끝자리에 목을 벤 조선 처자들의 땅에는 사람이 모이지 않는다. 그저 모가지를 뚝뚝 끊은 채 절개를 지키려는 조선 처자들의 원혼이 목도 앞바다에 출렁거리고 있을 뿐이다.

국수(菊秀), 은을과 비조가 충절로 굳은 땅

치술령 망부석과 은을의 이야기가 전하는 국수 정상부의 은을암

 호국의 달인 유월이 한창이다. 삼한 이래로 왜구의 노략질이 끊이지 않았던 울산은 호국성지로 이름난 곳이다. 울산여지도는 그 호국성지의 첫째로 우뚝한 울주 두동 국수봉으로 향한다. 국수봉은 이름이 두 개다. 지금은 가을마다 국화가 지천으로 흐드러지는 풍광에

국수(菊秀)를 표지석으로 박았지만 원래 이름은 나라에 등을 돌렸다는 국수(國讐)가 출발이다.

신라가 깃발을 꽂을 무렵 서라벌을 향하는 모든 산들이 왕도를 향해 경의를 표하는 모습이었지만 유독 한 봉우리가 등을 돌리고 앉아 있다고 붙여진 이름이다. '나라 국(國)' 자와 '원수 수(讐)' 자를 명패로 건 이름이다. 그런 연고로 신라는 대역죄인을 국수에 유배시켰다는 이야기도 떠돈다.

전설 같은 이야기가 전해지는 이 봉우리는 사료를 근거로 짚어보면 맞기도 하지만 다른 이야기도 있다. 울산의 뿌리인 우시산국이 사로국과 매일같이 전쟁을 벌이던 시절, 우시산국 왕이 사로와 통하는 요충지를 두동으로 점찍었다. 우시산과 사로의 경계인 만화리 등성이에 성을 쌓아 사로 병사의 길목을 차단했다. 그 전쟁의 참화가 원수로 남아 이 땅과 봉우리가 신라 개국 이래 원수의 땅이 됐을 법하다.

그런 서사가 흐르는 국수는 한참 뒤 새로운 서사가 얽힌다. 산세와 지세가 영험한 탓에 『조선지지자료(朝鮮地誌資料)』에는 범서면 국수산으로, 「조선지형도(朝鮮地形圖)」에는 국수봉으로 수록하며 그 뿌리를 하늘에 제를 지내는 산신당과 국사당(國師堂)으로 적고 있다. 이런 기운 탓에 오늘의 사람들은 국사당이 있었던 주봉을 '국사봉'으로 비정하고 여기서 국수가 이어졌다는 설명을 달고 정초에 시산제를 올리며 범서와 두동 일대 주산으로 섬기고 있다.

국수는 울주군 범서읍과 두동면의 경계를 이루고 있는 산으로 해발 603m의 제법 깊은 산세를 가졌다. 국수 서쪽의 두동은 이전·만화·은편이 자리 잡은 넓은 분지로 동쪽의 옥녀봉과 마주하는 지세다. 국수와 옥녀는 골짜기가 깊어 여럿 골을 만들었고 북으로 한 치 위로 뻗어 오른 기세로 800m 가까운 묵장산을 딛고 고헌산 자락 1,000m 영남알프스로 숨어드는 형상이다. 그 지세가 영험해 깊은 물줄기를 만들었고 반구천 구곡의 휘둘림의 획을 긋는 대곡과 사연을 품고 있다.

그런 지리적 뿌리 때문에 선사인들은 이 땅에 둥지를 틀었다. 반구대 방향의 고래잡이 부족과 다른 무리의 북방계열 사람들이 국수봉 아래서 삶의 터전을 펼친 듯하다. 그 흔적이 만화리 지석묘로 남아 있다. 남쪽에서 보기 드문 지석묘는 두동면 만화리 비조마을 회관 옆에 위치하고 있다. 덮개돌은 화강암으로 비스듬히 누워 있는데 그 형상이 네모꼴에 가깝다. 크기는 길이 260㎝, 너비 185㎝, 두께 120㎝ 정도다. 이 일대 주민들은 지석묘 주변에서 돌도끼 같은 석기류의 도구들이 나왔다고 할아버지의 할아버지로부터 들었다고 전하지만 지금은 그 흔적이 아련하다.

지금은 전원주택단지로 도시의 삶을 접은 은퇴한 사람들이 유유자적하는 삶을 찾아 모여든 만화리는 풍광과 지세 모두가 빼어나 양택의 명당으로 으뜸이다. 이 동네는 북쪽에 구미리, 동쪽과 남쪽은 범서읍 척과리와 중리, 남서쪽은 은편리, 서쪽은 이전리와 접한다. 만화리 박제상 유적지를 지나 이전천을 거쳐 흐르는 대곡은 댐으로 산상 호수가 됐고 국수 서북쪽으로 흐르는 계곡이 미역골 못을 거쳐 솔밭골과 비조마을 앞을 지나며 연화산을 휘감고 대곡으로 들어간다.

국수는 흔히 울산의 호국충절 발상지라고 불린다. 바로 국수봉 정상 쪽 은을암(隱乙巖)과 치술령의 망부석 때문이다. 신라 충신 박제상(朴堤上) 이야기는 조선조에 충절의 표상이 됐고 오늘엔 사당과 기념관으로 후세의 교육현장으로 묵직하게 자리하고 있다. 치술령과 망부석은 코흘리개 유치원 아이들부터 만화와 영상으로 교육되는 유명한 이야기다.

신라 왕족의 후예인 박제상이 볼모로 잡힌 왕제를 구하기 위해 왜로 떠난 뒤 그 부인이 매일같이 올라 동해를 바라보며 기도한 곳이 망부석의 자리다. 끝내 돌아오지 못한 남편이 왜의 고문 끝에 목숨을 잃었다는 소식을 듣고 목숨을 끊은 부인의 육신이 망부석이다. 육신은 돌덩이로 동해를 향했지만 그 혼은 새가 되어 국수봉 곳곳에 흔적을 남겼다. 바다를 향해 날아오르다 잠시 숨어든 바위틈에 암자를 남겼고 아침녘 햇살처럼 날개를 펼쳐 비조마을이라는 이름도 남겼다. 그 숨어 들어간 바위에 지은 암자가 숨은 은(隱)과 새 을(乙)을 합친 은을암이다.

충신의 호국혼은 비장했지만 아내와 아이들까지 산화한 이야기는 뭉클하다. 돌덩이로 변한 박제상의 부인은 그래서 민간의 산신이 됐다. 치술신모 국대부인 등의 이름으로 남았다. 세월이 지나면서 그 흔적은 신화가 됐고 두동 사람들이 충절의 부부를 기리는 정신을 이어받아 오랜 세월 은을암 위쪽에 신모사(神母祠)를 세워 제를 지냈지만 지금은 바위만 남아 있다.

국수 아래 자리한 만화리 일대는 새와 유독 인연이 깊다. 치술령의 치도 솔개를 상징한다. 최근 뉴스가 되고 있는 울산을 찾는 북방의 표상 독수리도 사실 수천 년 전부터 국수봉 일대에 겨울마다 찾아온 주빈이었다. 천연기념물 243호인 독수리는 환경부 지정 멸종위기종 2급일 정도로 귀한 새가 됐다. 독수리는 몽골 울란바토르에서 북풍한파를 타고 3,400㎞ 이상을 날아와 울산에서 겨울을 보낸다. 울산에서는 주로 울주군 두동 만화리 사연댐 경사지, 범서 채석장 등에서 목격된다. 마을 토박이들의 증언을 보면 국수봉 아래는 솟곳배기(골)라는 지명이 남았는데 여기에 독수리 집이 있었다고 전한다.

마지막 이야기하나, 만화리 옆 동네인 구미리에는 유래를 찾기 어려운 충절의 집안이 있다. 바로 이민건 4형제다. 이들 4형제는 한 가족 네 명의 형제가 6·25 전쟁과 월남전에서 나라를 위해 희생한 사례로 장남 이민건(육군 하사), 차남 이태건(육군 상병), 삼남 이영건(육군 상병)은 6·25 전쟁, 막내 이승건(해병 중사)은 월남전에서 각각 전사했다. 지금은 국가유공 전사자 위령비가 세워져 해마다 6월이면 형제의 충절을 기리는 묵직한 향불이 국수봉에 피어오른다.

갈산, 남도부 깃발 꽂은 질곡의 등성이

빨치산 이야기가 숨어 있는 간월재 일출

사계(四季)가 저마다 빛깔과 색깔로 다가오는 땅이 영남알프스다. 사계 가운데 유독 여름 산에 사연이 많은 산자락이 신불이다. 여름 산의 푸름이 검은빛으로 전해지는 신불의 녹음에는 숨은 이야기가 즐비하다. 해마다 이 무렵이면 다시 메아리로 울리는 빨치산의 들개 같은 삶부터 잔학한 학살의 비명까지 골짝마다 피의 질곡이 숨었다.

울산여지도는 지난여름 한가운데 신불산 자락 태봉의 봉우리에 우뚝한 갈산고지를 밟았다. 갈산고지는 흔히 태봉산으로 부르는데 주봉인 신불산을 배경으로 한 빨치산의 근거지로 유명하다. 갈산고지의 별칭 681고지는 한국전쟁 기념일을 전후로 전국의 취재진이 자주 찾는 장소다. 사라진 빨치산의 흔적을 더듬어 민족상잔의 오랜 비극을 되짚어 보려는 후대의 역사 학습장이다.

 태봉산 갈산고지에 빨치산이 둥지를 튼 것은 천혜의 요지이기 때문이다. 아래로 남쪽의 배내골이 한눈에 잡히고 정상을 관통하면 사방이 도주로가 열리는 요새다. 이른바 신불의 육각정봉(갈산고지, 태봉산, 팔각정봉)에서 파래소와 신불 서봉을 밟고 간월재에서 죽림굴로 이어지는 빨치산 루트다. 70여 년 전 빨치산의 취사장이었던 파래소 폭포에서부터 갈산고지, 죽림굴까지는 빨치산의 사령부와 야전병원이 자리한 그들만의 요새였다. 오래전 '왕방골'이라는 이름으로 영험한 기운이 감도는 이 땅은 난세를 피해 숨어든 민초들과 세상을 뒤집어 보겠다는 혁명가들의 은신처였다. 고려 때 김사미(金沙彌)와 효심(孝心)이 그랬고 조선조에 박해를 피해 숨어든 천주교인들이 그랬다.

 흔히 빨치산은 한국전쟁 당시 퇴로가 막힌 인민군 잔당들이 지리산 등에 들어가 무장투쟁을 한 것을 역사로 알고 있지만 사실은 뿌리가 다르다. 빨치산은 러시아어 'Partizan(파르티잔)'을 일본식으

로 적은 일본어 'パルチザン(빠루치잔)'이 일본어 음운 변화를 거치며 빨치산이 됐고 이를 차용해 사용한 말이 빨갱이가 됐다는 설이 유력하다. 빨갱이라는 말도 사실은 그 쓰임이 지금과는 많이 달랐다. 해방 전후 좌우익이 맞짱을 뜰 무렵 빨갱이의 의미는 긍정의 의미가 많았다. 당시 자료를 보면 빨갱이는 비교적 비판적 지식인의 표상 같은 의미였다. 소설가 채만식은 1948년 10월 창비사에 쓴 『도야지(돼지)』라는 글에서 "1940년대의 남부 조선에서는 양심적이요, 애국적인 사람들을 통틀어 빨갱이라고 불렀다."라고 적었다.

빨치산의 다른 이름으로 사용된 빨갱이가 지금의 의미로 자리 잡은 것은 이승만 정권 때부터다. 이른바 반동분자를 처단하는 목적으로 이승만 정권은 '빨갱이 프레임'을 만든 뒤 한국전쟁을 거치면서 극악무도하고 파렴치한 의미로 변했다. 여기에 빨치산이 혐오의 대상이 된 것은 한국전쟁을 전후해 산악투쟁으로 노선을 바꾼 빨치산의 잔혹한 투쟁의 결과였다.

울산의 산악지대에 빨치산의 거점이 많은 것도 역사와 무관하지 않다. 이승만 정권과 긴 싸움을 준비한 빨치산들은 영남알프스 주봉인 신불산과 가지산 고헌산 대운산 일대에 아지트를 마련하고 민가를 습격하고 경찰서나 군 초소를 공격했다. 국군과 경찰, 민간의용대는 1949년 말부터 1954년 초까지 공비 토벌 작전이라는 이름으로 빨치산 토벌에 나서 신불산 일원에서 활동하던 북한 남부군 제5지대장 김원팔 등 450여 명을 소탕했다. 이 과정에서 우익 인사와 경찰관, 의용대, 군인 등 146명이 희생됐다. 그 흔적이 상북면 덕현리 석남사 주차장 뒤편에 '신불산 공비토벌작전 기념비'로 남아 있다.

말이 나온 김에 잠시 한국전쟁 당시 울산의 기억을 되짚어 보자. 6·25 전쟁이 터지고 전선이 낙동강으로 밀리자 울산은 최전방보다 더 뜨거운 전장이 됐다. 포화의 흔적이나 전투의 치열함과 동떨어진 후방이지만 당시 울산은 최전선 같은 분위기였다. 미군과 유엔군의 많은 병력이 주둔했고 울산항과 비행장을 통해 군수물자가 집결했다. 지금 부산과 울산을 잇는 7호 국도가 본격적인 수송로로 변모한 것도 그 무렵이다. 지금은 여행객들에게 낭만가도로 불리는 7호국도는 당시 미군과 국군부대의 군용차량이 줄을 이었고 전쟁 물자를 실어 나르는 트럭들의 흙먼지가 그치지 않았다.

당시 울산의 학교들은 대부분 군대가 진주하거나 군병원으로 징발됐다. 1950년 7월 15일 울산국민학교 전체가 수도육군병원에 징발됐고, 8월 1일 울산농업중학교 본관이 미군의 주둔지로 사용했다. 병영국민학교가 수도육군병원 울산농업중학교 전체 교사가 23육군병원으로 사용됐다. 지금의 학성여자중학교 자리는 당시 울산중학교였는데 그곳에서 경남 일대에서 자원해 오거나 징발된 청년들이 징병검사를 하고 낙동강 전선에 투입됐다. 울산의 도로망이나 철도 등은 이 당시 항만과 연결된 수송로로 깔리기 시작했고 국도의 대부분은 전쟁을 기점으로 지금의 모습으로 변모해 갔다.

  다시 갈산고지 이야기로 돌아가 보자. 갈산고지는 일명 남도부(南到釜)의 은거지로 유명하다. 함안 출신 하준수는 한때 이승만의 경호대장이었다가 김일성 밑으로 들어간 인물이다. 그는 김일성의 특별 지령을 받고 한국전쟁 발발과 함께 함경도 회령을 출발 6월 25일 새벽 5시 임원항(강원도 삼척시 원덕읍 임원리)에 상륙한 후 신불산에 둥지를 틀었다. 이들과 기존의 빨치산이 합세한 신불산 빨치산은 전쟁이 끝난 이후 상당 기간 울산의 민가를 습격하는 만행을 이어갔다.

  국군과 경찰은 1949년 말부터 전쟁이 끝난 뒤인 1953년 10월까지 교대로 이 지역에 투입돼 빨치산과 치열한 전투를 벌였다. 소수 정예였던 신불산 빨치산은 극렬한 저항을 계속해 우리 군은 결국 수도사단 기갑연대와 울산경찰서, 미 공군의 화력이 총동원되는 상황까지 맞게 되고 상당수의 전사자를 남긴 채 마무리됐다. 그 젊은 피들의 울부짖음이 녹음으로 변해 푸른 함성을 토해내는 시간이다.

남창, 수탈의 역사 딛고 향토 관광지로 탈바꿈

동해선 복선화로 폐쇄된 남창역

　조선조 때 경상과 전라 충청, 삼남은 곡창이었다. 전라의 세곡선은 서해의 가장자리를 타고 올라 무시로 한강 마포나루에 묶였고 경상의 세곡선은 부산포로 집결해 물금나루에서 낙동강을 거슬러 한양을 향했다. 곡창의 곳곳마다 세곡의 창고가 들어서는 건 당연한 일,

울산도 예외는 아니었다.

 회야강을 따라 부챗살 모양으로 갈라진 곡창의 곡물은 서창과 남창이라는 웅장한 창고를 남겼고 그 흔적이 지명으로 변해 지금도 양산의 서창과 울주의 남창이 과거의 영화를 이름으로 흔적을 남기고 있다. 여기에 울주 남창은 서창과 달리 곡물에 해산물과 옹기까지 더해 세곡선의 물량이 양과 질에서 비교 대상이 아니었다. 그 웅장한 역사가 일제강점기에는 수탈의 현장이 됐고 한국전쟁 이후에는 민초들의 민생고를 해결하는 거점으로 제몫을 톡톡히 했다. 울산여지도가 봄기운에 떠밀려 달려간 곳이 바로 남창이다.

 남창은 지금 동남권 변방에서 수도권과 2시간대로 맞닿은 엄청난 역사가 진행 중이다. 그 뿌리는 바로 일제강점기에 깔린 철도다. 울주 온양읍 남창리에 있는 오래된 남창역은 지난 1935년에 들어섰다. 왜가 동해의 등짝을 철도로 연결해 산업물동량을 극대화하고 대동아전쟁의 군수물자 공급을 원활히 하겠다는 목적으로 대역사를 벌인 철도다. 지금은 동해선 전철의 완공으로 용도폐기된 간이역사는 지난 2004년 9월 4일 국가등록문화재로 지정돼 철망에 둘러싸인 채 보존되고 있다. 간이역의 구조는 목조 건물로 후면부 지붕 한쪽에 2개의 박공지붕을 중첩해 산 모양을 이루고 있다. 대표적인 상징물로 갈색 지붕이 올린 모습이 일제강점기 간이역사의 특징을 잘 보여준다. 일제강점기 당시에는 역사 인근에 창고와 관리동이 빽빽하게 들어서 수탈의 현장으로 악명이 높았다.

 최근에는 이 역이 남울주의 거점 역으로 남창의 새로운 미래를 상징하는 역이 됐다. 불과 얼마 전 광역철도 개통 이후 남창역에 무궁화호가 정차하지 않는다는 결정이 내려진 뒤 주민들은 선로 점거 등을 예고하며 강력하게 반발했다. 300년 역사의 장터와 외고산 옹기, 곡창과 온천의 풍부한 인프라를 가진 땅에 열차를 패싱한다는 결정을 용납할 수 없다는 이유였다. 결국 코레일은 잘못을 인정하고 남창역에 모든 열차를 멈추게 했다. 지금도 서울과 연결되는 새로운 고속철도 KTX 이음 정차역 문제로 시끌시끌하지만 어떤 식으로든 열차의 운행은 남창을 지나치지 못하는 역사를 가졌다.

 남창에 왜 기차가 서야 하는지는 과거를 살피면 잘 안다. 남창의 지정학적 위치는 절묘하다. 바로 위가 한반도에서 처음 햇살이 머리를 내미는 땅 간절곶이고 바로 옆이 회야의 하구 서생포다. 여기에 내륙으로는 외고산 옹기와 대운산 자락의 산림과 불교유적이 즐비해 있다. 말이 나온 김에 남창의 지세를 살펴보자. 남창을 하늘에서 보면 대운산과 달음산, 불광산이 병풍으로 에워싸고 있다.

 산자락 곳곳에는 신라 고승 원효대사의 흔적이 남은 장안사 등 고찰이 널려 있다. 장안사 옆 척판암은 원효대사의 마지막 수도지로 유명하다. 이런 지세에 물산까지 풍부하니 어떤 기차가 그냥 통과할 수 있겠느냐는 게 남창 사람들의 자부심이다.

최근 울주민속박물관이 울주군 유물기증 운동을 통해 울주 주민 엄주환 씨로부터 '남창중수기문' '남창상량문'을 기증받았다. 파평 윤씨 가문이 울주 온산 삼평리에 재실을 건축하기 위해 남창의 건물을 해체하면서 남창중수기문과 남창상량문을 발견했다. 남창(南倉)이 조선조 울산 남쪽에 있었던 세곡(稅穀) 창고였다는 역사적 사실과 이곳에 남창이 처음 설치된 시기, 그리고 중수 연대 등을 파악할 수 있는 귀중한 자료다. 이 자료를 근거로 살피면 남창은 하나의 건물이 아니라 좌기청(4간), 색리간(2간), 고자간(3간), 서고(3간)가 있었다는 사실이 확인됐다.

남창하면 첫째가 옹기다. 울산이 옹기의 고장으로 알려진 것은 그리 오래된 일이 아니다. 외고산 옹기마을은 한국전쟁으로 피난을 온 옹기장들이 1950년대부터 옹기를 굽기 시작해 천혜의 옹기장소로 알려졌다. 그 이후 전국각지에서 350여 명의 옹기 장인과 도공들이 모여 서울뿐 아니라 미국, 일본 등 외국에까지 옹기를 수출했고 1980년대에는 책자로 소개돼 외국 도예가들이 방문하는 등 세계화를 위한 기본 틀이 마련됐다. 모두가 알고 있는 이 사실은 비교적 현대의 이야기다.

남창의 옹기 이야기는 여기서 그치지 않는다. 지금 남창고등학교가 있는 자리 인근에는 옹기골이라는 이름의 가마골이 조선조 말까지 연기를 올렸다. 울주 범서와 남창의 가마터는 옹기는 물론 각종 자기를 생산해 한양의 궁궐로 보냈다는 기록이 전한다. 그만큼 이 땅의 흙과 바람, 그리고 장인들의 기술이 수천 년 세월의 노하우를 가졌다는 이야기다.

어디를 가나 그 지역의 첫인상은 아름다운 예술품 하나 있고 없고에 따라 달라진다. 예술품 유무에 따라 인문·지리적 가치가 달라지며, 그 지역 주민들의 품격까지도 달라 보이게 만든다. 서울 우이동 입구에는 우리나라에서 하나뿐인 옹기민속박물관이 있었다. 지금은 남창의 옹기박물관이 그에 못지않다. 전국적으로 옹기는 이미 상업화의 바람을 타고 전통과 상업성을 조화시키는 여러 가지 형태로 활성화되고 있다. 충청남도 예산, 전라남도 보성, 경기도 용인이 자신들이 옹기문화의 선두라며 어깨를 으쓱댄다. 저마다 오랜 역사성과 인적 물적 자원을 내세워 옹기를 자신들의 브랜드로 하기 위해 노력하지만 울산의 10,000년 역사에는 비교 대상이 아니다. 출발은 늦었지만 전통을 고집스럽게 지켜온 옹기장이 있었기에 원조 자리가 흔들림이 없었다.

사실 울산에는 옹기에 앞선 토기와 자기를 구운 가마터가 수십 군데다. 기록에 남아 있는 가마터는 『세종실록 지리지』에 울산과 언양이 분청사기의 가마터로 공식 등재돼 있지만 이보다 훨씬 이전에 울산 곳곳에는 가마터가 존재했다. 울주 남창과 하잠, 언양 태기리는 물론, 지금은 수몰된 사연과 대곡댐 일대는 집단적인 가마터가 출토된 곳이다. 그래서 남창의 오랜 역사는 우쭐해도 될 만하다는 이야기다.

서생, 봄빛이 유난히 서글픔으로 피는 언덕

벚꽃이 만개한 서생포 왜성

 분홍의 물결이 휩쓴 자리에 푸른 새싹이 봄빛을 토해낸다. 벚꽃이 널브러졌던 봄날 왜성의 천수각 자리에 섰다. 한반도가 생긴 이래 이 땅의 바람과 햇살을 받아 흙을 토해 만개한 벚꽃은 이제 봄의 화신이 됐다. 바로 이 벚꽃은 사연이 많다. 그 벚꽃의 다른 이름이 사쿠라다. 벚나무의 일본 이름인 이 단어는 한때 변절자를 가리키는 정치적 언어로 둔갑했다. 이 말의 어원은 일본어 '사쿠라니쿠'에서 비롯됐다. 사쿠라니쿠는 색깔이 벚꽃과 같이 연분홍색인 말고기를 가리키는 단어로 쇠고기인 줄 알고 샀는데 먹어 보니 말고기였다는 괘씸죄가 증표로 붙어 있는 단어다. 변절한 옛 동지를 비꼬는 말로 쓰였기에 사쿠라는 한때 조롱과 멸시의 대상이었다.

최근 엔화 약세로 일본 관광의 열풍이 거세다. 올해 봄에는 일본 벚꽃 관광 상품이 대박이 났다. 지천으로 핀 일본의 사쿠라는 일본에게 매우 특별한 존재다. 봄날 야스쿠니 경내에 만발한 사쿠라와 태평양 전쟁의 추억은 일본의 극우주의자들에게 묘한 향수를 불러일으킨다. 일부 극우주의자는 혐한이라는 이름으로 깃발을 휘저으며 한국인과 한국문화에 침을 뱉는다. 희고 순결한 꽃말의 상징성을 제국주의 정치 논리에 포장해 과거 군부의 추억을 소환하는 졸렬한 망상을 그려낸다.

이번에 울산여지도가 찾은 땅은 500년 전 왜의 침략 야욕이 뭉툭한 돌덩이로 쌓아 올린 성곽의 잔해가 남은 땅 서생포다. 1592년 한반도를 세 갈래로 나눠 약탈한 왜의 군대가 백두대간 동쪽을 타고 진군하며 점찍은 땅이 서생이다. 그런 연유로 지금의 서생은 서생포 왜성이라는 이름으로 더 알려졌지만, 사실은 그보다 오래고 긴 역사를 가진 땅이다. 서생은 신라시대 생서량군(生西良郡)의 치소가 있었던 지역으로, 지금의 서생, 온산, 온양 지역을 관할하는 동남해안의 거점이었다.

서생이라는 이름과 임진년 왜란의 기억 때문에 서쪽으로 도망가면 살아남는다는 생뚱맞은 이름 풀이로 지명을 이야기하는 사람들도 있지만 사실이 아니다. 신라 때인 757년 동안군(東安郡)으로 이름을 바꿔 우풍현(虞風縣, 현재의 웅촌면과 양산시 웅상지역)을 영현으로 두었는데 아마도 회야강의 줄기로 이어진 땅 모양 때문에 관할도 그렇게 변경됐던 모양이다. 이후 고려시대에 흥려부에 편입돼 울산과 함께 1,000년 이상의 세월을 담아 왔다.

서생포 하면 따라오는 단어는 왜성이다. 그 주인공이 바로 도요토미의 오른팔 가토 기요마사, 가등청정(加藤淸正)이다. 경상도 민요 「쾌지나 칭칭 나네」가 '쾌재라, 청정이 도망간다'에서 유래했을 정도로 조일전쟁 7년간 울산을 본거지로 조선인 학살·납치·강간을 자행한 원조 사무라이다.

그런 가토를 이야기하면서 사명대사 이야기를 뺄 수 없다. 가토는 함경도 전투 시절부터 승병의 으뜸인 사명대사의 이야기를 들어왔다. 그런 사명을 직접 만난 가토는 종이와 부채를 여럿 가지고 와서 사명대사의 글씨를 받아가길 청했다고 한다. 그때 사명은 가토에게 "옳은 일이 아니면 이로움을 찾지 말라. 진실로 내 것이 아니라면 비록 털 한 올이라도 탐내지 말라(正其誼而 不謀其利 苟非吾之所有 雖

一毫而莫取)."라고 써주었다. 소문으로 가토가 사명대사의 글을 받아 갔다고 들은 다른 왜장들이 사명의 글을 받아 가려고 줄을 선 것은 당연한 일이 됐다.

가토와 사명대사의 만남은 전쟁을 끝내기 위한 담판으로 이뤄졌지만 마지막 4차 담판이 백미였다. 가토는 사명에게 "그대 나라의 보배는 무엇이냐?"라고 묻자 사명의 대답은 "우리나라엔 보배가 없다. 우리의 보배는 바로 당신의 머리다."라고 받아쳤다. 가토가 그게 무슨 말이냐고 묻자 사명의 대답은 담대했다. "난리가 나서 정신을 차리지 못하는데 우리나라 형편에 보배가 어디 있는가. 오직 그대의 목이 하나 있으면 조선은 전쟁 없이 편안할 것이다. 그래서 당신의 머리를 가장 값비싼 보배로 여긴다." 합천 해인사 사명대사 석장비문에 기록된 사실이다.

가토가 울산을 지배할 당시, 정확한 기록은 남아 있지 않지만 다양한 사료를 유추해 보면 폭압의 정도가 추잡하고 악랄했음을 짐작할 수 있다. 잘 알려지지 않은 이야기지만 필자가 1990년 온산공단 방도리 앞 목도를 탐방했을 때 이 섬을 지키던 노인이 전해준 이야기도 가토에 대한 구비전승의 잔해였다. 목도, 혹은 춘도로 불리던 방도리 앞의 섬은 조일전쟁 당시 화살촉에 사용되는 대나무가 우거진 곳으로 유명했는데 왜장 가토가 그 섬의 절경에 반해 별장을 지어 수시로 오갔다고 한다. 지금은 온산공단의 여러 공장에 가려 무심히 지나가면 존재조차 가물가물한 섬이 바로 목도이다. 이 섬은 울산 앞바다에서는 유일하게 사람이 살고 있던 유인도였지만, 현재는 무인도. 사람이 살지 않는다기보다는, 살 수 없는 섬이 돼버렸지만, 천혜의 상록수림과 동백이 제대로 자라 천연기념물로 관리되고 있다.

물고기의 눈처럼 생겨 '목도(目島)', 과거 이 섬에 살던 주민들이 화살대를 심어놓아 '죽도(竹島)', 남해안의 동백을 옮겨 심어놓아 '동백섬' 혹은 동백나무 중 3월에서 4월에 꽃을 피우는 춘백(春栢)이 많아 '춘도(椿島)'라고 불리는 이 섬은 이름만큼 사연도 많다. 동백 외에도 후박나무·사철나무·벚나무·팽나무·담쟁이덩굴 등 4,500평에 푸른 상록수림이 빽빽이 자라고 있는 섬이다.

서생포왜성이 최초로 등장하는 것은 1593년의 도요토미 히데요시의 축성명령이다. 같은 해 5월 한양에서 퇴각한 가토는 서생포를 근거지로 성을 쌓았다. 조일전쟁 직후 조명 연합군의 반격에 쫓긴 왜군은 축성과 양식 확보의 계획을 세웠다. 이는 한강 이남의 4도 기점으로 대륙의 통로를 확보하려는 히데요시의 계략이었다. 그 전략적 거점이 바로 서생포 왜성이다.

가토는 왜성을 쌓으며 고려와 조선조 때 왜적의 방어선이던 수군만호를 허물어 그 돌을 왜성축조에 사용했다. 귀중한 우리의 문화

자산이 왜장의 손에 헐리고 그 돌이 왜성으로 변한 셈이다. 그뿐이 아니다. 가토가 왜성축조에 동원한 울산의 장정들은 1년이라는 짧은 시간에 축조공사를 마쳐야 하는 지옥공사 일정으로 혹독한 노동에 시달렸고 축성 과정에서 셀 수 없는 많은 장정들이 황천길에 올랐다. 돌덩이에 깔린 이 땅의 원혼은 소리 한번 제대로 질러보지 못했고 살아남은 자는 왜가 퇴각할 때 함께 끌려가 구마모토의 왜성을 쌓는 노역에 동원됐다. 그 흔적이 왜의 땅에 '울산마찌'라는 이름으로 얼마 전까지 남아 있었다. 사실이다.

석천, 노방을 병풍으로 두른 회야의 심장

학성 이씨 근재공 고택 전경

우리나라 어느 산사에 가더라도 흔히 볼 수 있는 상징문양 중의 하나가 만다라 형상이다. 이 상징은 불교보다 역사가 깊다. 만물의 본질을 의미하는 만다라는 불교의 전신격인 밀교의 나침판이다. 밀교는 불교의 원형과 통한다. 불교와 힌두는 모두 밀교에 뿌리를 두고 있는데 다라니(陀羅尼)를 암송하는 것을 통해 마음을 통일시키는 수행과 공양을 강조한다. 바로 그 밀교의 경전격인 『대일경』은 사람이 사는 땅의 급수를 일러두고 있다.

 땅은 물이 있어야 가치가 있다. 물이 없는 땅은 등급 외다. 그만큼 물은 인간의 삶에서 중요하다. 물과 땅이 조화를 이뤄 자연과 마을이 한 덩어리로 오묘하게 뒤엉킨 땅이 풍수의 최고 급수다. 이번에 울산여지도가 밟아보는 회야의 심장, 돌배미 강의 상류는 바로 물의 기운이 영험한 석천이다.

 문수산 자락에서 남으로 미끄러져 내려와 회야의 물줄기를 돌아보면 등짝이 노방산(老房山)이다. 호랑이가 곶감 빼앗던 시절, 한 노인이 산길에 들었다가 안방처럼 편안한 기운을 느껴 드러누운 산이다. 그런 연고로 산 이름을 노방이라 붙인 뭉툭한 산이 병풍으로 자리했다. 이 노방을 열두 폭으로 두른 동네는 동서로 안온한 기운이 퍼져 배산임수(背山臨水)의 표상처럼 알맞게 자리 잡았다. 그 모양이 마치 광주리나 조개를 닮아 물산이 풍부하고 태평의 운기가 가득해 보인다고 안가의 혈로 이름이 높았다. 그도 그럴 것이 마을 앞으로 회야가 서에서 동으로 회돌아 그냥 지나치기엔 옷자락을 끌어가는 아쉬운 집자리가 석천이다.

 우리의 전통적인 풍수관에는 사람이 사는 땅을 10등급으로 분류한다. 흔히 명당이라는 이름의 이 등급은 기준점이 용(龍), 혈(穴), 사(砂),

수(水), 향(向)으로 뚜렷하다. 용(龍)은 산줄기, 혈(穴)은 땅의 기운이 뭉쳐 있는 자리다. 사(砂)는 혈 주위를 호위하는 환경이고 수(水)는 물이다.

마지막 기준점인 향은 집이나 무덤이 앉은 형상을 말한다. 음택은 좌(坐), 양택은 향(向)으로 좌는 누운 자리고 향은 누울 자리다. 풍수의 전반을 다루면 끝이 없으니 이 정도로 줄인다.

여기서 중요한 것은 풍수 자체에도 있지만 이를 볼 줄 아는 눈이다. 그래서 지나가는 이야기를 풍설로 들은 사람은 범안(凡眼)이라 부르고 최고 경지를 신안(神眼)으로 높인다. 신안은 단순한 땅의 이치를 넘어 우주의 원리까지 이해하고 그 형세를 바라보는 안목이다. 바로 그 신안의 눈으로 자리한 울산의 대표적인 집성촌이 웅촌 석천과 상북 명촌, 범서 사연의 사일과 북구 송정이다.

이 가운데 석천에는 울산 토성 학성 이씨 서면파의 터전으로 울산에 몇 남지 않은 고택 가운데 보존 상태가 가장 좋은 '학성 이씨 근재공 고택'이 있다. 나머지 세 곳은 울산의 토착인이 아니라 타지에서 이주해 울산 사람이 된 마을이다. 명촌은 '경주 김씨', 사일은 '달성 서씨', 송정은 '밀양 박씨' 집성촌이다. 변변한 고택이 남아 있지 않은 울산에 그나마 명맥을 유지하고 있는 명문가다. 이 가운데 석천의 '학성 이씨 근재공 고택'은 특별하다. 근재공 고택은 임란공신 이겸익의 후손인 근재공 이의창이 1765년에 웅촌면 대대리에서 지금의 위치로 옮겨 지었다. 고종 때 한 차례 고치고, 일제강점기인 1934년 큰 수리를 했다.

 사랑채와 안채 사이가 중문과 담으로 뚜렷이 나눠져 있으며, 사랑채 앞으로 행랑채와 행랑마당을 둔 조선 후기 부농형 상류주택의 특징을 잘 보여주는 한옥이다. 안채 뒤에는 별도로 담을 두른 사당이 있고, 안채와 사랑채에서 노방산 자락인 벼락띵이산(일명 병풍산)이 보이도록 해 자연을 액자로 둘렀다.

 풍수에서 명당은 풍광이 좋아야 하는 것도 있지만 반드시 큰 인물이 나야 이름값을 한다고 볼 수 있다. 인물이 나지 않으면 재물이라도 모여야 하지만 풍수에서는 재물보다는 인물이 윗자리다. 그런 조건을 살펴보면 바로 이 근재공 고택은 풍광과 인물, 재물이 모두 넘친다. 터가 출중했기에 이 땅에서 울산 출신 조선 500년 장원 급제자 4명 가운데 2명이 나왔다.

 고택은 학성 이씨 파종가집(서면파)으로 시조인 조선 외교관 이예(李藝)의 11손 이의창(李宜昌)이 지었다. 이예로 시작해 근재공까지 명문가의 이력이 빛나는 터지만 무엇보다 3·1독립운동을 주도했던 이재락 의사가 살았던 곳이 바로 여기여서 더 의미가 있는 땅이다. 암울했던 그 시절, 울산의 유림들은 이재락 선생을 중심으로 이 땅에서 독립의 밀담을 은밀하게 주고받았다. '율동어른'으로 불린 이재락 선생은 남창 3·1운동을 주도했고 사돈인 심산(心山) 김창숙과 함께 군자금 모금에 앞장서며 평생을 대한의 독립에 바쳤다.

고택의 유래에는 이런 이야기가 흐르고 있다. 고택을 직접 지은 이예의 11세손 이의창은 당초 웅촌 중대마을에서 살고 있었다. 온양 남창리의 한 부자가 재물이 불꽃처럼 일어나자 부귀영화를 영원히 누려야겠다는 욕심으로 좋은 묫자리를 구하기 위해 한말 풍수의 대가인 앉은뱅이 국풍을 불러왔다.

이 부자는 문중 산소가 있는 대운산으로 국풍을 데려가 땅을 살폈는데 국풍이 문중 땅을 한참 들여다보더니 고개를 갸우뚱거리며 "음택을 빨리 옮기지 않고 그대로 두면 집안에 줄초상이 난다."라고 말했다고 한다. 문중 사람들이 국풍의 말에 "그동안 우리 문중이 이곳에 산소를 쓴 후 재물이 불같이 일어나고 권세가 갈수록 높아지고 있는데 무슨 막말을 하느냐?"라며 "너 같은 놈은 호랑이 밥이나 돼야 한다."라며 산에 버려둔 채 내려와 버렸다.

마침 국풍의 신통함을 구경 간 이의창의 노복이 국풍의 이런 상황을 보고 그 자리에서 국풍을 지게에 지고 주인집으로 데려왔다. 의창은 국풍에게 맛있는 음식을 대접하고 편안한 잠자리를 마련해 주라고 노복에게 일렀고 극진한 대접을 받은 국풍이 의창에게 밥값으로 명당자리를 찍어준 곳이 바로 지금의 석천 근재공 고택이다.

◆ 7장 ◆

울산 옛 지명에 숨은 비밀

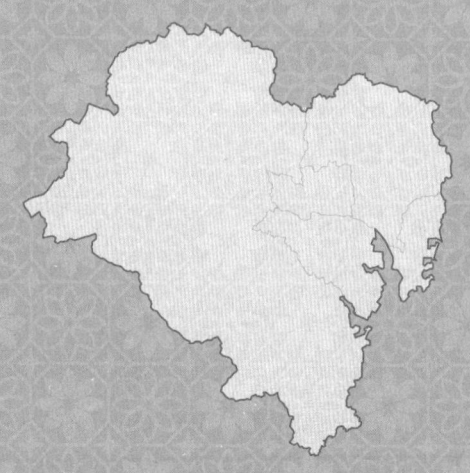

울산과 울주, 1,000년 세월이 담긴 지명사

대곡천의 새벽

어떤 모임 자리에서 다른 지역 출신 공직자 한 사람이 질문을 해왔다. "울산과 울주는 어떻게 구분이 되나요?" 말이 끝나자 옆에 있던 울산 토박이 인사가 대뜸 "울주는 시골이고 울산은 도십니더."라고 즉답을 했다. 대략 난감한 장면이었다. 정리가 필요하다는 생각이 들었다. 울산여지도가 울산과 울주의 지명사를 살피는 까닭이다.

울산이라는 이름은 조선조 태종 3년 1413년에 공식화됐다. 개국 초기, 조선은 왕권을 강화하는 중앙집권형 체제를 꾸려갔다. 이를 위해 행정과 사법, 군사와 조세의 법령을 정비하면서 지방의 행정명칭을 바로잡아 갔다. 그 당시까지 울산은 '울주(蔚州)'로 불렸다. 그러면 울주는 언제부터 울주라는 이름으로 불렸나.

울주는 한 방송사에서 대하 역사극으로 관심을 끌었던 고려 8대 황제 현종 때 공식화된 이름이다. 정확하게는 고려 현종 9년 1018년이다. 우시산국으로 출발한 울산은 신라의 멸망과 함께 흥려부(흥례부)로 칭하다 태화루를 찾았다가 귀경 직후 숨진 성종의 변고 이후 공화현으로 지위가 추락했다. 당시 울산은 계변성 일대를 중심으로 한 항만지역과 언양 일대의 내륙을 별도의 행정구역으로 나눴지만 다시 울주라는 이름으로 통합되는 곡절을 겪었다.

울주와 울산의 역사를 모르는 이들은 당연히 울주와 울산을 다른 지역으로 여길 수 있다. 울주군이 울주라는 이름을 쓰고 있는 점을 들어 울주를 행정상 울주군의 영역으로 한정 지어 생각하는 게 어쩌면 무리가 아니라는 이야기다. 그런 연유로 울산광역시 안에서도 울주군민은 울산 시내 사람과는 별개의 정체성을 가진 지역이라는 인식이 있다. 물론 이런 부분들은 잘못된 인식이다. 울주는 울산의 모태이자 울주라는 이름이 더 큰 울산을 이르는 말이다.

우리 지명사에서 '주(州)' 자가 붙는 곳은 큰 고을을 의미한다. 조선 태종 때 울주를 떼고 울산이라는 이름으로 지명을 축소한 것은 고려조 유배의 땅으로 인식된 신라 수도 서라벌의 번창했던 세계 4대 무역항에 대한 모욕이었다.

울산이라는 이름이 공식화되기 전 울주로 부르던 이 땅은 어떤 역사를 가졌을까. 한반도 동남쪽에 위치한 울주는 예로부터 사람이 살기 좋은 터전이 돼 우리의 선인들이 아득한 석기시대부터 육로 또는 해로로 유입됐던 땅이다. 울주의 출발은 삼한시절 소읍국 우시산국(于尸山國)이다. 울주군 웅촌과 양산 웅상 일대가 부족의 영역이었다. 중심지는 웅촌 검단으로 이곳에는 동북아 선사문화의 역사를 바꿔놓은 검단 청동기 유적이 증좌로 남아 있다.

울주의 역사는 신석기로 올라간다. 웅촌의 환호유적과 지석묘가 있는 언양 서부리의 청동기 유적은 이 땅에 사람이 살았다는 증거다. 그 중심이 반구대암각화지만 그뿐이 아니다. 서생 신암과 삼남 신화리 일대에서 신석기 유적이 쏟아졌다. 물론 이 모든 선사문화를 규명하는 데 빼놓을 수 없는 것은 반구대암각화와 천전리 각석이다. 사연댐 상류에 위치한 반구대암각화와 두동면 천전리 각석은 그림과 문양을 통해 울산지방이 고대 인간사회의 유력한 생활터전이었다는 사실을 증명하고 있다.

 울주의 뿌리라는 언양은 본래 거지화현이라는 이름으로 부족국가가 형성된 땅이다. 신라 경덕왕 때 헌양현으로 개칭해 양주의 영현으로 명명됐다. 신라 때 울산은 일찍부터 불교문화가 꽃을 피워 불사가 번창했다. 울주의 석남사부터 영축사와 망해사 등 천년사찰이 그 증거다. 문제는 이런 울주의 초기 모습이 신라문화나 가야문화와는 또 다른 특징을 가지고 있었다는 데 있다. 최근 울산에서는 학계를 중심으로 바로 이 울주의 문화 원형이 '울산문화권'으로 차별화된 채 발전해 오다 신라 멸망 이후 역사의 전면에서 사라졌다는 점을 부각하고 있다.

 21세기는 문화가 밥이 되는 시대다. 대한민국의 먹거리를 책임진 울산의 근대사는 아쉽게도 오래된 1,000년의 역사, 아니 반구대암각화로 시작된 10,000년의 역사를 도난당했다. 울산이 앞으로 국제도시로 나아가기 위해서는 산업과 경제에만 매달리지 말고 그 경제적 성과를 바탕으로 울산만의 특별한 역사를 복구해 오래고 깊은 문화를 새롭게 조명해 나갈 의무가 있다. 이를 위해서는 무엇보다 이

웃의 신라문화권이나 가야문화권처럼 울산문화권 정립이 시급하다. 여기에 바로 울주의 지명사를 중심에 둬야 한다.

울산은 신석기 이전부터 문화를 일궈온 도시다. 울산문화권의 종합적인 정립을 위해서는 울산 구석기시대 존재 여부를 찾기 위한 세심한 발굴과 조사연구, 신석기시대 문화의 종합적 연구와 정리, 반구대암각화와 천전리 각석의 종합적 해석과 이를 토대로 한 선사문화의 체계적 구축이 필요하다. 여기에 더해 한반도에서 가장 다양하고 많은 종류의 청동기 문화를 보유한 특별한 지역이 울산이라는 점도 분명히 해야 한다.

울주의 이름을 바로 세우고 선사문화의 역사성을 체계화하는 부분은 울산 시민들이 울산에 대한 자부심을 높일 수 있도록 만드는 가장 확실한 길이다. 지금까지 울산이 현대화 이후의 모습으로 주목받은 만큼 이제 울산 문화는 현대화 이전의 울산, 즉 역사성을 더듬어 그 본래의 모습을 찾아가는 작업을 출발점으로 삼아 하나씩 체계화할 필요가 있다.

사람들은 대한민국에서 울산을 선사문화의 출발지로 이야기하면 여전히 낯설어 한다. 하지만 울주는 이미 1,000년 이상의 지명사를 가진 곳이고 반구천의 암각화라는 세계유산을 보유한 10,000년의 역사를 가진 한반도 인류 이동의 증좌다. 그래서 울산은 한반도 고대사의 출발점이라 이야기해도 아무런 거리낌이 없다.

 일반적으로 울산을 두고 굴뚝산업의 본거지로 인식하는 사람들이 많다. 울산에 오면 굴뚝의 역사가 즐비하리라는 상상을 하는 이들에게 울산이 한반도 인류의 시원이 깃든 땅이라는 이야기는 낯설다. 그런 사람들의 인식을 바꾸는 일이 지금 우리가 해야 할 문화적 기초공사다.

성남, 500년 울산을 다스린 치소 중심

울산객사와 초등학교가 있던 일제강점기 성남 일대

 울산의 주산 함월을 뒷배로 하고 100리를 달려온 태화의 물줄기를 앞마당으로 삼은 땅은 탐스럽다. 이른바 명당은 한 고을의 중심이 된다. 이번에 울산여지도가 둘러볼 성남(城南)이다. 성남은 말 그대로 성의 남쪽이다. 지금은 흔적이 사라지고 발굴의 흔적으로 겨우 남아 있지만 이 땅에는 오래전 성이 있었다. 바로 울산읍성이다. 지금의 중구 북정동과 옥교·성남·교동 일대 1.7㎞의 울타리 형태였다. 조선 성종 7년 1476년에 공사에 들어가 이듬해에 완성한 석성(石城)으로 둘레 3,639척, 높이 15척의 전형적인 평지읍성이다. 성안에는 20여 군데의 관아와 8군데의 우물, 그리고 동서남북에는 사대문이 있었다.

읍성의 정문을 지나면 복원을 앞둔 학성관(鶴城館)이 우뚝했다. 지금은 시립미술관의 부속 주차장으로 황량한 모습이지만 학성관은 울산에서 왕권을 상징하는 목적으로 건립된 데다 중앙관리의 숙소 역할도 겸해 읍성에서 가장 중요한 건물로 상징됐다. 아쉽게도 초창기 기록은 사라져 건립 당시 학성관에서 어떤 일이 있었는지 소상하게 다룰 수는 없지만 조선 후기에는 "전패와 궐패를 모셔 놓고 충성을 서약했다."라는 기록을 미루어 최고의 위상과 권위를 가진 건물이라는 점은 분명해 보인다. 왕권의 상징인 내력 때문인지 부침도 많았다. 임진왜란 때 소실된 학성관은 부사 유지립(柳志立)이 1667년(현종 8년) 중건했지만 갑오·을미개혁을 거치며 받들어 모시던 주인이 사라지고 근대식 교육 공간으로 변했다. 을사늑약 이후 1907년 4월 울산공립보통학교 건물로 사용됐다. 처음에는 학성관을 그대로 사용했지만 뒤편에 서양식 건물을 새로 지었고, 이후 소리 없이 허물어졌다.

울산읍성의 핵심은 울산 전체를 관할하던 치소(治所)의 보호와 성안 백성의 안전이었다. 관방도시였던 울산은 유난히 성이 많았다. 신라의 해안방어망이었던 관문성부터 국제무역항의 외항을 지킨 개운포성에 이르기까지 그 수가 무려 30여 개다. 울산 사람들은 잘 모르고 있지만 울산은 조선시대 경상좌도에서 육군과 수군의 병참기지인 병영성과 수영성을 함께 갖춘 유일한 땅이었다. 오늘 둘러보는 울산읍성은 언양읍성과 더불어 치소를 겸한 평지성으로 독특한 구조를 가졌다. 여기에 왜가 임란 때 점령하면서 쌓아 올린 울산왜성과 서생포 왜성도 있다. 그뿐이 아니다. 말을 길러 군수용으로 공급한 남목마성과 마을의 방어를 위해 사람이 살기 시작하면서 만들어진 범서산성과 문수산성 비옥산성 등 산성도 수두룩하다.

 성곽도시 울산에서 으뜸으로 치부된 성이 바로 울산읍성이다. 읍성은 신라 말과 고려 초를 휘어잡은 토착 세력 박윤웅의 본거지인 계변성이 뿌리다. 계변성이 고려 때 멸실된 이후 조선조에 와서 경주 모화에 있던 경상좌도 병마도절제사영이 옮겨져 병영에 자리했다. 이후 병영성은 군사용으로 존치하고 고을의 치소는 울산읍성으로 새로운 터를 잡았다. 성곽의 역사도 도시의 부침과 그 궤를 같이 하기 마련이다. 서라벌이 무너지자, 울산은 고려 조정의 경계 대상 1순위가 됐다. 흥려부(또는 흥례부)라는 이름으로 울산의 호족 박윤웅의 발목은 잡았지만, 성곽이나 치소를 그대로 둔 채 경계를 늦추기에는 개경에서 울산은 너무 멀었다. 가능한 한 신라귀족이나 울산의 신흥세력이 새로운 세상을 꿈꾸지 못하도록 해야 했다. 선택은 하나, 눈빛이 빠른 자는 도륙하거나 종으로 삼고 멀쩡한 시설은 폐허로 만드는 것이 불온한 기운을 막는 방책이었다. 그런 연고로 신라 멸망 후 오랜 세월을 울산의 중심부는 황량한 바람만 일렁이는 땅으로 남았다.

 그 땅이 다시 활기를 찾은 것은 조선조에 와서였다. 왜의 노략질에 분개한 태종 이방원은 해안의 관방시설을 점검했고 오랜 세월 왜구의 곡식 창고였던 울산은 국방 1번지로 위상을 되찾았다. 성종조에 본격 조성된 울산읍성은 이미 고려 말에 만든 성터가 남아 조성이 용이했다. 고려 우왕 11년 1385년 봄에 만든 석성의 흔적이 남아 있었다. 이 성이 허물어진 것은 왜장 가토 기요마사의 야욕 때문이었다. 가토는 서생과 도산(지금의 학성공원)에 성을 쌓아 조선의 남쪽을 자신의 영지로 삼으려 했다. 당장 성을 쌓으려니 큰 돌이 필요했고 울산읍성과 병영성의 돌을 허물어 자신의 욕망을 쌓아 올렸다. 그 성이 바로 울산왜성이다. 정유재란의 최대 전투였던 도산성 전투가 끝나고 전쟁의 참화가 핏빛으로 물들 무렵, 읍성이 있던 자리는 폐허가 됐다.

 그 폐허의 공간이 일제강점기와 특정 공업센터 시절을 거치면서 울산에서 가장 뜨거운 지역으로 다시 변신을 거듭했다. 핫플레이스답게 성남동은 울산 최대의 위락시설 밀집 지역으로 번영을 구가하다 삼산에 그 지위를 내주고 이제는 원도심의 주인으로 남았다. 그런 점에서 성남동은 울산의 원도심이자 근대화의 산증인이라 할 수 있다. 1921년 경동선 협궤열차의 기적소리가 울렸고 신작로와 자동차가 검은 연기를 뿜었다. 기차역과 버스터미널, 은행과 상설시장이 잇달아 들어서 울산의 관문이자 외부와 연결되는 통로로 자리했다. 지금도 그 흔적은 읍성 이야기 길과 거리 곳곳의 역사 알림판, 그리고 '시계탑'을 달리는 기차의 함성으로 남아 있다.

 마지막 팁 하나, 울산읍성의 정문 격인 남문에는 비밀이 있다. 기록을 보면 강해루(江海樓)가 읍성의 남문으로 추정되지만, 학자들 간에 이설이 있는 상황이다. 하지만 임란 이후 울산을 통치한 사람들이 울산 객사를 복원하고 고을의 내부와 외부의 경계가 필요해 새로운 문을 세웠고 그 문이 강해루라는 이름으로 자리했다는 것은 분명해 보인다. 여기서 비밀은 바로 이름이다. 읍성의 출입문에 강해루라는 현판을 쓴 이유는 무엇일까. 그때까지 성남의 앞쪽은 지금과 완전히 다른 세상이었다. 문루에서 바라보면 백운산을 타고 내달린 태화의 100리 물줄기와 동해의 깊고 푸른 바닷물이 뒤섞여 출렁거리고 있었다는 이야기다. 그래서 강해(江海)라 묵직한 편액을 걸었다고 옛사람들은 속삭이듯 이야기하고 있다.

복산, 천하길지가 상전벽해로 만나는 땅

복산동 우시장 모습

 대한의 땅 이름에는 '복(福)' 자가 많다. 복은 그 뿌리가 밝다에서 온 것으로 태양신의 후예를 자처하는 사람들은 자신의 정착지에 그 이름과 연관된 걸개를 걸었다. 울산의 복산, 부산의 복천 등이 그렇다. 울산여지도가 마주하는 땅 복산은 무엇보다 상전벽해(桑田碧海)

라는 사자성어가 딱 제격이다. 수천 년 땅의 역사에서 지금처럼 대변화를 겪은 시절은 없었다.

복산의 지명사와 지금의 상전벽해는 마고할미와 무관하지 않다. 마고는 환웅 이전의 민족생성의 뿌리 이야기다. 신라 천재 박제상이 부도지(符都誌)에 남긴 이야기는 이렇다. 세상에서 가장 높은 마고성(麻姑城)의 여신(女神)이 마고할미다. 마고에게 두 딸이 있고 이들에게서 황궁, 백소, 청궁, 흑소 씨의 남녀 각 1명의, 8명이 태어났고, 이들이 각각 3남 3녀를 낳았는데, 이것이 인간의 시조다. 이들이 사방으로 흩어져 세상의 길지를 찾아 나섰다가 만난 밝은 땅에 복 자를 붙였다.

바로 그 마고가 젊은 시절 모셨던 신선 왕방평에게 한 말이 상전벽해의 유래다. 오랜 세월 세상은 모습을 여러 차례 바꿔갔지만 신선 왕방평은 한결같았다. 그 심정을 마고는 이렇게 읊었다. "제가 신선님을 모신 지가 어느새 뽕나무밭이 세 번이나 푸른 바다로 변하였습니다." 여기서 나온 말이 상전벽해(桑田碧海)다. 울산의 복산이 딱 그 모습이다. 복산은 손골 거랑을 경계로 둘러 갈라진다. 함월에서 보면 오른쪽은 냇가 평지로 물길이 숨어들어 사람 살기 좋았고 왼쪽은 학이 내려와 가만히 앉아 있는 형상을 하고 있다. 그래서 이 자리에는 학의 날개를 펼칠 인재들이 모여들어 오래전부터 학교가 자리했다.

손골의 오른쪽 땅이 지금 요란하다. 거랑이 흘러 수맥이 남으로 뻗은 땅에 아파트 숲이 무성하다. 지금은 콘크리트가 숲의 장막을 쳤지만 오래전 복산의 위쪽은 함월 자락에서 여러 갈래로 뻗은 물줄기가 거랑을 이뤄 손골·새싯골·풍류골 등 물길이 철철 넘쳤다. 그 골짜기마다 빨래터에 우물이 여럿 자리해 마을의 사랑방 역할을 했다. 약수도 많아 병자를 고치는 물이 인근 병영 산전 못지않았다. 해방 후 성남의 우시장이 옮겨와 물산과 풍류가 흥청했던 이야기는 이제 모두 박제가 됐다.

 복산은 울산읍성의 동쪽에 위치해 오랜 세월 고을의 악귀를 쫓는 창구 역할을 했다. 흔히 동티난다는 이야기가 여기서도 전설처럼 퍼졌다. 울산읍성 동문 밖은 형장과 감옥이 있었고 지금의 복산성당 부근은 전염병 환자들을 모아 가둔 시설도 있었다. 당연히 주변은 금줄을 쳤고 함부로 출입하지 못하는 금기의 땅이었다. 바로 그곳에 구한말 이후 화장장이 자리했고 태평양 전쟁 때는 무룡산을 넘어오는 연합군의 비행기를 감시하는 전망대도 들어섰다. 풍광이 좋고 밝은 땅이라는 이유인지 복산에는 학교가 연이어 들어섰다. 1970년대까지 울산제일중학교과 울산여자중학교, 울산여자고등학교 등 3개 학교가 우시장 주변에 자리했고 손골 왼쪽으로는 울산중 고등학교와 성신고가 인재를 키워냈다. 아시아 단거리의 영웅 서말구도 울산고 출신으로 이 동네에서 학창시절을 보냈다. 그는 1979년 멕시코에서 열린 제10회 하계유니버시아드대회 육상 남자 100m 경기에서는 10초 34로 대한민국 신기록을 세웠다. 이후로 이 기록은 무려 31년 동안 깨지지 않았다.

 복산은 함월 자락에서 청동기부터 조선조까지의 유적와 유물이 무더기로 쏟아진 땅이다. 오래전 선사부터 이 땅을 길지로 여긴 사람들이 함월의 골짜기 따라 펼쳐진 거랑가에 삶의 터를 마련해 왔다는 증좌다. 그런 땅이 오랜 세월 자연부락으로 있다가 조선조 숙종 34년 동문외리와 동문외노상리의 두 개 마을로 나눠졌고 정조 때 노상리로 합쳤다. 복산은 노상이나 동문외리 등의 지명보다 오랜 뿌리를 가졌다는 게 일반적인 설이다. 복자를 지명에 사용하는 곳은 만주와 백두대간 동쪽이다. 우리 민족의 근간이 되는 예맥족들이 해 뜨는 동방을 찾아 한반도로 흘러들어 오면서 그들이 살았던 곳에는 도처에 밝음을 뜻하는 지명을 남겼다.

 복산이 가진 땅의 역사에서 빼놓을 수 없는 사람이 서덕출 시인이다. 손골 거랑가에 제법 유지로 지내던 집안에서 자란 덕출은 여섯 살 때 대청마루에서 발을 헛디뎌 척추를 다쳐 평생을 방애로 살았다. 어머니의 재택교육을 한글을 깨쳐「봄 편지」,「오빠 생각」,「따오기」등 수많은 동요 작품을 눈송이처럼 풀어나갔다. 그의 영혼을 담아 복산 둔덕에 서덕출공원을 만들어 아동문학의 뿌리를 이야기했지만 지금은 아파트 숲에 둘러싸여 힘든 시간을 보내고 있다. 밀집한 아파트 숲 속에 시인의 맑은 영혼을 흐르게 할 공간이 공존한다면 삭막한 콘크리트도 유토피아가 될 수 있을 법한데 주민들의 역발상을 기대해 볼 일이다.

 마지막 팁 하나, 복산의 동쪽 끝자락에 병영으로 넘어가는 계비고개가 있다. 계비고개는 계변고개다. 계변은 개지변 또는 계변성을 이야기하고 이 단어 속에는 갯가 또는 갯가에 있는 성이라는 의미가 담겨 신라 말 고려 초의 울산 재벌 박윤웅이 신학성 장군으로 이름을 날리던 바로 그곳이다. 여기는 지금도 고갯길의 흔적이 남아 있는데 풍수로 보면 묘한 기운이 숨었다. 바로 학이다. 신학성 장군이 학을 타고 내려왔다는 전설만큼 복산의 동쪽은 학이 알을 품을 지세다. 그 알이 부화해 다시 날개를 펼 시간이 임박했지만 사방의 구조물이 속절없이 들어서 여전히 날지 못한다는 풍설이 분분하다.

달빛이 태화로 이어지는 재복의 산 함월

울산의 주산이었던 함월산과 함월루

　백두대간 영남지맥에는 함월이라는 이름을 가진 산이 여럿이다. 이 가운데 울산에는 중구 성안동, 북구 대안동과 연암동, 동구 화정동, 남구 상개동 등에 함월이 가지런하다. 이 가운데 울산여지도가 밟아보는 함월은 한때 울산의 진산이던 땅이다. 이 땅은 울산읍성의 안마을 성안에서 울산의 중심 북정으로 이어지는 달빛 품은 자락이다.

울산 중구에 자리한 함월산(含月山)은 신라 말 경순왕 때 백양선사(白楊禪師)가 창건했다고 전하는 백양사(白揚寺)가 자리 잡고 있다. 30년 전쯤 울산의 주산이었던 함월은 정상을 통째로 덜어내 택지로 내줬다. 졸지에 민둥산이 된 민낯을 가리려고 밤마다 달빛으로 기를 채웠지만 여전히 주산의 지위는 뺏기고 누각 하나 얻은 곡절이 많은 산이다. 이 산 아래 북정은 행정동의 이름으로 북정과 성안을 품고 있다.

 오래된 이야기지만 울산의 진산으로 함월이 어깨를 우쭐될 시절, 함월 줄기 따라 재복(財福)을 부르는 기운이 차고 넘쳤다. 그래서 함월의 기를 받은 자는 큰 부를 이룬다는 이야기가 전설처럼 떠돌았다. 그 오래된 믿음으로 조선조부터 울산읍성이 자리했고, 비교적 현대에 들어서는 울주군청을 비롯해 울산경찰서, 울산우체사(우체국), 안기부 등 모든 관공서가 밀집해 행정중심지를 이뤘다. 그 지세가 펼쳐진 곳에서 대한의 근대화 역사가 시작됐고 그 기운이 울산을 제1의 부자도시로 만들었다.

 북정에는 울산유형문화재 제1호인 울산도호부가 있었던 동헌이 있고 함월의 머리를 밀어 만든 성안에는 울산지방경찰청과 한국방송통신대학교 등 여러 공공기관이 자리하고 있다. 무엇보다 성안은 울산 시가지가 한눈에 들어오는 전망이 좋은 지역으로 함월루에서부터 기슭을 돌아가는 산복도로는 어디서든 울산을 조망하는 전망대 구실을 하는 목이 좋은 자리다.

　북정이라는 마을 이름은 '북쪽에 정자나무가 있는 마을'이 유래로 과거 빽빽한 송림이 병풍처럼 둘러쳐졌음을 짐작하게 한다. 특히 조선조 때 울산의 행정과 사법의 1번지였던 도호부의 북쪽에 마을이 있어 지명도 북정으로 고착된 듯하다. 함월의 기운이 가장 센 자리인 성안의 경우 조선조까지 상리라는 이름으로 불렀는데 상리는 '으뜸가는 윗마을'이란 뜻으로 제법 어깨 힘깨나 준 이들의 터전이었음을 짐작게 한다.

　과거 북정동에는 천년사찰 백양사를 비롯해 주택가 중심부에 자리한 조계종 통도사 포교원인 해남사 등 울산 시가지에서는 가장 많은 10개의 사찰이 소재하고 있었던 유서 깊은 땅이다. 특히 재복과 관운이 깃든 땅이라는 소문 때문인지 울산에서 가장 오래된 울산초등학교를 비롯해 도서관도 자리했고 함월의 강렬한 기운이 신기(神氣)를 부른다고 무당집들도 성시를 이뤘다.

　울산 시가지에서 빼놓을 수 없는 사찰 백양사에는 절 서쪽 소나무 숲과 동쪽에 부도가 자리하고 있다. 서쪽에 있는 부도는 백양사를 창건한 백양선사의 사리를 모신 부도라 하고, 동편에 자리하고 있는 부도는 조선조 숙종 때의 고승 연부선사의 부도라고 전해온다. 백양선사의 부도는 백양사의 창건 연도가 삼국사기에 신라 경순왕 6

년(932년)이었다고 기록되어 있는 점으로 보아 고려 초기의 것으로 추정된다. 바로 이 백양사에는 현대사에서 중요한 숨은 이야기가 남아 있다. 울산의 대표적인 독립운동가인 손후익과 함께 독립운동 자금책으로 활약했던 심산 김창숙 선생과의 인연이다.

일제의 감시와 교통사고 등으로 만신창이가 된 독립운동가 김창숙은 손후익 선생의 도움으로 백양사로 몸을 숨겼다. 은둔의 시간은 예상보다 길어졌고 4년을 함월의 품에서 지냈다. 훗날 심산은 백양사에서 보낸 시절이 자신에게 잊지 못한 충전의 시간이었다고 회고했다. 그 인연이 이어져 백양사는 독립운동의 성지로 알려졌고 해방 이후 무수한 이들이 선열의 뜻을 잇고자 함월의 품을 찾아 풍요로움을 가슴에 담아 갔다.

북정에서 빼놓을 수 없는 것이 바로 울산읍성이다. 본줄기는 울산성인 읍성은 북정동을 비롯해 옥교, 성남, 교동 일대에 걸쳐 둘러쳐져 있던 것으로, 조선시대에 축조되었던 성이다. 울산의 진산인 함월을 배경으로 100리를 뻗어온 태화 물줄기를 앞으로 안은 모습이 빛을 품고 물길을 돌린 그야말로 배산임수의 전형이다.

울산읍성이 만들어진 시기는 조선 성종 때다. 『성종실록』에 "병조판서 이극배의 건의에 따라 성을 쌓기 시작해 1년 만에 완공했다."라는 기록이 남아 있다. 읍성 안에는 동·서·남·북으로 세워진 4개의 문과 함께 30여 개의 각종 관위시설이 있었다는데 지금은 동헌과 내아가 남아 있고 객사터가 복원을 준비 중이다. 지금 동헌 입구에는 도적을 경계하는 북을 두었던 가학루가 자리하고 객사 입구에는 태화루가 있었다고 한다.

 태화루 위치는 지금의 울산시립미술관 옆 울산초등학교 정문 쪽에 있었다. 그 태화루(太和樓) 현판은 과거 학성관 남문루에 걸려 이휴정에 보관하고 있다가 울산박물관에 기증된 한자 현판을 확대 모사하여 걸었다고 한다. 안타까운 이야기지만 울산읍성은 조일전쟁 직후 왜인들이 학성에 왜성을 쌓으면서 마구잡이로 성을 허물어 지금은 그 흔적을 찾을 수 없는 상황이다.

 마지막 팁 하나, 함월이 재복을 부르는 진산이라 알려진 것은 오래된 구전이다. 실제로 함월 아래 울산의 싱크탱크가 들어서 공업센터를 지휘한 이후 울산은 대한민국의 산업수도가 됐다. 하지만 인간의 욕심으로 함월의 머리가 잘리면서 진산의 기운도 빠져나갔다는 소문이 돌았고 그 뒤로 한동안 울산의 굴뚝은 요란한 수출전사로 소임을 다하지 못했다. 뒤늦게 도망간 재운을 살리기 위해 함월의 정상부에 누각을 지어 산신령의 노여움을 달랜 뒤부터 울산의 재복이 조금씩 살아나고 있다는 이야기가 전설처럼 떠돈다.

장춘오(藏春塢), 봄빛을 감춘 비밀의 정원

장춘오가 존재했다고 전해지는 1980년대 태화로터리 모습

 봄의 시작은 언제나 요란하다. 언 땅이 쩍 하고 갈라지다가도 느닷없이 춘설이 분분하는 날이 이어진다. 변화무쌍이다. 그래도 봄날의 핵심은 화란춘성(花爛春城)하고 만화방창(萬化方暢)이다. 그 흥취를 잘 드러낸 구절이 우리 고전시가 유산가에 나온다.

좋구나 벗님네야 산천경개(山川景槪)를 구경 가세 / 죽장망혜단 표자(竹杖芒鞋單瓢子)로 천리강산 들어가니 / 만산홍록(滿山紅綠)들은 일년일도(一年一度) 다시 피어 / 춘색(春色)을 자랑노라 색색이 붉었는데.

얼쑤, 어깨가 절로 덩실댄다.

울산은 봄이 빠르다. 간절욱조조반도(艮絶旭肇早半島) 아닌가. 간절곶에 해가 솟아야 비로소 한반도에 새벽이 오듯 봄기운도 울산의 땅 끝에서 가장 먼저 피어오른다. 울산의 땅 모양과 그 기운은 공부를 할수록 감탄이 절로 나온다. 간절곶에서 시작하는 울산의 밝은 기운은 가히 한반도 구석구석의 기와 혈에 기운을 불어넣는 출발점이다.

그 증좌가 바로 간절이고 그 혈맥이 태화를 중심으로 고래바다로 이어지는 다섯 줄기 강이다. 그 혈 자리의 시작이자 끝자리인 간절곶의 간절(艮絶)은 모든 것이 시작되는 첫 지점의 상징이다. 유라시아 대륙 동남쪽 끝자락의 기운이 모이는 장소다. 간절은 주역 설괘전에 그 비밀을 담았다. 만물이 끝을 맺고 다시 시작하는 방향이 간(艮), 어둠을 끊어내고 새로운 시작을 알리는 의미가 절(絶)이다.

이런 어마어마한 땅의 봄은 놀랍게도 다섯 강의 중심인 태화의 혈맥 아래 숨어 있다. 장춘오(藏春塢)다. 가지산과 신불, 간월과 고헌, 천성산 자락에서 일백여 일 머물던 동장군이 동천과 태화 여천과 외황, 회야를 따라 몸을 풀어 봄을 알리는 땅 곳곳에 숨었다. 물길은 간절의 햇살에 데워져 만물에 옷을 입힌다. 동백이 빨갛게 볼을 붉히면 홍매화가 활짝 웃으며 산수유를 깨운다. 지천이 살아 숨 쉰다. 장춘오의 봄은 그렇게 바쁘다. 하지만 그 움직임은 놀랍게도 잘 드러나지 않는다. 햇살 한가운데서는 모른 척 미동도 하지 않다가 은월에 달이 숨은 밤이면 봄단장으로 요란한 곳이 울산여지도가 찾아가는 장춘오다.

지금의 사람들은 생경하기만 한 장춘오는 알고 보면 꽤 오래된 지명이다. 세상에 장춘오를 본격적으로 알린 이는 고려 문사 설곡(雪谷) 정포다. 간신난적이 들끓던 고려 후기 충렬왕에 직언을 서슴지 않았던 설곡은 모함으로 울주 땅에 유배됐다. 문사에게 유배는 곧 재충전의 휴가 아닌가. 설곡은 울주(蔚州)로 귀양 온 뒤 개경의 문사들과 한담필설(閑談筆舌)로 교류하며 울주의 절경과 지세를 알렸다. 그때 설곡이 남긴 울주 8곳의 정취가 사(詞)라는 형식으로 8수로 펼쳐져 있다. 일명 무산일단운(巫山一段雲)이라고 하고 『신증동국여지승람(新增東國輿地勝覽)』권22에 남아 있다.

설곡의 울주팔영(蔚州八詠)은 평원각(平遠閣)과 망해대(望海臺), 벽파정(碧波亭)과 은월봉(隱月峯), 장춘오(藏春塢)와 대화루(大和樓), 백련암(白蓮巖)과 개운포(開雲浦)다. 유배를 온 자신의 처지를 오묘하고 신비로운 땅 울산에 녹여 풀어냈다.

그 홍보 효과에 한양의 문사들이 울주 8영을 찾았고 조선조 유배지에 쫓겨 온 문사들이 음풍영월하던 단골 소재가 됐다. 하지만 1,000년 세월이 지난 울주팔영은 아쉽게도 제 모습을 잃었다. 평원각과 대화루(태화루)는 지금의 태화루에 있던 누각과 객사였고 은월봉과 장춘오는 태화루 맞은편에 있던 경승이다.

은월은 동쪽 둔덕이 잘려나갔지만 이름은 남았고 장춘오는 은월의 언덕 어디쯤이었지만 흔적을 잃었다. 삼산 외오산에 있던 벽파정은 일제가 삼산에 비행장을 만들면서 사라졌고 동천강변 백련암은 북구 덕양산업 공장 앞에 이름 석 자의 기념석으로 남아 있다. 신라 천 년 호국의 염원이 깃든 영축산 망해사의 망해대와 세계 4대 국제무역항이었던 개운포의 영화도 흔적은 사라지고 이름으로 아쉬움을 달래고 있다.

사라진 이름 장춘오는 울주팔영 가운데 특별하다. 수려한 경치를 노래하는 8경이나 8영은 절경이나 풍광을 배경으로 하는 게 보통이지만 장춘오는 예외다. 특정한 장소를 이야기하지만 사실은 장소는 물론 그곳에 깃든 기운과 식생의 오묘한 조화를 담은 추상적인 공간이다.

울주팔영에서 나머지 7곳은 모두가 뚜렷한 장소성을 가졌지만 장춘오만큼은 봄을 숨긴 언덕이라 이름했으니 고려문사와 조선조 시인들은 태화강변에서 무릉도원을 상상했을 법하다. 숨어 있는 봄의 공간에서 상상한 무릉도원은 어떤 모습이었을까. 그 뿌리는 당송팔대가로 이름을 날린 소식(蘇軾)에서부터다.

소식은 가는 봄날을 붙잡으며 「기제조경순장춘오」라는 시를 남겼다. 소식의 장춘오는 봄빛과 인생의 대비가 아쉬움으로 가득하다. 그 아쉬움이 고려와 조선에 와서 태화강 은월봉 아래 똬리를 틀었다. 옛 문사들은 은월 아래 장춘오를 그려놓고 앞다투어 상상력의 흔적을 남겼다. 그 대표작이 설곡의 장춘오다.

궁벽한 이곳에 원림(園林)은 고요해도 / 집안이 가난하여 술도 살 수 없구나 / 붉은 꽃, 흰 꽃, 피우며 봄이 오래 머물더니 / 작은 마당에는 빗방울이 지나갔네

숨어 있는 봄빛을 찾아가는 설곡의 애환이 담겼다.

옛 정취는 시문으로 남았지만 장소는 이미 회색빛이다. 태화강국가정원 남측, 신정동 태화로터리 일대와 은월봉 아래 둔덕은 옛 모습을 찾을 길이 없다. 한때 건너편 태화루를 복원하면 필히 은월 아래 장춘오를 다시 찾아야 한다고 목소리가 높았지만 옛 정취를 기억

하는 이들은 하나둘 은월봉 달무리 곁으로 떠나버렸다.

 마지막 팁 하나, 오래전 장춘오 주변은 버드나무가 강폭을 둘러싸 장막을 연출했다고 한다. 그 절경의 종말은 조선 철종 때 기묘한 이야기에 남았다. 울산부사 심원열이 남긴 기록에 그 버드나무는 가지가 울창해 귀신이 머리를 풀어 헤친 모양처럼 보였다고 한다. 그 불길한 소문이 여름이면 아이들이 강에 자주 빠져 죽은 일과 연루돼 무당이 굿판을 벌였고 몇 번의 굿판이 끝나고 무당이 흉물의 상징으로 버드나무를 지목하자 동네 장정들이 도끼를 들었다고 한다. 믿거나 말거나다.

돋질, 아무도 모르지만 스스로 수호신이 된 산

돋질산에서 바라 본 울산 시가지

 장마의 한가운데쯤이면 웅~ 웅~ 소리를 내는 산이 있다. 100리를 달려온 태화의 물길이 동해와 하나 되는 길목에 뭉퉁하게 앉은 산이다. 돋질, 해발 89.2m의 등성이는 산이라는 이름이 어색하게 들리지만 역사는 깊다. 산의 모습이 돼지의 형상을 하고 있어 돗질산·저두산(猪頭山) 등으로 불리다 최근에 표기법을 통일해 '돋질산'으로 명명됐다. 돗, 돋은 돼지를 뜻한다. 100m도 안 되는 산이지만 정상에 서면 울산의 10,000년 역사가 한눈에 들어온다. 동남 방향으로 조선소가 지척이고 석유화학단지에서 쉼 없이 연기가 뭉글거린다. 북서로 눈을 돌리면 도심과 도산성이 잔잔하고 태화강국가정원 너머 함월과 영남알프스까지 한눈에 들어온다.

돋질에 서면 눈앞에 펼쳐지는 풍경이 경이롭다. 손을 뻗으면 대한민국 산업의 맥박이 꿈틀대는 땅인데 고개만 돌리면 새로운 도시가 우뚝하다. 공업입국으로 대한의 가난을 떨쳐낸 심장과 그 대가로 일군 새로운 도시가 극명한 대비를 보이며 펼쳐진다. 이번에 울산여지도가 찾은 곳이 바로 그 맥박이 펄떡이는 땅 돋질이다.

울산과 동해가 이어지는 지점에 이정표처럼 마침표를 찍은 땅 돋질은 엄연히 산이다. 낙동정맥인 정족산에서 갈라져 남암산과 영축산, 신선산으로 이어진 남양지맥의 끝자락에 당당하게 가부좌를 튼 이 산은 신비로운 기운이 가득하다. 오랜 세월 이 산을 지킨 띠고딩 이야기와 도깨비 전설이 그 증좌다.

울산에 사는 사람들에게 돋질산은 낯설다. 들어본 적이 있는 것 같기도 하지만 어디라고 손가락을 가리키면 갸우뚱하며 생소한 산이 돋질이다. 실제 돋질은 열에 일곱은 어디에 있는지조차 모른 채 자리한 산이다. 삼산이 개발되고 공단의 검은 연기가 하늘을 가득 채우면서 존재감이 사라진 산이지만 그래도 국제무역항 시절부터 납도의 폭죽이 요란했던 오늘까지 묵묵히 그 현장을 지켜낸 울산의 지킴이다.

돋질산은 사람의 접근이 쉽지 않은 땅이지만 그만큼 신비로운 이야기가 많은 산이다. 울산에서 제법 오래 산 사람이라면 한 번쯤 들었을 이병철 회장의 별장 공사 이야기가 대표적이다. 흔히 이병철 별장터로 불리는 이 땅은 돋질산 정상 부근에 있다. 지금은 롯데정밀화학이 가꿔놓은 정원 속에 들어 있지만 그 뿌리는 지난 1964년 들어선 한국비료공업이다. 흔히 '한비'라는 이름이 더 익숙한 이 회사는 삼성의 뿌리 기업 중 하나다.

돋질산에는 띠고딩이 살고 있다. 띠고딩은 오랜 세월 돋질산을 지켜온 수호신 같은 존재다. 경상도에서 찌꾸미라 하는 수호신은 지킴이의 옛말이다. 오래전부터 울산 사람들은 돋질산 지킴이인 띠고딩이 울면 하늘이 내리는 천벌을 경계했다고 한다. 지금처럼 장마가 한창일 때 띠고딩은 밤새 울음소리를 내는 일이 잦았다. 큰물 들면 반드시 물에 빠져 죽는 이가 있기 마련이기에 큰물을 경계하는 옛사람들의 경계심이 만든 이야기로 보인다. 그만큼 울산 사람들에게 돋질은 신령스러운 산이었고 수호신 하나가 산속에 몸을 숨기고 똬리를 틀었다고 믿었다.

대표적인 이야기가 바로 한비(한국비료공업) 시절 별장 공사 사건이다. 한비가 돋질산 아래 터를 잡고 잘나가던 시절 태화들과 동해가 한눈에 들어오는 정상 부근에 별장격인 영빈관 공사를 시작했다. 하지만 공사는 한창 진행되다 중단됐다. 별장 공사 도중에 그 유명한 '한국비료 사카린 밀수사건'이 터졌다. 엎친 데 덮친 격으로 공사 현장에서 인부가 즉사했다는 이야기도 들렸다. 중장비가 바위를 건드리는 순간 누런 황구렁이가 모습을 드러냈고 이를 본 이들이 죽거나 시름시름 앓았다는 이야기가 아직도 전해지고 있다.

돋질산과 그 아래 땅은 대한민국 공업화를 고스란히 받아낸 산모 같은 땅이다. 1962년 울산이 공업입국의 상징으로 점찍힌 뒤 팔도의 사람이 울산에 모여들었다. 8만의 인구가 100만으로 불어나던 시간, 산업화와 도시화가 남긴 온갖 쓰레기는 돋질산 아래 매립장으로 왔다. 도시의 오물을 꾸역꾸역 파묻은 땅이 다시 15년간 안정화 기간을 거쳐 국제적인 정원으로 거듭나는 중이다. 매립장 사이로 여천천의 샛강이 흐른다. 땅속에 무엇이 있든 매립장 위의 초지는 철마다 이름 모를 야생화가 지천으로 피고 진다.

낮은 산이지만 돋질의 정상 부근에는 이야깃거리가 많다. 북쪽 봉우리에는 국토 측량의 기준이 되는 삼각점이 있고 언제 들어섰는지 알 수 없는 군사시설도 폐허로 남아 있다. 남쪽 아래로 눈을 돌리면 롯데정밀화학이 울타리를 친 금단의 땅이다. 이 땅의 안쪽에는 봄마다 벚꽃이 흐드러져 벚꽃천지의 세상이 펼쳐지지만 재벌이 금줄을 친 탓에 울산 시민들에게는 그림의 떡이다.

이 산에는 누구나 들어본 춘향설화와 연이 닿은 전설이 있다. 바로 기녀 월앵과 호동이의 사랑이야기다. 신분과 패관의 욕정에 이승에서 맺지 못한 두 젊은 혼을 돋질산 도깨비가 맺어 준 이야기는 이 땅을 지키는 이무기나 도깨비 모두가 민초의 삶과 함께하는 벗이었음을 증명한다. 여기서 잠깐, 울산의 도깨비는 모두가 민중의 수호신이다. 지금도 가끔 뿔이 달리고 이가 튀어나오며 불쾌하고 두려운 존재로 인식되는 도깨비는 우리 것이 아니다. 일제가 자기네 문화에 전하는 오니라는 도깨비 귀신을 일제강점기 때 우리의 도깨비로 연결한 왜곡이다.

마지막 팁 하나, 돋질에는 아주 오래전부터 백두의 정기가 마지막으로 맺힌 샘이 존재했고 그 샘물을 마신 왕과 두 아들이 나라를 일으켰다는 이야기가 떠돈다. 불사국과 삼왕봉 이야기다. 이런 부류의 이야기는 삼산벌의 왕생 설화나 두왕골의 대마도 왕 이야기 같은 신성한 땅의 기세를 등에 업은 민중신화다. 그만큼 이 땅이 신비롭기에 언젠가 아기장수 같은 이가 민초의 삶을 바꿀 것이라는 바람으로 읽힌다.

호계, 철의 역사 실어 나른 100년의 기억

폐쇄된 호계역

우리 민족은 범과 유난히 연관성이 깊다. 순우리말로 호랑이인 범은 한자로 호(虎)다. 그래서 지명에 호를 포함한 이름이 즐비하다. 울산의 대표적인 범 동네가 울산 북구 호계다. 호계(虎溪)는 마을 동쪽에 범의 형상을 한 호봉(虎峰)이 자리하고 있고 이 봉우리를 타고 흐르는 물길이 마을을 휘감아 '호계(虎溪)'라는 이름이 붙었다고 전한다. 일설에는 일제가 마구잡이로 붙인 이름이라 하지만 그 또한 근거는 부족하다.

경주 토함산과 울산 동대산, 그리고 무룡산 자락까지 영역권에 둔 범의 기세가 밤마다 호환을 불러 범의 땅으로 자리했을 가능성도 있다. 바로 그 범의 기운이 서린 땅은 북쪽의 매곡과 중산부터 호계와 창평까지 산자락 아래서 선사시대부터 주거문화를 이룬 오랜 인류의 정착지라는 유추가 가능하다.

호계는 북동 방향으로 동대산이 자리하고 홈골못이 움푹해 사시사철 물걱정이 없는 땅이다. 그 중심을 관통하는 물길이 호계천으로 서쪽 끝자리에서 동천강과 만난다. 이번에 울산여지도는 달천의 쇠부리 축제를 맞아 그 철장을 실어 나른 아이언로드의 심장 호계로 향했다.

최근 전라북도 장수에서 뜬금없는 아이언로드 이야기가 번지고 있다. 장수에 위치한 육십령고개를 핵심 테마로 설정한 장수군은 인근에 가야타워를 만들고 기원전·후 2,000년간 동서를 이어준 상생의 장이라는 의미를 부여했다.

무엇보다 주목되는 부분은 고대 철의 이동루트가 장수였다는 설정과 중국으로부터 연결된 철의 이동이 장수를 거쳐 가야로 연결됐다는 아이언로드 테마 사업을 구체화하고 있다는 점이다. 근거는 장수군 일대에서 확인되는 철 생산유적의 고고학적 성과다. 가야의 소국인 반파국이 장수에 있었고 그 반파국이 중국과 가야를 잇는 철기문화의 중심이었다는 주장이다.

한때는 김해와 고령을 중심으로 가야가 철의 제국이었다는 이야기가 국내 사학계의 중심이었다. 기원전·후 새로운 문명으로 깃발을 흔들었던 변한의 주인 가야는 어느 순간 소리 없이 사라졌고 2,000년 세월이 흐른 뒤 너도나도 가야와의 연결 고리로 고대사의 주인공이 되려고 안달이다.

가장 집요했던 쪽은 왜, 바로 일본이다. 왜는 조선 침략 직후부터 가야권을 뒤졌다. 조상들의 흔적을 한반도에서 찾아내 제국의 우월성을 증명하는 임나일본부의 상징을 만들겠다는 음모를 꾸몄다. 하지만 뒤지면 뒤질수록 왜의 후진성이 드러났고 파헤친 무덤은 덮어놓기에 바빴다.

왜의 고고학자들은 울산의 산하도 파헤쳤다. 서생 신암부터 매곡 중산까지 온 산하와 무덤을 뒤지며 선조의 흔적을 찾았다. 아뿔싸, 흔적은커녕 울산의 산하에 묻혀 있는 고대사의 비밀은 왜가 어디서 철을 구하고 집자리를 배워 갔는지를 보여줬다. 그 흔적이 분명하게 남은 땅이 바로 울산의 북쪽 땅이었다.

울산의 북쪽 물산의 중심지는 단연 호계다. 일제강점기인 1934년 간행된 『울산읍지(蔚山邑誌)』와 1937년 간행된 『흥려승람(興麗勝覽)』에 호계장이 실려 있다. 기록을 보면 호계장은 고사장, 명산장, 대복장과 함께 매달 1일과 6일에 열린다고 소개돼 있다. 호계장의 역사를 짐작할 만한 대목이다. 지금의 호계장은 1922년 근대식 장터가 만들어지면서 제대로 자리를 잡았다.

이는 철도와 무관하지 않다. 1922년 10월 경주에서 울산 성남동으로 향하는 협궤열차가 호계역에 서면서 울산의 철도역사는 시작됐다. 이 열차가 1936년 신형 철도로 승격하면서 100년의 역사를 이어왔다. 지금은 동해남부선 폐선으로 그 기능을 북울산역에 넘겨주고 기념물로 남았다.

지난 1995년 경남대 박물관이 호계 일대를 뒤졌다. 인근 중산과 매곡의 선사유적이 쏟아지면서 지세가 범상치 않은 호계는 당연히 주목거리가 됐다. 아니나 다를까 호계의 과거는 청동기시대 집단주거지로 드러났다. 환호 형태가 뚜렷한 집자리와 토기류가 출토됐지만 청동기시대 전기후엽에 해당되는 유적이라는 정도만 기록으로 남긴 채 개발의 삽질에 파묻혔다. 당시 출토 유물은 경남대박물관에 남았고 유적지는 구획정리로 주택단지로 변했다.

청동기 이후 선사인류의 집단주거지였던 이 땅은 인근 상안 매곡

등과 더불어 달천에 근거를 둔 철기문화 집단의 배후 주거지로 추정되고 있다. 달내산 일대의 철광단지가 산업지구였다면 호계와 매곡 상안 일대는 철기를 생산하던 사람들의 주거지였다고 볼 수 있다. 동대산 자락 아래 물길이 펼쳐진 땅은 당연히 사람이 살기 좋은 곳이었고 그중 호계는 으뜸이었다. 호계 홈골 골짜기에서 동천에 이르는 호계천은 귀숫굴거랑이란 이름으로 불렸다. 특이하게도 호계천 물길은 수박 냄새가 피어오르는 것으로 유명했다. 이는 호계천 북쪽 수동마을의 수박샘이 냄새의 뿌리라는 이야기가 있지만 그만큼 수풀이 우거지고 물맛과 상태가 좋았다는 이야기로 풀면 될 듯하다.

호계가 물산의 중심지로 변모하고 울산 북쪽의 거점이 된 것은 철도가 가장 결정적 역할을 했다. 실제로 철도가 개통된 이후 호계역은 1980년대 후반까지 달천철장의 철광석 운반을 위한 화물역이 본업이었다. 울산이 공업센터가 되고 석유화학공단과 조선, 자동차가 주력산업이 되기 전 호계역의 철광석과 덕하역의 소금은 울산의 핵심 산물이었다. 이른바 염철문화라는 근대화 이전의 먹거리였다.

울산은 특이하게도 철과 소금을 모두 보유한 고장이었다. 철이 나고 소금까지 나는 지역은 세계적으로도 드문 경우지만 울산은 그 둘을 모두 가졌다. 아마도 울산이 8세기 통일신라의 국제무역항으로 서라벌을 세계 4대도시 반열에 올려놓은 뿌리는 바로 울산의 염철문화라는 짐작이다.

무려 2,000년의 역사를 가진 울산의 철기문화는 삼국통일의 깃발을 흔들었던 시절과 해방 직후 산업의 쌀 역할을 했던 시절이 전성기였다. 달천의 철장에서 원형으로 캐낸 철광석을 실어 나르던 호계역은 이제 역사의 뒤안길에 멈춰 있다. 멈춘 시계를 지금 원조 아이언로드로 부활하려는 움직임이 한창이다. 숨죽인 토철과 철광석을 불매질로 달궈 푸르고 붉은 불꽃을 피워 올릴 시간이다.

두왕(斗旺), 왕의 이야기가 전설로 맺힌 마을

대마도 왕이 났다는 풍설이 전해지는 두왕 지산저수지 일대

　지리에 대한 관심은 인류의 출발부터 존재했다. 첫 시선의 목적은 생존이었다. 살기 위해 주변을 살펴야 했고 자손을 위해 기록을 남겼다. 문자가 없던 시대에 기록은 그림이었고 오래 변하지 않는 도구가 암각화였다. 문자가 생기자 암각화의 시대는 끝났고 지도와 지리의 풍속이 문자로 남게 됐다. 울산의 자랑인 반구대암각화와 대한의 자랑인 고산자의 대동여지도가 그 증좌다.

백두를 세 번 이상 올랐다는 전설의 주인공 고산자는 여지도에서 남송의 여조겸이 쓴 『한여지도(漢輿地圖)』 서문을 옮겨 놓았다. 글은 이렇다. "큰 땅의 지도가 있은 것은 오래됐다. 한이 진을 멸망시켰을 때, 소하가 지리서를 거두어 비로소 천하를 얻었다." 유구한 세월 속 전해지는 조선 땅의 지리서를 두루 섭렵해 대동의 이름으로 여지도를 만든 뜻이다.

울산의 땅을 이야기하면 오래전부터 바다 건너 왜와 우리 땅이 얽히고설켜 있다는 사실을 발견한다. 이 땅에 사람이 살기 시작하면서 이어진 질긴 인연이다. 왜의 세작들은 오래전부터 바다를 건너 울산 땅 무룡에 올라 지리를 살피고 글과 그림으로 기록했다. 산은 무룡이 으뜸이고 물길은 태화가 첫째다. 그 산과 물길을 따라 2,000년의 세월을 노략질과 살육으로 먹고산 도적이 호시탐탐 노리던 땅은 회야의 곡창이었다. 그래선지 울산의 땅에는 설핏설핏 전설 같은 왜와의 인연이 숨어 있는 지명이 남았다. 그 증좌가 울산여지도가 밟아보는 두왕이다.

지난 2015년 겨울 일본 국립큐슈박물관에서 '고대 일본과 백제'라는 기획 전시가 열렸다. 369년에 백제가 왜왕(倭王)에게 선물한 것으로 알려진 칠지도(七支刀)를 비롯해 백제의 많은 유물이 전시됐다. 놀라운 것은 전시회 안내문이다.

박물관은 전시 의도에 대해 "백제가 일본에 끼친 영향을 확인하고 두 나라 간의 오래되고 끈끈한 관계를 명확히 알 수 있게 되길 바란다."라며 한글과 일본어로 병기된 전시 안내문에 "일본이 일으킨 임진왜란과 정유재란은 일·한의 오랜 교류 역사를 단절시킨 불행한 일이었다. 많은 조선 사람과 문물이 일본군에게 약탈됐다. 식민시절에 일본은 조선을 철저히 탄압하고 황민화 정책과 강제 연행 등을 실시했고 조선 사람들에게 깊은 상처를 남겼다."라고 적었다.

정치가 허구한 날 사과와 반성을 이야기하고 "독도는 일본 땅"이라 쭈뼛거리지만 역사를 아는 왜의 후손은 또박또박 과거를 직시했다. 그 현장인 큐슈는 도요토미가 급조한 나고야성에서 조선침략의 발톱을 드러낸 땅이다.

우리는 임진년의 조일전쟁을 한나절에 무너진 동래성전투로 시작을 이야기하지만 사실은 한 방향의 왜군은 서생을 지나 회야를 거슬러 울산 땅을 도륙했다. 그 진격의 방향에 길목으로 솟은 땅이 두왕(斗旺)이다. 두왕은 원래 도왕(島王)이라는 이름이었다. 울산과 가장 가까운 바다 건너 섬 대마도(對馬島)에 이곳 출신 김씨가 왕으로 살았다는 전설이 근거다. 그 왕의 조상묘가 마을에 있어 도왕(島王) 혹은 도왕(道王)이라고 하지만 '임금 왕(王)' 자를 쓰는 것은 왕을 거역한다 하여 '왕성할 왕(旺)' 자로 고치고 '섬 도(島)', '길 도(道)' 대신 '말 두(斗)' 자로 바꿔 오늘에 이르렀다.

두왕은 1962년까지 울주의 땅이었다. 청량의 중심에 위치해 남으로 덕하, 북으로 남산 열두 봉우리를 뒷배로 삼고 함월과 은곡 문수를 호위무사로 둘러싼 천하길지였다. 청량은 신라 때 자장이 당나라 청량산에서 수도하다 문수보살을 만나 진신사리와 석가모니의 가사를 받아 온 데서 유래한 이름이다. 청정 도량이 깃든 땅이기에 청량 땅 문수산 아래에서 대가람 영축사가 천 년 이후에야 흔적을 드러냈다.

두왕은 조선조에 두왕당리(豆王堂里)라는 기록이 남아 있고 현대에 와서 울산광역시 남구 두왕동으로 굳어졌다. 두왕의 북쪽은 비취빛의 옥을 캐던 광산이 있었다는 옥동이 위치하고 동쪽은 선암, 남쪽과 서쪽은 회야의 허리가 휘감은 땅이다. 지금은 이 일대가 테크노일반산업단지와 대학의 연구기관들이 입지해 있고 남북으로 흐르는 두왕천을 따라 아파트 단지가 즐비하다.

조선조 중엽의 일이다. 풍수지리의 대가 국풍이 대구와 경주를 돌아 울산 땅을 밟았을 때 범상치 않은 왕의 기운을 남산 아래에서 느꼈다. 국풍이 지목한 혈맥은 두 곳이었다. 동남의 돌질 방향으로 이어진 지세와 남서 방향의 회야로 이어진 두왕골을 왕생의 기운이 있다고 쇠막대기를 두드렸다.

그런 연고인지 두왕골 일대는 이런 이야기가 전한다. 때는 고려조의 어느 날, 두왕골에 아홉 명의 아들을 둔 효자 김 씨가 살았다. 김

씨는 아버지의 묫자리를 찾았지만 마땅하지 않았다. 그러던 중 꿈에 백발노인이 감남무진 객줏집의 머슴이 되라고 일러주었다. 객줏집 머슴으로 살고 있는 어느 날, 상주와 지관이 인근 산에 삶은 계란을 묻는 것을 보고, 김 씨는 그 자리에 생계란을 묻었다. 다음 날 김 씨가 묻은 생계란 가운데 하나에서 닭이 부화했고 이를 본 김 씨는 그 자리에 아버지를 묻어 그 후손이 대마도 왕이 됐다. 영험한 땅의 기운을 믿은 사람들은 무덤이 있던 자리를 '대마도주등'이라 부르고, 마을 이름도 도왕이라 했다.

풀어보면 두왕의 지세가 풍수지리의 금계포란형(錦鷄抱卵形)이라는 이야기다. 명당발복형(明堂發福形)은 그냥 나온 이야기가 아니다. 인물도 여럿 배출됐다. 대표적인 인물이 바로 김두겸 울산광역시장이다. 그런 자리에 울산의 미래 산업을 책임진 두뇌들이 핵심 연구시설에 모여 있으니 지리와 인문의 연결성은 예사롭지 않다.

마지막 팁 하나, 두왕과 직접적인 지리적 연관성을 가진 대마도는 일본식 이름으로 쓰시마다. 이 이름의 뿌리가 두시마라는 설은 두왕과의 연결성이 있어 보인다. 또 하나, 대마의 도주가 소(宗)씨였는데 부산에는 송(宋)씨가 건너가 왕이 된 것이란 기록이 있다. 놀랍게도 이 기록은 1740년 동래부지(東萊府志)에 실화처럼 나와 있다. 송씨의 조상 무덤이 동래에 있다는 전설이 있는 것을 보면 울산과 닮았다. 영험한 땅의 기운을 왜국 섬나라 왕의 전설로 풀어낸 믿거나 말거나 한 이야기다.

화정 천내, 한 해 마지막 햇살 쉬어 가는 곳

화정산에서 바라본 울산공단

한 해가 저문다. 삼백예순다섯 날을 달려온 시간이 차분하게 가라앉은 끝자락이다. 울산의 상징은 청룡이다. 울주 7봉의 정기에 남암산맥의 등성이를 가로질러 동해로 나아간 아홉 마리 용이 동천과 태화, 여천과 외황, 회야에서 용트림을 하고 뻘밭의 여의주를 캐내 동해바다로 승천하는 형상이 울산이다. 울산여지도는 그 장관을 한눈에 조망할 수 있는 자리를 찾았다. 울산의 동쪽 끝 야트막한 산자락 화정이다.

해가 바뀔 때 울산의 일몰 포인트는 단연 화정이다. 화정산은 동구 염포산의 한 자락으로 동구청 바로 뒤편 방어진 공원을 품은 작은 산이다. 동구청 뒷길을 따라 도보로 15~20분 정도면 오를 수 있지만 울산대교로 향하는 도로도 열려 최근에는 관광버스도 자주 다닌다. 이 산 정상부의 울산대교 전망대와 별도의 데크 전망대는 인기가 상한가다. 여기에 서면 울산항을 드나드는 각양각색의 선박과 석유화학 공단의 장관은 물론 100리를 달려온 태화의 숨소리를 들을 수 있다.

놀랍게도 화정은 해가 질 무렵에 스스로 분칠한다. 영남알프스 아래 펼쳐진 산업 수도 울산과 산과 땅을 잇는 혈맥의 푸른 펄떡임이 색조를 푼 듯 뚜렷해지는 시간이다. 어둠의 시간, 눈을 돌리면 울산 12경의 하나인 공단의 야경이 황홀경을 맛보게 한다. 화정산 전망대와 울산대교 전망대가 일몰 포인트로 으뜸인 이유다. 명불허전이라 했던가. 인공과 자연이 조화로운 이곳의 풍경은 조선조 선비들에게도 인기였다. 전설처럼 떠도는 방어진 12경의 제1경 '화암만조(花岩晚潮)'가 바로 이 자리의 풍광을 칭송한 편액이다.

과연 지금도 화암만조를 볼 수 있을까. 옛 기록을 보면 화정산 전망대에서 내려다보이는 방어진 꽃바위 일대는 검회색 바위 위에 꽃무늬를 연상시키는 하얀 무늬가 유난히 많았다고 한다. 동해의 붉은 불덩이가 해면을 박차고 나올 무렵과 울주의 울타리로 모습을 감추는 시간이면 바닷가 갯바위는 탈색을 한다. 그 시간, 바닷속에 몸을 숨긴 꽃무늬 바위는 잠시 모습을 드러냈고 그 풍광이 입을 다물지 못하게 해 제1경으로 번쩍했다는 이야기다. 아쉽게도 지금은 전설이 됐다.

인간의 손길은 천혜의 풍광을 지웠다. 1989년 항만축조 및 매립사업으로 '화암만조'의 진짜배기는 어디론가 사라졌다. 다만 일몰의 시간이 시작되는 해넘이 언저리에 화정에 오르면 '화암만조'의 자취가 보일 듯 말 듯 하다니 한 번쯤 아쉬움을 달래볼 일이다. 흔적을 찾다 지치면 고개를 남서 방향으로 돌리면 된다. 다행히 햇살이 아쉬워 여운으로 펼쳐진 날을 만나면 화암만조가 천상에서 펼쳐진 놀라운 풍경을 눈에 담을 수 있다. 바로 울산 최고의 노을 뷰가 화정산 저녁 풍경이다.

화정이 우리에게 알려진 것은 울산대교가 들어서면서부터다. 울산대교는 울산광역시 남구 매암동에서 동구 일산동을 잇는 1,800m의 현수교다. 물길 위에 다리를 놓고, 우뚝한 주탑을 세워 그 끝을 철심으로 연결해 끝자리를 당겨 매는 단경간 현수교 방식의 다리다.

2009년 11월 30일에 착공해 2015년 6월 1일에 개통했다. 주탑과 주탑 사이 거리인 '경간'이 무려 1,150m로 단경간 현수교 중 세계에서 세 번째로 길다. 최장 경간 다리는 중국 룬양대교(1,490m)이고 그다음이 중국 장진대교(1,300m)이며 그 뒤로 울산대교가 이름을 올렸다.

울산대교의 연결은 울산 동구의 교통지도를 완전히 바꿨다. 오래전, 울산이 공업센터가 되면서 여러 공장이 들어설 무렵, 울산 전도를 펼치고 50만 도시를 그리던 박정희는 태화강 끝자리를 지목했다. "임자, 여기 제일 아래쪽에 다리를 하나 놓으면 어때?" 좌우의 참모들은 아무 말도 못 했다. 공법도 공사비도 감당하기 어려운 당시의 상황으로는 꿈같은 이야기였다.

이런 연고로 울산대교는 건설되기 전부터 '꿈의 다리'라는 이름으로 전해 내려왔고 반세기 만에 그 꿈이 실현됐다. 그 마지막 자리에 우뚝하게 박은 울산대교 전망대는 최근 들어 인기 관광지로 부상했다. 영남알프스를 배경으로 펼쳐진 시가지의 일몰과 산업수도의 섬광이 뒤섞인 황홀한 야경이 장관이다. 2020년쯤인가, 한국관광공사에서는 바로 여기를 '대한민국 야간관광 1번지로' 선정하기도 했다.

화정을 이야기할 때 빼놓을 수 없는 것이 천내봉수대다. 봉수는 조선의 레이더 기지라고 불릴 정도로 군사통신체계의 핵심이었다.

조선팔도 조망이 양호한 산 정상부에는 어김없이 봉수가 설치됐다. 밤에는 횃불로, 낮에는 연기로 암호처럼 신호를 올려 국경과 해안의 무탈함을 한양도심 목멱산(지금의 남산) 중앙봉수본부로 전했다. 봉수제가 성립된 것은 1149년(고려 의종 3년)으로, 1급에서 4급의 봉수 거화수(炬火數)를 규정했다.

 여기에는 10여 명의 적은 군사부터 100여 명의 거대 조직까지 다양한 봉수군을 두고 이들에게 녹읍을 하사해 생활대책을 마련했다. 조선조에는 봉수체계가 더 촘촘해져 5거 거화수 등 관계 규칙이 세분화됐고 육로와 해로의 일반적 봉수와 최단거리의 직로봉수 등으로 레이더 기지를 첨단화했다. 봉수의 불과 연기는 평상시에는 한 홰(烽)로 안전을 알렸고, 적이 나타나면 두 홰, 국경에 접근하면 세 홰, 국경을 넘어오면 네 홰, 접전이 벌어지면 다섯 홰의 봉수를 올려 실제 상황을 신호로 보여줬다. 화정산 자락 해발 120m에 위치한 천내봉수대는 울산만의 관문을 지키는 해안봉수의 요충지로 가리산(加里山)에서 봉수를 받아 주전봉수로 연결하는 연변봉수의 하나였다.

 마지막 팁 하나, 화정은 오래전 울산의 장사시설이 있던 자리다. 일제강점기 일본인 화장 시설로 시작된 화정산 장사시설은 그 뿌리가 1929년부터니 벌써 100년이 됐다. 이후 지금의 국궁 활터인 청학정이 있는 자리에 공설 화장장이 자리했고 울산의 인구가 늘어나면서 지난 1973년 새로운 시설의 '울산공설화장장'이 인근에 들어섰다. 그로부터 40년 뒤 울주 보삼마을 인근으로 장사시설이 옮겨갈 때까지 화정은 울산인들의 마지막 자리로 남아 긴 사연을 하늘로 올리는 신성한 장소였다.

태화강역, 1,200년 전 세계와 교류하던 땅

태화강역

태화강역이 분주하다. 2025년부터 울산은 철도 변방에서 중심으로 자리를 옮기게 됐다. 서울 청량리역에서 태화강역을 잇는 중앙선 철도에 준고속열차인 KTX-이음이 운행을 시작했다. 바다 쪽의 철길도 뚫렸다. 태화강역에서 강릉을 잇는 열차가 새로운 노선으로 연결됐다. 내륙을 통해 돌고 돌아 강릉으로 가던 열차는 옛말이다.

포항과 삼척간 동해중부선(166.3㎞)이 열리면서 동해의 등짝을 잇는 바닷길 철도가 완성됐다. 다만 이 구간은 일부 철도의 고속철로 미완으로 당분간은 고속열차가 달리지 못한다. 아쉽지만 과거 반나절이 걸리던 철도 이동이 3시간대 안으로 짧아진 것은 반갑다. 무엇보다 한반도 중앙을 가로지르는 KTX-이음의 개통은 선물이다. 울산의 서쪽 끝에 위치한 KTX 울산역의 편향성 때문에 고속열차 이용이 불편했던 시내권 시민들은 이제 KTX-이음을 타고 서울로 향할 수 있게 됐다.

이 모든 철도 연결망의 중심이 울산여지도가 밝아보는 태화강역이다. 태화강역의 역사는 무려 100년이 넘었다. 물론 지금의 태화강역에서 철도 역사가 시작된 것은 아니다. 울산의 철도는 일제의 전략적 선택으로 시작됐다. 협궤열차라는 이름의 왜소한 철도가 경동선이라는 이름으로 울산에 들어온 게 한 세기 전이다. 지금 젊음의 거리로 단장된 중구 성남동에 기적소리가 울리면서 울산에도 철도의 시대가 열렸다. 이 철도가 학산동 울산역으로 옮기면서 부산과 포항을 잇는 동해남부선이 울산철도의 대명사가 됐다.

동해남부선은 일제가 조선철도 12년 계획의 일환으로 동해를 따라 건설한 식민지 철도사업의 핵심이다. 부산의 바닷가쪽 항만물류역이었던 부산진역과 경상북도 포항역을 연결하는 철도가 깔린 것은 일제가 원자폭탄에 폭망하기 불과 한 달 전인 1945년 7월이다.

그 철길이 해방과 함께 동해안의 물류는 물론 사람과 추억과 낭만까지 싣고 반세기를 달렸다. 부산 쪽의 철길이 다양화되면서 동해남부선의 운명도 변했다. 1993년부터 동해선 복선 전철화 공사가 시작돼 동해선이라는 이름으로 철길의 이름이 달라졌고 울산의 철도역도 현대화됐다.

성남동 시대를 시작으로 기적을 울린 울산역은 학산동과 삼산동 시대를 거쳐 새로운 역할을 짊어졌지만 지난 2010년 11월 1일 KTX 울산역이 언양에 들어서면서 그 고유의 이름도 헌납했다. 지역의 대표성을 가진 울산역이라는 이름은 태화강이라는 새로운 이름으로 간판을 바꿨고 선사문화의 시작점에서 달려온 태화의 물줄기와 함께 새로운 도약을 준비 중이다.

기차는 단순한 이동의 수단을 넘어 새로운 문화를 만드는 특별한 문명의 도구다. 근대화의 상징이 증기기관차의 기적 소리였다면 기차가 닿는 곳은 새로운 문화가 탄생하는 창조와 생성의 공간이 됐다. 바로 그 공간, 설렘과 기대가 공존하는 장소가 기차역이다. 기차역은 그래서 21세기 첨단의 시대인 오늘에도 도시의 상징이 된다. 항공수요가 대세지만 여전히 내륙여행으로 기차를 선호하는 이가 많은 이유도 이 때문이다. 울산은 이제 새로운 철도노선이 2개나 생겼다. 철도 역사 100년을 가진 오래된 도시지만 그동안 울산과 철도는 소원한 관계였다.

울산의 철도 역사가 급변한 지금의 모습은 1,200년 전, 통일신라 시절과 일맥상통한다. 이스탄불, 바그다드, 장안과 함께 세계 4대 도시를 겨뤘던 서라벌의 국제무역항 시절이다. 당시 울산에는 로마 상단부터 아랍의 무역상까지 개운포와 사포를 드나들었다. 동해선이 깔리고 중부선의 관통하는 지금이 바로 그 오래된 물류거점의 역사가 다시 되살아나는 신호탄이라는 해석이다. 부산에서 용트림을 한 고속철도가 백두대간의 등줄기를 타고 울산을 지나 강릉과 북한, 연해주를 휘돌아 시베리아 횡단철도와 만나게 되는 날도 머지않았다.

이런 주장의 근거는 분명하다. 울산은 물류에서 1,200년 이상의 역사를 가진 세계적인 거점 도시다. 8세기 세계 4대 물류항이 서라벌의 외항, 울산이었다는 사실은 이미 잘 알려져 있다. 그 역사를 가진 울산을 대륙 침략의 거점으로 삼은 일제가 어느 곳보다 먼저 철길을 깔았고 그 철길 위에서 침략과 수탈의 역사가 노골화됐다. 바로 그 철길을 기반으로 한반도 첫 비행장을 만들고 왜와 만주의 중간지점에 군수물류 공급의 병참기지를 세우려 했다.

기차역은 여행자들이 가장 먼저 만나는 도시의 관문이다. 여행을 하다 보면 도시의 중심에서 만나는 장소가 기차역이다. 유명 관광지에 위치한 기차역에는 여행안내소와 교통센터 등 여행자들을 위한 시스템이 갖춰져 있는 이유도 이 때문이다. 굳이 다른 나라 사정을 이야기하지 않아도 된다. 서울이나 부산, 그리고 대전이나 대구만 해도 철도는 도심과 함께 호흡한다. 일본의 신칸센 역시 도심의 숨결이 스며드는 곳에 철도역이 있고 이 역을 중심으로 도시의 여행이 시작된다.

그동안 울산은 철도의 변방이었다. 태화강역이 새롭게 들어설 때도 철도공사의 일방적인 계획에 끌려갔고 노선과 역의 규모 모두가 울산의 의사와 무관하게 만들어졌다. 뒤늦게 철도시대의 중요성을 깨달은 순간, 이미 올라간 철근 콘크리트는 부숴버릴 수 없는 상황이 됐다.

지금이라도 늦지 않았다. 고속철도 울산역과 북방 대륙철도의 중심역이 될 태화강역을 보유한 울산은 장기적으로 광역고속철도 3개 이상을 보유한 철도도시가 된다. 1,200년 전 국제무역항과 뿌리를 함께하는 철도의 시대가 눈앞이라는 이야기다. 지금 태화강역이 위치한 돋질산과 태화강 하구는 그 1,200년의 시간을 함께한 역사를 가진 땅이다. 이런 서사를 가진 철도역을 세계적인 규모로 만드는 일은 앞으로 울산 사람들이 해야 할 과제다.

울산과 야마토(大和),
재일청년들이 외친 조상의 꿈자리

태화강국가정원 전경

　지난 2024년 일본 고교야구의 대축제인 고시엔에서 한국계 교토 국제고가 기적 같은 우승을 차지했다. 우승의 피날레 뒤에 NHK 전파를 타고 교토국제고의 한국어 교가가 울려 퍼졌다. "동해바다 건너서 야마토(大和) 땅은 거룩한 우리 조상 옛적 꿈자리" 수천 년 동북아 역사가 고스란히 녹아 흐르는 이 교가에 일본이 흥분하고 있다. 기적의 우승을 이뤄낸 교토국제고는 지난 1947년 재일교포들이 세운 재일동포 2세를 위한 학교다. 재정적 어려움으로 운영난을 겪은 이 학교는 지난 2004년 일본 교육법의 적용을 받는 학교로 전환돼 '한일 연합' 형태의 학교로 유지되고 있다. 학생 수는 일본 국적 학생들이 60% 이상이고, 야구부원은 한국 국적 3명을 빼면 대부분이 일본 국적이다.

문제는 이 학교의 우리말 교가에 등장하는 야마토다. '동해바다 건너서 야마토 땅은 우리조상 옛적 꿈자리'라는 말은 어떤 의미일까. 야마토는 일본인이 스스로를 부르는 민족 정체성을 담은 이름이다. 여기에는 한반도와 고대 일본의 관계를 알려주는 비밀이 있다. 그 비밀의 코드는 바로 고대 한반도인들이 일본 열도에 들어가 나라를 세운 이야기다. 주인공은 지금의 경북 고령 일대에 근거를 둔 '미오야마나'인들이다. 이들은 기원후 42년에 북방에서 남하한 기마군단에게 자신들의 거점을 빼앗기자 지배층의 한 무리가 대한해협을 건너 일본 열도로 흘러갔다. 그들이 새 정착지로 정한 곳이 바로 야마토다. 미오야마나가 야마토로 변한 스토리다. 이 같은 역사적 맥락을 제대로 모른 채 일부 학자들은 한자를 잘못 풀이해 지금도 여러 가설로 논쟁을 벌이고 있다.

몇 해 전으로 기억한다. 구글의 지도 서비스에 울산 태화강의 영문 이름을 일본어인 '야마토 리버'로 표기한 적이 있다. 울산시가 공식 항의하고 수정을 요구한 이 사건으로 야마토란 이름이 한때 울산 사람들에게 이슈가 됐다. 야마토는 일본 가나가와현의 중부에 있는 도시 이름이다. 이 도시 이름을 한자로 표기하면 대화(大和)인데 '태화강(太和江)'의 태화를 '대화'로 잘못 보고 번역한 오류였다. 그런데도 일본의 일부 극우학자들은 울산의 태화강과 기록으로 전하는 태화사까지 대화(大和)의 잘못된 표기라고 주장하는 이들이 있다. 그들은 여전히 임나일본부라는 망령에 사로잡혀 한반도 삼남 아래는 자신들의 옛 영토라는 '일뽕'에 도취된 자들이다.

지난해 일본 땅에서 울려 퍼진 '동해바다 건너 야마토 땅'이라는 지명은 울산과는 관련 없는 지명이지만 한편으로는 먼 옛날부터 왜와 한반도 남쪽은 빈번한 교류가 있어 왔다는 사실을 입증한다는 점에서 전혀 무의미한 이야기는 아니다. 오래전 필자는 일본 도쿄국립박물관을 둘러봤다. 한때 도쿄제국박물관으로 칭하던 이곳은 다양한 일본 예술품은 물론 동양의 고고학적 유물이나 약탈 문화재도 상당부분 전시돼 있다. 물론 일제강점기 당시 조선총독부를 통해 약탈했던 무수한 조선의 유물이나 서적은 대부분 지하보관소 등에 분산돼 보관하고 있어 그 규모를 다 헤아릴 수 없지만 드러나 있는 것만으로도 보는 이의 가슴을 울컥하게 만든다.

바로 이 도쿄국립박물관에 우리의 문화유산이 무려 6,751점이 보관돼 있다. 국회도서관 6,748점, 궁내청 4678점, 교토 오타니 대학 5,605점 등 일본 전역에 한국문화재가 산재해 있다. 일본 땅에 있는 우리의 문화재를 합하면 모두 6만 1,409점에 이른다. 문화재청 국립문화재연구소가 조사한 결과 국외 소재 우리 문화재(10만 7,857점) 중 60%가 일본에 있다. 그 유물은 어디서 온 것일까.

일제는 조선강제병합을 이뤄내자 곧바로 한반도 곳곳을 파헤치기 시작했다. 전국 각지에 전기회사 지점과 출장소를 두고 신라와 가야의 왕릉을 뒤졌다. 총독부가 주도하면 역사의 오점으로 남을 것이라는 교묘한 배후 숨기기로 왜의 도굴 전문 상인이나 대학을 전면에 내세웠다. 뒷배가 든든한 도굴꾼들은 백주대낮에 왕릉을 파헤치고 삼남의 고대사에 삽질을 자행했다. 총독부의 묵인과 방조는 도굴꾼들에게 날개를 달아줬고 해가 갈수록 그 양상은 무슨 국가적 사업인 양 합법화됐다. 그런 도굴의 역사는 일제가 항복을 선언한 직후 현해탄을 건넜고 그 흔적이 박물관 등지에 남아 있다.

약탈의 시대에 일제는 비교적 김해 일대의 가야고분 도굴에 집중했다. 임나일본부를 끼워 맞추기 위한 선택과 집중이었다. 당시에도 울산은 주목할 고대사의 비밀이 여럿 있었지만 '임나일본부'에 끼워 맞출 유물이 없어 제척됐다. 그렇게 내버려둔 울산에서 1990년대 이후 고대사의 비밀을 풀 타임캡슐이 열렸다. 신암과 서생 해안에서 나온 석기시대 유물과 웅촌 검단리와 삼남 신화리, 남구 옥현 일대에서 환호유적과 벼농사의 증좌, 석기제조 공장급의 집단 유적이 쏟아졌다.

이 가운데 황성동 세죽유적지에는 어마어마한 비밀이 묻혀 있었다. 조개류와 동물 뼈, 도토리 저장공, 반구대암각화와 관련이 있을 것으로 생각되는 화살촉 박힌 고래 뼈가 세상에 나왔다. 여기에 후기 구석기시대부터 한반도에 등장하는 흑요석이 나온 것은 충격 그 자체였다. 흑요석은 용암이 급속하게 굳어지면서 만들어지는 암석이다. 흑요석 돌날의 경우 현대 과학기술로도 따라갈 수 없을 정도로 얇고도 날카롭다. 분석 결과 울산에서 출토된 흑요석은 일본이 원산지였다.

고대사부터 왜가 문명을 익혀 국가로 거듭날 때까지 한반도의 도래인은 왜의 문화적 뿌리로 자리했다. 그렇다고 지금의 일본 역시 한반도의 은혜를 가슴 깊이 새겨야 한다는 억지 주장을 하자는 것은 아니다. 대지진이 올 것이라는 공포감 속에서도 지난 8월 상반기에만 140만 명이 일본으로 관광을 가는 것이 요즘 젊은 세대다. 일본의 젊은이들도 한국문화에 빠져 한국어를 공부하고 한국음식 맛집투어를 하고 있다. 이런 시대에 우리 정치권이나 일본의 우익들은 여전히 토착왜구, 혐한을 외치며 서로에게 삿대질을 하고 있다. 동북아 10,000년의 역사를 제대로 살피지 못한 딱한 현실이다.

_나가는 글

울산여지도 원고 정리를 끝내며

 울산은 용의 땅이다. 울산시의 공식 문양은 용이 여의주를 물고 있는 모양을 상징화했다. 용은 12간지 가운데 유일하게 상상계의 동물이다. 실존하지 않는 동물이 인간계의 12간지에 자리한 것은 상상력을 자극한다. 그만큼 울산이라는 땅은 상상력을 불러오는 장소성을 가지고 있다는 이야기다.

 용의 땅 울산이 10,000년의 역사를 가로질러 세계유산과 첨단산업을 함께한 것은 우연이 아니다. 용은 상상의 동물이기에 지역마다 모습과 스토리가 조금씩 다르다. 중국이나 동남아 쪽은 강 주변에 사람들이 악어의 모습을 차용했고 내몽골 등 초원지대에서는 말이 숨어 있다. 옥을 숭배한 홍산문화권은 옥룡을 형상화하고 말과 뱀을 용의 아우라로 차용했다. 흔히 용은 승천의 이미지가 강해 왕이나 남성 권력을 상징하고 있다. 이 때문에 우리에게 용은 언제나 신성시되고 발복과 대운을 상징했다.

울산여지도를 엮으며 유독 울산은 용의 기운이 서린 땅이 많다는 것을 실감했다. 그만큼 울산의 뿌리가 용과 무관하지 않다는 이야기다. 풍수지리학자들은 울산의 지세를 두고 구룡반취(九龍盤聚)와 구룡쟁주(九龍爭珠)로 푼다. 다시 말하면 울산은 용의 지세가 충만한 땅이라는 의미다. 아홉 마리 용이 만찬을 즐기고 여의주를 두고 다투는 기운이 서린 예사롭지 않은 땅이 울산이다.

과거 오랜 시간 울산의 진산은 무룡(舞龍)이었다. 무룡은 무리(無里)와 용(龍)이 합쳐진 지명으로 무리는 물(水)을 의미하기에 무리룡은 용이 물을 품고 있는 산을 의미한다. 그래서 예로부터 울산 고을에 가뭄이 들면 무룡산에서 기우제를 올린 기록이 자주 등장한다. 『동국여지승람(東國輿地勝覽)』, 『문헌비고(文獻備考)』, 『울산읍지(蔚山邑誌)』 등에는 실제로 무룡을 '무리룡산(舞里龍山)'이라 적고 있다. 무룡의 지세는 웅장하다. 지금 무룡을 춤추는 형상의 무(舞)를 사용하는 것도 용이 춤을 추는 듯한 지세를 표현한 의미다.

이 산은 북구의 화봉동과 연암동, 신현동의 경계를 이루고 있는 해발 450m의 보통 산이다. 북으로 동대 삼태봉 토함으로 이어지고 남으로 새바지산과 마골, 동으로는 우가산(牛家山)으로 산줄기를 이어 가다가 동해안으로 미끄러진다.

무엇보다 무룡이 신비로운 것은 울산이 가진 오래된 용의 역사를 증명하는 지세라는 점이다. 울산의 오래된 시간을 더듬다 보면 결국 역사시대 이전의 울산이 가진 경이로움과 만나게 된다. 자료가 없으니 증명할 길은 그다지 많지 않지만 아직도 울산의 곳곳에는 인류문화의 원형이 남아 있다.

그 대표적인 것이 반구대암각화이고 동해의 고래문화와 태화강 100리의 수려함이다. 울산은 그 천연과 인문의 자산들이 단순히 천혜의 비경으로만 남아 있는 것이 아니다. 놀랍게도 수렵과 사냥으로 웅비하던 북방문화와 집채보다 큰 고래를 포획했던 해양문화의 기개가 뒤엉켜 바위그림으로 남아 있는 곳이 울산이다.

울산의 지형은 태평양에서 떠오르는 태양의 양기를 오롯이 품는 형상이다. 이는 형산강 구조대로 지반이 강하게 형성돼 분지형을 이뤄 풍수지리 양기명당(陽基明堂)의 이상적 자세다. 서북쪽으로 고헌산과 가지산, 신불산, 간월산, 치술령, 연화산 등이 둘러싸고 동으로 무룡산, 북으로 함월산, 서북으로 문수산, 남으로 신선산이 에워싼 절묘한 지형이다.

눈을 감은 채로 울산의 땅을 그려보면 오묘하다. 하늘에서 내려다보면 울산은 동해와 맞닿은 무룡산을 기점으로 서쪽 끝 가지산 자락까지 한반도의 광활한 산맥이 병풍처럼 자락을 펼친 종착지다. 그 산세에 굽이친 동천강, 태화강, 여천강, 외황강의 물줄기가 동해를 향해 내달리는 모습은 가히 비경이다. 외황의 옆자리는 줄기가 다른 천성산 자락을 흘러온 회야가 감싼다. 일곱 산과 다섯 강의 조화다. 이 절묘한 땅은 경치의 문제가 아니라 인류의 삶과 직결된다. 인문과 지리의 조화로 울산은 원시시대부터 온갖 식생의 보고가 될 자산을 갖춘 땅이 됐다. 그 흔적이 공룡 발자국과 고래유적, 학과 떼까마귀, 그리고 백로의 보금자리로 남아 이 땅이 예사로운 곳이 아니라고 웅변하고 있다.

울산이 대한민국 근대화의 기수로 깃발을 휘날리던 시절, 개발의 첫 삽은 해안이었다. 풍수지리로 볼 때 울산의 해안은 울산에 풍요를 가져다줄 충분한 기운을 품고 있었다. 바로 구룡반취(九龍盤聚)의 지세가 이를 웅변한다. 무룡에서 가지산 자락까지 울산은 전형적인 용의 기운을 가진 땅이다. 동해안과 접해 있는 울산은 태백산맥이 남진하는 중에 험한 기를 벗어 버리고 천연의 요새를 만들고 있는 형상이다. 그 산자락에서 물의 기운이 모여 내달린 물줄기가 아홉 마리 용이고 그 용이 울산 앞바다에 이르러 잔칫상을 받아 만찬을 즐긴 모습이 구룡반취다.

무룡의 정상에서 보면 여러 물줄기가 삼산벌을 적시며 기름진 땅에서 풍성하게 일군 과실이 충만한 상을 차린 모습이다. 흥미로운 것은 울산의 산세는 시대가 변하면서 기능과 역할이 달라졌다는 점이다. 무룡이 주산이던 시절은 철의 제국이 삼한일통의 위업으로 기세를 떨쳤고, 함월이 이어받은 주산은 풍요와 부귀를 안겨 세계 10대 경제강국의 밑그림이 됐다. 그 운세가 다하자 울산의 주산은 다시 문수로 이어져 역사와 문화가 재평가받고 있다. 바로 그 세 봉우리가 시절마다 역할을 달리해 왔다.

울산여지도는 그런 울산의 땅과 사람들의 이야기를 모아 하나로 엮었다. 이 작업은 10,000년 울산 역사 가운데 너무나 작은 일부분일 뿐이다. 그럼에도 이 작업에 나선 것은 오늘의 울산을 살피는 인문지리서가 부족하기 때문이다. 자료를 모으고 발로 땅을 밟고 사람들의 이야기를 들었던 작업은 매일 새로운 발견이었다.

이제 그 작은 결실 하나를 내놓는다. 이번 작업을 계기로 울산의 산하와 사람들의 이야기를 더 많이 탐험하고 살필 작정이다. 그 결실이 또 언제 나올지 모르지만 기꺼이 발걸음을 옮길 생각이다. 책이 나오기까지 언제나 응원을 마다하지 않았던 선후배 지인들과 든든한 울타리인 아내와 가족, 그리고 이연희 대표님을 비롯한 울산매일 식구들에게 감사의 인사를 전한다. 사진 작업은 울산매일 이수화 기자의 도움과 울산시청 자료실의 도움을 받았음을 밝힌다.

2025년 한가위 연휴 끝자리에
저자 김진영